Heike Endter

Die Verheimatlichung der Welt

Fünf Essays über Western und Migration

Heike Endter lebt bei München. Das Schreiben über Kunst und Film versteht sie weniger als eine Übersetzung von Bildmedien in Sprache, sondern vielmehr als eine parallele Kommunikationspraxis – als eine Kommunikation mit anderen Mitteln, die um ähnliche Probleme kreist. Neben Aufsätzen veröffentlichte sie das Buch *Ökonomische Utopien und ihre Bilder in Science-Fiction-Filmen*. Ihrem Projekt zu Heimatdarstellungen folgt eines zu fremdbestimmten Sehnsuchtsbiografien unter der Überschrift *Auserwählt*.

Heike Endter

Die Verheimatlichung der Welt

Fünf Essays über Western und Migration

Neofelis Verlag

Inhalt

IV. Statik

V. Ichbewusstsein

Orientierung

In der Zeitschrift *Lettre International* erschien 2012 unter dem Titel „Quadrat im Schachfeld" eine kurze Erzählung Arian Lekas.[1] Sie handelt von der Kindheit des Autors, in der es ihm vertraut war, dass in regelmäßigen, von den Jahreszeiten bestimmten Abständen Handwerker kamen, die ihr Gewerbe nicht stationär betrieben, sondern von Ort zu Ort wanderten. Traf einer von ihnen ein, dann hieß es: Unser Bosnier ist hier, unser Ägypter, unser Grieche, unser Serbe, unser Zigeuner usw., je nachdem, welcher Herkunft diese Männer waren oder welche ihnen zugeschrieben wurde. Man sprach nicht einen einzelnen Menschen an, der gekommen war, um seine handwerklichen Dienste anzubieten, sondern jemanden, den man über seine vermeintliche nationale Zugehörigkeit identifizierte, so dass er deckungsgleich mit jener räumlich verorteten, politisch strukturierten Gemeinschaft wurde. Und dennoch war es, trotz dieses Verfahrens der Entindividualisierung, nicht irgendein Bosnier, der eintraf, und er galt auch nicht als Bosnier an sich, sondern als „unser" Bosnier.

In seinem poetisch verfassten Bericht beschreibt Leka die Spur, welche die Erlebnisse aus dem Albanien der 1960er Jahre in seinem Gedächtnis hinterließen. Darüber hinaus verweist er auf einen Punkt im kollektiven Gedächtnis, der zunächst innerhalb der albanischen Kultur gültig ist. Von hier aus aber, liest man den Text nicht nur als

1 Arian Leka: Quadrat im Schachfeld. In: *Lettre International* 98 (2012), S. 30–31.

die Erzählung über eine vergangene Zeit in einem (möglicherweise) fremden Land, lassen sich ähnliche Spuren im eigenen kulturellen Gedächtnis ausmachen. Diese Spuren werden durch neu hinzugekommene überlagert, wie sie mit dem Begriff der Globalisierung in den 1990er und 2000er Jahren entstanden und dabei jene Erinnerungen an den Rand drängten, dass es Formen wandernder Erwerbsarbeit, unsteter Lebensgestaltung und Auswanderung immer und überall gab. Deren frühere Formen waren radikaler, die Abwesenheit der Fortgegangenen fühlbarer, wohingegen sich durch die heutigen hohen Reisegeschwindigkeiten und dichten Kommunikationsmöglichkeiten eine räumliche Distanz schnell in Formen von Nähe verwandeln lässt. Nach 2010 blieb das Thema der globalen Migration nicht nur präsent, sondern wurde zu einem alles durchdringenden gesellschaftlichen Diskurs. Migration wird seither nicht mehr vorrangig als Ausdruck einer neuartigen, vor allem jedoch kapitalistischen Globalisierungswelle bestimmt, sondern auch als historisches und heimisches Phänomen betrachtet, das sich selbst in Mikro-Bewegungen innerhalb eines Landes bemerken lässt. Zugleich wird eine Gegenbewegung zur Globalisierung deutlich, nämlich ein neuer Lokalismus und Nationalismus. Dass hier die Dinge wieder lokal gedacht werden, ist ein Umstand, den nicht nur rechtspopulistische Parteien in ihren Programmen forcieren. Er ist auch in jenen Dossiers vermerkt, die global agierende Unternehmen von Trendforschungsagenturen anfordern,[2] um sich auf jeweilige nationale Märkte einstellen zu können. Ebenso äußert er sich in jenen hyperlokalen Medien, die, für kleinste Gemeinschaften gemacht, vor allem im Internet präsent sind.[3] So kann das eingeübte Diversitätsdenken, mit welchem die jeweils eigentümlichen biografischen, geografischen, sozialen, biologischen Hintergründe verschiedenster Menschen bedacht werden, schließlich zu einer Form von Partikularismus werden, mittels dessen sich immer kleinere Gruppen bilden und abgrenzen.

Auf den ersten Blick mag es so wirken, als seien Western recht weit von diesen Erscheinungen entfernt. Zudem ließe sich annehmen, dass das Western-Genre, insofern es ein originäres US-amerikanisches Genre

2 Katrin Kruse: The Future Laboratory. In: *SPEX* 338 (2012), S. 120–129, hier S. 129, zu einer britischen Trendforschungsagentur, die international agierende Unternehmen berät.

3 Siehe Benjamin O'Daniel / Bernd Arnold: Die zweite Welle. In: *journalist* 9 (2012), S. 58–63.

ist, für ein Publikum in Deutschland und anderen Ländern weitaus weniger relevant sein sollte als andere Filmgenres. Doch obwohl der Western national kodiert ist, wurde er innerhalb anderer nationaler Kontexte durchaus einflussreich. Das geschah im Rahmen einer kulturellen Orientierung an den USA, welche gerade in der Populärkultur besonders stark erscheint. Das geschah aber auch aufgrund weitaus allgemeiner geltender Anknüpfungspunkte. Die in Western gezeigten geschlechtlichen Rollenmuster, das Abwägen von Konfliktstrategien, die Darstellung einer möglichen Heimatfindung, der Verlust von Heimat oder deren Behauptung sind universell anschlussfähige Themen. Bemerkenswerterweise ist gerade in den letzten Jahren eine Rückkehr des Westernfilms zu beobachten, nachdem das Genre lange als nahezu tot galt.[4] Das lässt aufhorchen und nach Gründen suchen, wie und warum das Genre mit seinen Eigenarten und die zeitgenössische gesellschaftliche Lage aufeinander reagieren.

Auch wenn in Western eine bestimmte Region dargestellt wird, trägt das vorliegende Buch den Titel *Die Verheimatlichung der Welt*. Dies liegt an dem großen Anteil von Universellem als auch Universalisiertem, dem als vorbildlich Betrachteten und dem Erinnerten, welches bis heute den Nachkommen jener Menschen bewusst ist, die früher in dieser spezifischen Region, dem nordamerikanischen Westen, agierten. Ebenso ist es den Nachkommen jener präsent, die weltweit in ihrer alten Heimat zurückblieben und erlebten, wie andere aufbrachen.

Der Rede von einer Verheimatlichung der Welt verweist zudem auf einen idealen Aspekt. Er besteht in der Vorstellung, überall eine Heimat finden zu können, nicht an einen bestimmten Ort und eine bestimmte Kultur gebunden zu sein und darum ständig jene von glücklichem Erfolg gekrönten Entgrenzungen vornehmen zu können, bei denen bisher nur die physikalische Endlichkeit der Erde eine finale Grenze setzt. Die Rede von einer Verheimatlichung der Welt ist zugleich und immer brisant. Denn wohin sich die optimistisch Wandernden auch wenden, fast immer werden sie an Orte gelangen, die zuvor von anderen als ihre Heimat definiert wurden, so dass es zu Konkurrenz und Verhandlungen darüber kommen muss, wer diesen Ort als Heimat betrachten darf.

4 Siehe Heike Endter: Die Rückkehr des Westernfilms. In: *Neue Gesellschaft/ Frankfurter Hefte* 1,2 (2017): Ein anderes Amerika?, S. 99–102.

An manchen Orten stehen einer Heimatfindung widrige geografische oder klimatische Verhältnisse entgegen, vielleicht auch beides, Voraussetzungen jedenfalls, die vom menschlichen Tun unabhängig sind. An anderen Orten existieren vielschichtige von Menschen geschaffene Bedingungen, durch die bestimmt wird, ob ein Mensch hier beheimatet sein kann, ein anderer aber nicht. Die Auswahlkriterien dafür, welcher Fleck Erde genau als Heimat dienen soll, werden sich also nach physikalischen und sozialen Bedingungen richten, aufgrund derer die dorthin Ziehenden einen Raum auswählen und die bereits hier Lebenden den Raum behaupten. In jedem Fall bedeutet Verheimatlichung ein Wechselspiel aus Bedingungen und Regeln, wobei Letztere aufgestellt, befolgt, gebrochen, weitergegeben oder verändert werden.
Im weitesten Sinn handelt dieses Buch also von Menschen im Raum. Raum kann in diesem Zusammenhang eine Landschaft oder ein Haus sein, die Höhle unter den tiefhängenden Zweigen eines Baumes, das Innere eines Planwagens oder auch der soziale Raum einer Gemeinschaft. Es wird danach gefragt, wie sich Menschen diesen verschiedenen Räumen nähern, wie sie sich darin bewegen, warum sie einen bestimmten Raum für sich beanspruchen, wie sie ihn verteidigen, warum sie ihn möglicherweise verlieren oder aufhören, einen eigenen Raum zu suchen. In den Debatten über Migration wird von Zugehörigkeit, Kollektiv und Individuum, Identifikation, nationalem Empfinden, Assimilation, Zurückweisung usw. gesprochen. Ich reduziere diese Themenketten zunächst auf im Grunde praktische Fragen: Was macht eine Landschaft bewohnbar oder nicht? Wie gelangt man von hier nach dort? Was ist ein Weg? Wie findet man ihn? Was nimmt man in eine neue Heimat mit und warum das, während man etwas Anderes zurücklässt? Wie transportabel sind Dinge oder Ideen? Wo möchte man wohnen? Welche Art einer Unterkunft wird man bauen und woraus? Was ist das Besondere an einer Grenze? Lassen sich alle Grenzen verschieben und sogar aufheben, oder gibt es solche, die immer gelten?
Der Weg, welchen ich damit beschreite, ähnelt dem Filmemachen selbst, denn auch hier gilt es, genau solche Fragen zu beantworten. Es müssen Landschaften, Personen, Dinge genutzt, gestaltet und dramaturgisch zusammengeführt werden, um schließlich eine Aussage zu erzeugen, die über die naheliegende zu sehende und zu hörende Gestalt eines Films hinausgeht und einen Sinn vermittelt, der

in abstrahierter Form wiedergegeben werden kann. Der oben skizzierte Fragenkomplex führt also wieder zu jenen großen, abstrakten Themenketten hin, denen auch ich mich widmen werde.
Western sind keine abstrakten Filme, sondern solche, die mit illusionistischen Mitteln eine fiktive Geschichte erzählen, die wiederum historische Ereignisse zitiert (zum Beispiel die Schlacht am Little Big Horn in *Little Big Man*[5]), die historische Personen darstellt (General Custer in *Little Big Man* oder auch Edward Creighton in *Western Union*[6]) und die sich auf historisch gewordene filmische Figuren bezieht (Revolverheld, Cowboy, Quacksalber, Quäkerin wie in *High Noon*[7] usw.). Das Genre ist, was seinen Erzählinhalt betrifft, zeitlich und räumlich eng begrenzt. Es umfasst den Westen des nordamerikanischen Kontinents zwischen 1776 und 1890, dem Jahr der Unabhängigkeitserklärung also und dem Jahr, in dem der Wilde Westen als besiedelt galt.[8] *Besiedelt* heißt, aus Sicht der neu dorthin Migrierten. Der nordamerikanische Westen des 19. Jahrhunderts stellt also jenes Raum-Zeit-Gefüge dar, auf das sich Western beziehen. In seiner besonderen Prägung ließ es sich nur hier und zu jener Zeit erfahren. Es bestand aus einer Vielzahl von Kontaktzonen, die als „Mikroräume des Globalen"[9] wirkten. Menschen aus aller Welt strömten hierher, um den Westen zu ihrer neuen Heimat zu machen, wobei sie auf die hier bereits Ansässigen trafen. Von allen Seiten wurden Mischungs-, Abgrenzungs- und Verdrängungsmechanismen in Gang gesetzt. Die Beteiligten machten Erfahrungen mit Hybridisierungen, reagierten aber auch mit Grenzziehungen. Dieses Raum-Zeit-Gefüge, von dem in Western erzählt wird, bildet bis heute eine wichtige Referenz, denn es wird als Ausdruck einer Phase betrachtet, in welcher der US-amerikanische Nationalstaat auf Grundlage von

5 *Little Big Man* (US 1970, R: Arthur Penn).

6 *Western Union* (*Überfall der Ogalalla*, US 1941, R: Fritz Lang).

7 *High Noon* (*Zwölf Uhr mittags*, US 1952, R: Fred Zinnemann).

8 Bernd Kiefer und Norbert Grob schränken die Phase noch weiter ein und bestimmen ein Zeitfenster zwischen 1865 und 1890, in dem die meisten Western spielen (Bernd Kiefer / Norbert Grob: Einleitung. In: Dies. (Hrsg.): *Filmgenres. Western*. Stuttgart: Reclam 2003, S. 12–40, hier S. 16).

9 Rebekka Habermas / Richard Hölzl: Mission global. Religiöse Akteure und globale Verflechtung seit dem 19. Jahrhundert. In: Dies. (Hrsg.): *Mission global. Eine Verflechtungsgeschichte seit dem 19. Jahrhundert*. Köln / Weimar / Wien: Böhlau 2014, S. 9–28, hier S. 16.

Migrationsbewegungen geformt wurde. Dieser Staat, der einen Prozess der Konsolidierung und Mythologisierung durchlief, gilt bis heute als ein offenes nationalstaatliches Modell, das auf einer Harmonisierung verschiedener Herkünfte basiert.

Verheimatlichung ist dabei ein aktiver Prozess, der darauf gerichtet ist, neue, bis dahin unbekannte Räume zu besetzen oder bereits besetzte als Heimat zu behaupten. Sie bedeutet in diesem Sinn Bewegung oder Stillstand, oder besser: sowohl Bewegung als auch Stillstand. Die außerordentliche Beweglichkeit – damit ist sowohl die körperliche Aktion als auch die Mobilität gemeint, die sich im Durchmessen von Räumen äußert –, ist nicht nur mit dem Western als einem Actiongenre verbunden, sondern, tieferliegend, mit dem Thema der Migration an sich. Zugleich werden in Westernfilmen Unbeweglichkeit der Menschen und unbewegte Gegenstände gezeigt, die dennoch als Teil und Ziel von Bewegung erkennbar sind. Insofern wechseln sich Figuren der Beweglichkeit mit denen des Stillstands ab. Wenn in Western das Finden, das Erringen und das Gestalten eines heimatlichen Raums geschildert werden, wird dennoch – und vielleicht sogar im gleichen Umfang – auch vom Verlust eines solchen Raums erzählt oder von der Verweigerung, einen neuen zu besetzen. Western können dabei nicht nur aus der heutigen Perspektive, die neuartig bewegliche Lebensläufe und Identitäten kennt, betrachtet werden. Sondern das Genre hat, und dies stelle ich hier voran, *ein Ideal von Beweglichkeit produziert.*

Neben der Landschaft sind es die Figuren und Figurengruppen, anhand derer sich das Genre auch über Variationen hinweg bestimmen lässt. Etwa anhand der Familien, die sich in Trecks durch neues Land bewegen und ansiedeln, oder anhand der Cowboys, Scouts, Soldaten und Bardamen, der heimat- und rastlosen Outlaws sowie der Indianerinnen und Indianer. (Letztere benenne ich nicht als *native people* oder *indigene Bevölkerung*, solange es sich um Figuren innerhalb von Western handelt. Dadurch soll erkennbar bleiben, dass hier eine Rolle konstruiert wird.) Bei allen Unterschieden gibt es etwas, das diese Figuren gemeinsam haben. Sie führen ein nomadisches oder doch halb-nomadisches Dasein. Es sind Figuren, die sich fortbewegen, die unterwegs sind. Sie dienen dazu, eine paradoxe Konstellation zu formulieren: Zum einen werden Heimatlosigkeit, die Suche nach einer neuen Heimat und die entsprechenden Wanderungsbewegungen dargestellt, womit andererseits ein mythisches Konzept von Heimat kreiert wird.

Weil diese Filmfiguren durch ihre stete Fortbewegung gekennzeichnet sind, besitzen sie das Potenzial, stets fremd zu sein oder zu werden. Ebenso aber verfügen sie über das Potenzial, allerorten ein neues Zuhause zu finden: ob nun für kurze Zeit auf dem Boden unter freiem Himmel, in einem beweglichen Heim wie einem Planwagen, in einem portablen wie einem Zelt oder in einem statischen wie einem neu errichteten Blockhaus. Diese Möglichkeit, überall ein neues Zuhause zu finden – egal ob sie nur scheinbar existiert oder real vorhanden ist –, hat sowohl eine utopische Komponente als auch das Potenzial für Konflikte.

Die wichtigste Umgebung sie auszutragen ist die Natur. Der Western ist ein Landschaftsgenre. Die Natur ist Kulisse, Durchgangsraum oder liegt, in der Nahsicht dargeboten, als Staub auf den Gesichtern. Sie dient als unmittelbare Unterkunft für die Nacht oder ist, in Form von Baumstämmen und Fellen, Teil eines gebauten Hauses. Immer ist die natürliche Landschaft nah, und das muss sie, denn sie gehört zum ästhetischen und semantischen Konzept der Western. Mit der Bewegung innerhalb des Naturraums werden Identitäten angelegt, so dass Identitätsfragen (ethnische, geschlechtliche, lebensalterliche) auch in der Natur und über die Natur ausgetragen werden.

Das Western-Genre lässt sich nun als ein über Jahrzehnte angehäufter Korpus betrachten, in dem verschiedene für Heimat und Migration relevante Motive bearbeitet wurden. Sie wurden von der Zeit der ersten Westernfilme bis heute nicht nur wiederholt, sondern auch neu interpretiert. In den folgenden Essays wird deshalb analysiert, wie unterschiedliche gesellschaftliche Modelle, alternative und vorbildhafte Lebensentwürfe in diesen Filmen gebündelt, artikuliert oder erzeugt werden. Es wird registriert, welche verworfen, verschmäht und dekonstruiert werden. Dazu wird auch jene Vielfalt von Motiven betrachtet, aus der heraus die Wanderungen unternommen werden – ob aus ökonomischen Gründen, aufgrund sozialer Enttäuschung, aus politischen Gründen, unabwehrbarem Zwang, Lebensgefahr oder Abenteuerlust. Weil dies in den Filmbildern, den Gesprächen und den Geräuschen der Western zu finden ist, handelt es sich auch um die Betrachtung einer *Ästhetik der Migration*.

Doch dem Spezifischen übergeordnet ist das Anliegen, in den betrachteten Filmen nach dem Allgemeinen und Verallgemeinerbaren zu suchen. Die Methode der Ikonologie dient dazu, den Bildaufbau, den Inhalt sowie die Entstehung der Filme zu würdigen und damit einen bildtheoretischen Ausgangspunkt zu schaffen. Er ist nicht nur offen für, sondern auch angewiesen auf übergreifende geisteswissenschaftliche Kopplungen. Dies werden semiotische, phänomenologische und diskursanalytische Kopplungen sein. Die daraus geformte Synthese ist den Filmen in ihrer sozialen Funktion gewidmet. Diese Funktion liegt darin, Teil einer jeweils historischen als auch gegenwärtigen gesellschaftlich-ästhetischen Kommunikation zu sein.

Das Thema der Migration ist für die folgenden Essays an die führende Stelle gesetzt. Darum und aufgrund der oben skizzierten thematischen Ausgangslage von Western, wird eine Hypothese formuliert, die als Richtschnur für die weiteren Gedanken dient: *Western konstruieren Identität durch Formen von Migration*.

I. Raumbewusstsein

Shane +++ *Der Kaiser von Kalifornien* +++ *The Big Country* +++ *The Big Trail*

physische und soziale Räume +++ Grenzen +++ kollektives und individuelles Gedächtnis +++ Geschwindigkeit und Anachronismus +++ die Globalisierung des Ländlichen

Wanderungsbewegungen

Als der junge James P. Spencer, der wegen seiner polynesischen Herkunft auch mit dem Vornamen Kimo angeredet wurde, Anfang des 20. Jahrhunderts von seinem Heimatort Honolulu nach Los Angeles gezogen war, schloss er sich der Armee der Vereinigten Staaten an und nahm am Ersten Weltkrieg teil. Danach trat er als polynesischer Sänger, Musiker, Tänzer und als Darsteller in den damals beliebten Südseefilmen auf, und schließlich – von den Südseefilmen war das nur noch ein kleiner Schritt – wurde er Indianerdarsteller in Western. Er spielte den Indianer Black Wolf in *Romance Road*[1], dann einen namenlosen und in den Filmcredits nicht aufgeführten Indianer in *Union Pacific*[2]. Genauso erging es ihm zwei Jahre später mit dem Film *Western Union*.

Spencers Umzug von Hawaii nach Südkalifornien fand um 1910 statt. Hawaii war einige Jahre zuvor, im Juli 1898, von den USA annektiert worden und besaß deshalb seit April 1900 eine entsprechende von den USA bestimmte Verwaltung. Aufgenommen in die Vereinigten Staaten von Amerika wurde Hawaii erst 1959. Weil also die nationalstaatliche Zugehörigkeit Hawaiis in dieser Periode etwas verschwommen bleibt, lässt sich Spencers Umzug als Migration, doch auch als Immigration werten. Ein weiterer Punkt erscheint für das

1 *Romance Road* (US 1938, R: Bobby Connolly).

2 *Union Pacific* (*Die Frau gehört mir*, US 1939, R: Cecil B. DeMille).

Erlebnis einer Immigration entscheidend. Das ist Spencers ethnische Herkunft. Sein Aussehen hatte ihm wahlweise Rollen von Polynesiern oder Indianern, von sogenannten *native people*, eingetragen, und das obwohl sein Vater schottisch-englischer Abstammung war. Dass der Vater nach Hawaii ging, lag daran, dass er dort Nähmaschinen einzuführen plante. Die Mutter aber scheint polynesischer Herkunft gewesen zu sein, womit sich erklären ließe, dass Spencer als authentischer polynesischer Künstler auftrat, dass er Hawaiianisch und mehrere andere Sprachen der pazifischen Inseln beherrschte und sich insgesamt als stolzer Vertreter der dortigen Inselkultur präsentierte.
Wenn in die Begriffe *Immigration* und *Emigration* bereits bestimmte Bewegungsrichtungen, Ziele oder Grenzüberschreitungen hineingedacht sind, so ist das Wort *Migration*, von dem beide abstammen, weitaus offener zu denken, nämlich als eines, in welches Wanderungsbewegungen allgemein aufgenommen werden. Von dem Wort *migrare* (dt.: wandern) abgeleitet, bezeichnet *Migration* in eben diesem grundsätzlichen Sinn nichts weiter als den Moment eines beweglichen Lebensstils, der während eines Lebensabschnitts betrieben oder dauerhaft eingenommen werden kann.
Die Sonderform einer *Auswanderung,* die *Emigration*, äußert sich in dem Verlassen des gewohnten nationalen oder kulturellen Raums, wobei der nationale mit dem kulturellen Raum zusammenfallen kann, aber nicht muss (wenn man etwa einem kulturellen Raum innerhalb einer Nation zugehört, aber nicht die entsprechende Nationalität besitzt). Die *Einwanderung* bzw. *Immigration* ist der Auswanderungsbewegung komplementär. Die eine Bewegung verursacht die andere. Von irgendwo fortzugehen erzwingt es, andernorts hinzugelangen, so dass eine Bewegung in der anderen ihre unausweichliche Komplettierung erhält.
Für mich liegt der Kern der oben formulierten Auffassung von *Aus-* und *Einwanderung* in dem Wort *gewohnt*, das mit *Raum* kombiniert wird. Zu einem gewohnten Raum kann auch ein solcher werden, der zum Beispiel nicht als nationale Heimat *anerkannt* wird. Auch dort kann ein Prozess einsetzen, der oft als ‚Verwurzelung' benannt wird, weshalb eine ‚Entwurzelung' erfahren werden kann, sobald dieser Raum verlassen wird. Die Kategorien nationale oder kulturelle Zugehörigkeit sind in vielen Definitionen gebräuchlich, mit denen die Begriffe *Auswanderung* und *Einwanderung* fixiert werden. Sie besitzen

den Vorteil, Bewegungen deutlich bewerten zu können, und zwar aufgrund bereits vorgegebener Muster und Grenzlinien, die häufig nichts anderes bezeichnen als geografisch wahrnehmbare, politische Grenzverläufe. Dass sie in diesem Sinn nutzbar und politisch praktikabel sind, ist nicht zu bezweifeln. Allerdings stehen sie vielfältigen, teils sehr persönlichen, teils aber auch in Gruppen erlebten Erfahrungen gegenüber, die dieser Kategorisierung widersprechen und dennoch als Arten von Migration erlebt werden.

Wenn es in einer Rezension zu dem Band *Identitäten in Bewegung. Migration im Film* heißt, dass „die Interdisziplinarität der Beiträge [...] eine Interpretationsbreite von Migration auf[-zeigt], der ihre menschenrechtlich-sozialwissenschaftliche Definition, wie sie die UNO in ihren *Recommendations on Statistics of International Migration* vorgibt, das heißt die mindestens ein Jahr andauernde Verlagerung des Aufenthaltsortes in ein anderes Land, nur implizit zugrunde liegt“[3], so scheint eine weitaus engere Definition von Migration menschenrechtlich als auch sozialwissenschaftlich vorgeschrieben und damit durch zwei Leitinstanzen autorisiert zu sein. Die Autorin übergeht jedoch verschiedene Punkte und aktuelle definitorische Entwicklungen. Zunächst deutet sie Migration ausschließlich im Sinn von Zuwanderung oder Abwanderung, die am Überschreiten staatlicher Grenzen und einer Mindestdauer gemessen werden. Alle anderen Arten von Wanderungsbewegungen, die im Wort *Migration* eingeschlossen sind, werden ausgeschlossen. Allerdings verursachen gerade diese vielfältigen Wanderungsbewegungen notwendige Diskussionen darüber, wie sie begrifflich gefasst werden können. So sind in der angesprochenen *Recommendations on Statistics of International Migration*[4] mehrere Paragraphen den Problemen gewidmet, die eben jene ältere, oben zitierte Definition und ihre Anwendung mit sich bringt. In Paragraph 22 wird zum Beispiel ausgeführt, dass Personen möglicherweise in einem Land ein Aufenthaltsrecht von einem Jahr besitzen, weshalb sie jeweils zum Ablauf der Jahresfrist weiterziehen – immer

3 Julia Binter: Rez. zu: Bettina Dennerlein / Elke Frietsch (Hrsg.): *Identitäten in Bewegung. Migration im Film*. http://rezenstfm.univie.ac.at/rezens.php?action=rezension&rez_id=269 (Zugriff am 17.07.2013).

4 Department of Economic and Social Affairs, Statistics Division: *Recommendations on Statistics of International Migration* (= Statistical Papers Series M, No. 58, Rev. 1). New York: United Nations 1998.

von einem Land ins nächste – und dadurch absurderweise nicht in die Kategorien der Migrantinnen und Migranten fallen. Außerdem wird die Frage aufgeworfen, wie der häufig gebrauchte Zusatz *kontinuierlich* im Zusammenhang mit einem einjährigen Aufenthalt zu werten sei, schließlich könne durch einen Urlaub oder eine dienstliche Reise der kontinuierliche Aufenthalt unterbrochen sein, womit die Definition in Frage gestellt wäre. In neu erarbeiteten Definitionen wird, auch um sich von touristischen Reisen abgrenzen zu können, die Bedeutung des Faktors Zeit betont. Die Frage der Migration wird zudem von ihrer Bindung an eine nationale (nationalstaatliche) Zugehörigkeit gelockert, wodurch die Bedeutung des gewöhnlichen Aufenthaltsortes (*usual residence*) betont wird.[5]

In meiner ersten, kurzen Definition von Migration habe ich von einem gewohnten Raum geschrieben, also noch nicht von einer Heimat, denn auch ohne heimatliche Gefühle entwickelt zu haben, kann die Loslösung von einem gewohnten Raum eine Art des Fremdseins, wie sie mit der Migration und ihren Sonderformen einhergeht, auslösen. Für eine Migration scheinen zunächst also folgende Kriterien bedeutsam: die emotionale Erfahrung von Migration (oft in der Metapher der ‚Entwurzelung' ausgedrückt), die Kategorie Zeit und die räumliche Bewegung, durch welche auch nationale und/oder kulturelle Grenzen überschritten werden. Daraus abgeleitet kann *Heimat* als ein *vertrauter Ort* oder auch als eine *vertraute Umgebung* verstanden werden. Eine ‚Heimat' besteht insofern aus zwei Elementen: einem emotionalen Element (dem Vertrautsein) und einem räumlichen (dem Ort). Und erst durch die Verbindung von Raum und Gefühl entsteht die Adresse ‚Heimat', deren räumliche Ausdehnung variabel ist und sich sowohl auf kleine Räume wie ein Haus als auch auf größere wie eine Landschaft oder auf nationalstaatlich gebundene wie ein Land beziehen kann. Eine Variante ist die personengebundene Definition von Heimat, in der ein vertrauter Raum als marginal deklariert wird. Es gibt noch eine zweite, ortsungebundene Heimatdefinition, und zwar jene, mit der eine nicht-irdische, religiöse Heimat bei einem göttlichen Wesen bevorzugt wird. Da diese Form einer himmlischen Heimat prinzipiell unabhängig vom physischen

5 Der „place of usual residence" wird dabei als geografischer Raum verstanden (Department of Economic and Social Affairs, Statistics Division: *Recommendations on Statistics of International Migration*, S. 17, § 33).

Aufenthaltsort erlebt werden kann, ist die tatsächliche irdische Heimat zweitrangig.[6]

Die Eigenart eines statischen *Heimat*-Modells besteht nun darin, anzunehmen, dass eine Heimat nur einmal definiert werden kann. Da das Gefühl einer Beheimatung und das Verständnis vom Zuhause-zu-sein erstmals sehr früh im menschlichen Leben ausgebildet werden, wird es wie ein ‚Wurzelschlagen' gedacht, das gleichsam mit der Geburt einsetzt, so dass die erste, wenn auch vielleicht verlassene Heimat mit dem Geburtsort und dem ersten familiären Wohnort zusammenfällt und an die entsprechenden hier anzutreffenden Personen gebunden bleibt. Diese Vorstellung ist auch in dem Ausdruck *Herkunft* – mit dem das ethnische Verständnis von Nation formuliert wird – enthalten: im Sinn einer ersten Herkunft, einer biologischen, kulturellen, räumlichen und zeitlich definierten Herkunft, die später überlagert werden kann, aber als essentielle Prägung in allen weiteren Handlungen präsent bleibt.[7] Das heißt, jede Fortbewegung von diesem Raum, diesen sozialen Beziehungen, der damit einhergehenden Sprache, Kultur, ethnischen Zugehörigkeit kann diese erste Herkunft niemals auslöschen. Sie kann auch nicht wettgemacht werden, so dass ein Verlusterlebnis entstehen muss, das durch nichts kompensierbar ist.

Das entgegengesetzte Modell besteht in der Idee, dass Heimat stets neu gewonnen werden kann. Hier existiert Heimatfindung in beweglichen Modellen von Raumdefinitionen und persönlichen Zuordnungen, und dieses Verfahren taucht nicht selten in zeitgenössischen Selbstaussagen auf. Besonders wenn Heimat an Personen gebunden

6 Siehe Judith Becker: Die Heimat oder Europa. Perspektiven englisch- und deutschsprachlicher Missionare aus den 1830er Jahren. In: Habermas / Hölzl (Hrsg.): *Mission global*, S. 215–240, hier S. 231–232.

7 Besonders einflussreich wurde in dieser Hinsicht Clifford Geertz' Begriff einer *primordialen*, also ursprünglichen *Bindung*, mit dem er sich, wie er selbst immer betont, auf die Gedanken von Edward Shils bezieht. Geertz zählt zu dieser Bindung die von frühester Kindheit an vermittelten Gefühle der Zugehörigkeit zu den Verwandten, zu einer Religion oder Sprache, zu Normen und Bräuchen oder zu einer Heimat im Sinn einer begrenzten und überschaubaren Örtlichkeit. Er hält sie für stärker als jene Bindungen, die Menschen in späteren Lebensphasen aus bestimmten Interessen oder Überzeugungen eingehen. Darum scheint es ihm besonders erfolgversprechend, wenn an diese Gefühle und gefühlsmäßigen Bindungen appelliert wird, um eine ethnische oder nationale Vergemeinschaftung zu ermöglichen. (Clifford Geertz: The Integrative Revolution. Primordial Sentiments and Civil Politics. In: Ders. (Hrsg.): *Old Societies and New States. The Quest for Modernity in Asia and Africa*. New York: Free Press 1963, S. 105–157.)

wird, erscheint sie als äußerst beweglich. Denn während der Ort immer statisch ist, können sich Personen miteinander durch den Raum bewegen. Das statische Element Ort wird zugunsten einer beweglichen Lebensführung, in der dennoch eine Heimat-Bindung erlebt werden soll und kann, als unwichtig markiert.

In jedem der erwähnten Fälle verweist der Heimat-Begriff auf Wechselbeziehungen zwischen Menschen und Raum und Zeit. Weil es solche verschiedenen Gestaltungsmodelle von Heimat gibt, zeigt sich, dass Heimat und eine daraus abgeleitete Identität dynamische Begriffe sind. Es sind Begriffe mit einem beweglichen Inhalt. Sie waren es schon immer, obwohl es zu den in diesen Begriffen selbst angelegten Eigenheiten gehört, bevorzugt in einer statischen Sichtweise *ausgelegt* zu werden. Der Begriff *Heimat* bezeichnet also immer eine Bindung an etwas oder an jemanden, an etwas Statisches wie einen Ort oder an etwas Bewegliches wie eine Person, wobei diese Bindung als eine enge erlebt als auch konstruiert wird, da sie mit einem Gefühl von Sicherheit verbunden ist. *Migration definiere ich darum als die Verräumlichung einer sozialen Erfahrung.*

Ist Migration allgemein eine Form der Wanderung, so ist das Exil eine weitere Sonderform. Es folgt auf eine erzwungene Ausgrenzung oder ein selbstbestimmtes Fremdwerden, welches als möglicherweise idealer Lebenszustand angestrebt wird. Der erfahrenen sozialen Ausgrenzung, welche ökonomische, kulturelle, psychologische, politische Ursachen haben kann, folgt ein Ortswechsel.

Auffällig ist, dass ein statisches Heimat-Modell auch das statische Modell eines Exils hervorbringt. Für Recherchen über Fritz Lang, der nach seiner Auswanderung in die USA immerhin drei Western drehte, richtete ich eine E-mail-Anfrage an eine Mitarbeiterin des Deutschen Exilarchivs 1933–1945, das von der Deutschen Nationalbibliothek in Frankfurt am Main getragen wird. In deren katalogisierten Beständen existieren nur sehr wenige Unterlagen (Einheiten) zu Fritz Lang.[8]

8 Fündig wird man hier eher in US-amerikanischen Archiven. Briefe und Manuskripte von Fritz Lang befinden sich in der Louis B. Mayer Library des American Film Institute in Los Angeles. Private Farbfilme, darunter im Südwesten der USA entstandene Landschaftsstudien, schriftliches Material und ein Manuskript von Lang werden im American Heritage Centre der University of Wyoming (Laramie) verwahrt. (Helmut G. Asper: *Filmexil in Hollywood. „Etwas Besseres als den Tod“. Porträts, Filme, Dokumente.* Marburg: Schüren 2002, S. 153, 617.)

Nachdem Lang in die USA emigriert war, nahm er recht bald die dortige Staatsbürgerschaft an und sprach fortan in Interviews von sich als einem US-amerikanischen Staatsbürger. Bezüglich der Sammlung des Exilarchivs fragte ich, ob in dem Moment, in dem sich jemand derart weitgehend mit seinem Ankunftsland identifiziert, der Status als Exilant erlischt. Die Antwort lautete: „Zu Ihrer Frage: in Hinsicht auf die Sammlung des Exilarchivs erlischt – wie Sie schreiben – der Status als Exilant nicht."[9]

Raum und Gedächtnis

Raum lässt sich erst durch die Bewegung erfahren. In Western fällt die Bewegung mit der Motivation der Figuren zusammen: ihrer traditionellen Lebensweise (Prärieindianerinnen und -indianer), der Suche nach einer neuen Heimat, einer Flucht und dem Erreichen eines Fluchtpunkts, dem Traum von einer kleinen Farm und einer Familie, den Rachegedanken und der in Bewegung umgesetzten Trauer über einen Verlust. Ihre Beweglichkeit trifft sich also mit dem Herz der Gattung. Sie ist nicht kapriziöse Lebenseinstellung, sondern Ausdruck eines Ziels. Die Bewegung selbst bedeutet grundsätzlich eine Ortsveränderung. Sobald ein Körper seine Position im Raum verändert, bewegt er sich oder er wird bewegt und umgekehrt. Er bewegt sich selbst, wenn er ein Körper im Sinn eines lebendigen Leibs ist, oder er wird bewegt, wenn es sich um einen Körper im Sinn eines nicht selbst beweglichen Dings handelt.

Da Migration Bewegung ist und für Menschen eine Verbindung aus räumlicher und sozialer Erfahrung bedeutet, muss der Raum beschrieben werden, der dabei durchmessen wird, und zwar der physikalische, physisch erfahrbare, sinnlich erfassbare Raum, der wiederum, wenn er von dem sozialen Wesen Mensch betreten wird, zu einem sozialen Raum werden kann. Allerdings ist der soziale Raum nur zum Teil von einer physikalischen Struktur abhängig. Er kann auch eine nicht sinnliche und insofern virtuelle Form besitzen, das heißt, er kann eine spezifische Struktur sein, die ein Mensch als soziales Wesen mit sich

9 Email von Katrin Kokot, Mitarbeiterin des Deutschen Exilarchivs 1933–1945, 19.11.2013.

trägt, die er anerkennt oder zu deren Anerkennung er genötigt wird. In diesem Fall ist die Rede vom Raum eine metaphorische.

Unter der Metapher *Raum* lassen sich also die ausgedehnten, sozial erfahrbaren, aber unmittelbar abstrakten Strukturen denken, die ein Individuum oder Gruppen betreffen. Die Ähnlichkeit zum physikalischen Raum entsteht erst durch die gedankliche Anordnung abstrakter Begriffe, mit denen soziale Strukturen beschrieben werden – wie Hierarchie, das gesellschaftliche Oben und Unten, die Position in der Gesellschaft usw. Bei einer Position kann, ist der Begriff vollkommen räumlich gedacht, eine Stellung, ein Ort, eine Lage im Raum gemeint sein. Bei einem erläuternden Synonym wie ‚Standpunkt' kommt bereits die mindestens zweifache mögliche Bedeutung ins Spiel, die vom Ort dieses ‚Stehens auf einem bestimmten Punkt' ausgeht. Spricht man von einem Standpunkt, kann der Aufenthalt an einem sehr klar zu bezeichnenden Ort – einem Punkt, dessen Raumkoordinaten sich durch eine geringe Ausdehnung auszeichnen – gemeint sein. Aber eben auch eine bestimmte Einstellung, die sich möglicherweise sehr deutlich gegenüber anderen abgrenzen lässt. Dabei scheint die Rede von einem ‚Standpunkt' zugleich auf die Körperhaltung anzuspielen, die eingenommen wird, wenn diese Einstellung vorgebracht und verteidigt werden soll. Wird eine Position in einem soziologischen Sinn aufgefasst, denkt man sie auch als die abgegrenzte Stellung eines Individuums innerhalb eines sozialen Gefüges. Insofern handelt es sich nur virtuell um einen räumlichen Ausdruck, auch wenn die soziale Position mit bestimmten Aufenthalten in bevorzugten Räumen einhergeht, wie es sich heute zum Beispiel in der Gentrifizierung von Städten zeigt oder – auf den Western bezogen – der Reise durch eine bestimmte Landschaft.

Die strukturelle Ordnung dieses metaphorischen Raums entsteht also mit und durch die Sprache. Die rein sprachlich erzeugte Vorstellung von Raum ist abzugrenzen von jenen physikalischen Räumen wie einem Haus, einer Kirche, einer Insel oder auch einer Schlucht, und das heißt, er wird abgegrenzt von durch Menschen gestalteten Räumen als auch von natürlich gegebenen (die jedoch gleichermaßen mit einem enormen diskursiven Potenzial belegt sein können). Die physikalischen und die metaphorischen Räume wiederum werden getrennt von einem sozialen Raum im Sinn von Beziehungen, welche Menschen untereinander aufnehmen und die sowohl durch physikalische

Räume als auch metaphorische (sprachlich erzeugte) Räume beeinflusst und symbolisiert werden können.
Diesen Arten des Raums (dem physikalischen, dem metaphorischen, dem sozialen Raum) steht, insofern es hier um Filme geht, ein filmischer Raum zur Verfügung, und dieser ist, zuerst und während der Film entsteht, das, was das Wort *Raum* seiner morphologischen Herkunft nach bedeutet, nämlich ein freier Platz, etwas Nicht-Ausgefülltes, in das Dinge und Personen eingefügt und angeordnet werden können.
Filme gelingen, wenn eindrücklich und glaubwürdig eine Symbiose der verschiedenen Raumtypen hergestellt wird. Dem Raumkonzept von John Fords Western *The Searchers*[10] wird allerdings zuweilen vorgehalten, dass es alogisch, also fehlerhaft sei. Doch Joseph McBride und Michael Wilmington verteidigen es zu Recht als eine filmisch notwendige Struktur. Im Film ziehen die Männer eines Suchtrupps angeblich von Kanada bis New Mexiko. Auf der sichtbaren Ebene jedoch verlassen sie kaum das Monument Valley. Dieses beharrlich wiederholte Motiv eines physikalischen Raums, bei dem die visuelle Ebene der narrativen Ebene offensichtlich entgegenläuft, dient McBride und Wilmington zufolge dazu, im Film den realen Ort als einen geistigen Zustand erscheinen zu lassen. Wenn aus dem realen, begrenzten Ort heraus die Bedingungen gewonnen werden, um „ein moralisches Schlachtfeld“[11] zu entwickeln, dann müssen sich die Männer solange in diesem Raum bewegen, bis eine Lösung gefunden wird, wobei klar ist, dass der reale Raum, in dem sich die momentanen Leidenschaften der Menschen entfalten, darüber hinaus bestehen bleiben wird, er also eine weitere und völlig andere Gültigkeit besitzt. Elisabeth Bronfen greift dieses Raummotiv auf, wenn sie meint, dass mit dem weiten Raum der Western scheinbar ein Ausweg aus jenen Widersprüchen geboten wird, in die vor allem die männlichen Helden der Filme verwickelt sind, wenn sie einerseits einer übersteigerten nostalgischen Liebe zur Idee eines Heims (*home*) nachhängen und zugleich die Einschränkungen, die das Leben in der Gemeinschaft fordert, als unerträglich empfinden. Letztlich, da sich die Lösung dieses

10 *The Searchers* (*Der schwarze Falke*, US 1956, R: John Ford).

11 Siehe hierzu die Interpretation bei Joseph McBride / Michael Wilmington: *John Ford*. London: Secker & Warburg 1974, S. 37.

Widerspruchs nicht finden lässt, bleibt ihnen nur die Möglichkeit, unbegrenzt im weiten Raum zu kreisen.[12]

Bei diesen filmisch konstruierten Räumen begegnen zudem Eigenarten, wie sie Martina Löw in den später auftretenden virtuellen Räumen des Cyberspace beobachtet hat. Statt eines kontinuierlich ausgebreiteten Raums existieren hier punktuell verbundene Räume.[13] Solche verinselten Räume, die strategisch – jedoch nicht real – miteinander verbunden sind, findet man zum Beispiel in *The Big Trail*.[14] In diesem Western begleitet John Wayne einen Wagenzug von Siedlerinnen und Siedlern, um sie nach Westen zu führen. Während der Wagenzug fortwährend durch steiniges, trockenes Land fährt, das verschiedene Proben an Mühsal bereit hält, so ist doch, sobald sich eine intime Szene zwischen dem Helden und der passend installierten Frauenfigur anbahnt, überraschenderweise ein idyllisches Wäldchen zur Stelle, in das beide hinein reiten können, um sich inmitten der baumbestückten, blättergarnierten, wohltemperierten Natur über ihre amourösen Neigungen zu verständigen, zu Pferd natürlich, so dass sie würdevoll auf Tieren sitzend durch den schönen Naturraum getragen werden und ein Bild abgeben, wie es liebreizender kein Mitglied einer romantischen Malschule (vielleicht der hier zuständigen Hudson River School) hätte bewerkstelligen können. Davon abgesehen ist aber die vorherrschende Bewegungsrichtung – das heißt die Richtung, die die meisten Figuren einschlagen – innerhalb des Films linear. Sie führt vom Ausgangsort Missouri über den Oregon Trail nach Westen und endet schließlich an einem kleinen, neu errichteten Haus im Wald.

Der physikalische Raum also existiert als eine Ausdehnung, die sich vom Individuum wahrnehmen lässt. Insofern sich das vor ihm Ausgedehnte nicht in unmittelbarer Reichweite oder Sichtweite befindet oder auch den anderen Sinnen nicht unmittelbar zugänglich ist, muss der Raum durchstreift werden, um ihn wahrnehmen zu können. Die Wanderungsbewegungen sind darum essentiell für die Wahrnehmbarkeit von Raum. Umgekehrt existiert ohne Wanderungsbewegungen

12 Elisabeth Bronfen: *Heimweh. Illusionsspiele in Hollywood*. Berlin: Volk & Welt 1999, S. 331.

13 Martina Löw: *Raumsoziologie*. Frankfurt am Main: Suhrkamp 2012, S. 100–101.

14 *The Big Trail* (*Der große Treck*, US 1930, R: Raoul Walsh).

nur eine eingeschränkte Wahrnehmung von Raum. Das Gleiche gilt für das Gedächtnis, denn wäre in ihm nicht die Erinnerung an bereits durchwanderte (und insofern sowohl betretene als auch wieder verlassene) Räume aufbewahrt, so bliebe, auch wenn der physikalische Raum ausgedehnt existiert, seine Größe nur auf das unmittelbar Wahrnehmbare beschränkt und keinerlei Unterschiede wären erfahrbar. Es ist aber die Möglichkeit eines Vergleichs, das Abwägen von Unterschieden und Gemeinsamkeiten also, wodurch Migration erst sinnvoll und brisant wird. Und erst nach und durch diesen Schritt wird der physikalische Raum auch zu einem emotionalen Raum aus Gedächtnis, Erinnerung an Orte, Dinge, Zugehörigkeiten und Trauer.

Der Western als Gattung ist an eine bestimmte Form der Raumdarstellung, der Bewegung durch diesen Raum und der Erinnerung an Räume geprägt. Ein großer Teil aller Handlungen findet in der Landschaft statt, die durchstreift wird. Je beweglicher eine Gesellschaft jedoch ist, desto ungewisser und unsicherer scheinen ihre Möglichkeiten, große Mengen an Wissen nicht nur zu erstellen, sondern auch dauerhaft und damit sowohl anwendungsbereit als auch erweiterbar zu konservieren. Beweglichkeit korrespondiert also mit einer bestimmten Form von kulturellem Gedächtnis. Kulturelle Objekte, welche, in einem Mindestmaß an Definition, von Menschen hergestellte Dinge sind, sind hier in geringerer Menge vorhanden und müssen transportabel sein. Zudem erweisen sie sich unterwegs als anfällig für Zerstörungen. Planwägen oder in der Einsamkeit errichtete Häuser aus Holz verfallen, zerbrechen oder gehen bei einem Überfall mitsamt den darin angesammelten, aus früheren Herkunftsgegenden mitgebrachten Objekten in Flammen auf. Ebenso sind die Menschen, die sowohl immaterielle Erinnerungen als auch materielle Objekte mit sich tragen, gefährdet. Sterben sie auf dem Weg in das noch nicht erreichte neue Heim, so wird das Grab ein Erdhaufen mit einem wackeligen hölzernen Kreuz darauf sein und kein ausladendes steinernes Denkmal. Die Grabstelle wird am Wegrand liegen, wobei sich der Weg, der daran vorbeiführt, nicht immer als solcher identifizieren lässt, so dass nicht gewiss ist, ob später jemand die markierte Gedenkstelle bemerken wird. Somit ist das kulturelle Gedächtnis selbst in seiner Minimalform ungewiss, in eine gleichförmige Natur eingebettet, durch menschliches Tun kaum herausgehoben und sowohl in seinem materiellen Fortbestand gefährdet als auch in seiner immateriellen

Form. Diese besteht in den Erinnerungen der Überlebenden, doch Letztere müssen weiterhin eben jenen Raum durchqueren, welcher Ersteren das Leben gekostet hat.

Eben jenes Weitergehen und Überleben jedoch ist eines der hervorstechenden Themen der Western. Am Ende kommen immer einige der Siedelnden an. Von ihnen abgesehen aber sind es gerade die Führer der Trecks, die sich als gedächtnisstark erweisen. Gerade sie, die kaum Gepäck mit sich führen, also von vornherein auf die verschiedenen materiellen Formen eines kulturellen Gedächtnisses verzichten, führen, teilweise ins Extreme gleitend, ein Nicht-Vergessen-Wollen vor, das sich in Such- und Rachebewegungen äußert, wie es Breck Coleman (John Wayne) in *The Big Trail* tut, als er über weite Entfernungen hinweg den Tod eines Freundes feststellt, dessen Ermordung bekannt gibt und schließlich rächt. Selbst wenn also keine materiellen, für alle erkennbaren, kulturellen Zeichen eines Gedächtnisses bestehen (können), vergessen sie nichts und fassen das Verschwundene (Verlorene) in einer Verallgemeinerung zusammen.

Man könnte sogar, angelehnt an Friedrich Nietzsches Vorstellung von der Herausbildung eines menschlichen Gedächtnisses sagen,[15] dass hier gerade das Ausüben und Erfahren von Gewalt (Grausamkeit) dazu führt, dass der Raum ins Gedächtnis aufgenommen wird und im Gedächtnis bleibt, zwar auf eine grausam markierte, doch nur darum nachträgliche Weise, so dass er nicht wieder vergessen werden kann. In diesem Sinn ist nicht nur die historisch tatsächlich ausgeübte Gewalt, sondern vor allem die in Western ritualisierte und stets wiederholte Gewalt auf Seiten der weißen, am Ende siegreichen Bevölkerung ein Mittel, sich des neu betretenen, eroberten Raums qua Gedächtnis stetig zu versichern. Doch auf der Seite der letztlich sieglosen indianischen Bevölkerung muss, in der Umkehrung, ein umso schmerzlicher erfahrener Verlust angenommen werden, je mehr der verlorene Raum im Gedächtnis mit grausamen Erfahrungen markiert ist.

15 Nietzsche schrieb „Es gieng [früher] niemals ohne Blut, Martern, Opfer ab, wenn der Mensch es nöthig hielt, sich ein Gedächtnis zu machen.“ (Friedrich Nietzsche: *Zur Genealogie der Moral* [1887]. *Kritische Studienausgabe*. Stuttgart: Reclam 2015, S. 295.) Zum Begriff der menschlichen Grausamkeit und ihre bei Nietzsche erklärte, teils rituelle Verbindung zum Gedächtnis siehe Marcel Hénaff: Rätsel der Grausamkeit. Ungeheure Unmenschlichkeit als Kernbestand der Menschlichkeit. In: *Lettre International* 109, (2015) S. 12–20, hier S. 12.

Die falsche Grenze

Um davon sprechen zu können, dass ein Ort verlassen und ein anderer erreicht wurde, muss irgendeine Art von Grenze existieren oder gedacht werden, so dass sich ein *Hier* und ein *Dort* unterscheiden lässt. Um eine Grenze, in ihrem allgemeinsten Sinn, zu definieren, soll eine Umschreibung gefunden werden, die nicht so weit spezialisiert ist, dass mit ihr lediglich auf einen Bereich verwiesen werden kann, wie es etwa geschieht, wenn man von einer Landesgrenze spricht. Für die Betrachtung von Western kommen schließlich verschiedene Arten von Grenzen in Frage. Hier kann ein geografischer Grenzverlauf dargestellt sein, der ohne politisches Zutun allein durch die besondere Form der Landschaft markiert wird. Ethnische Grenzen können gezeigt werden wie jene zwischen den Menschen, die in das Land einwandern, und denen, die bereits dort leben. Soziale Grenzen, die zwischen Geschlechtern oder Klassen verlaufen können, müssen bedacht werden. Letztlich ist auch jene für das Genre überaus wichtige Grenzmarkierung, die mit dem Begriff der *Frontier* geäußert wird, zu analysieren.

Im gesuchten, allgemeinen Sinn soll eine Grenze als etwas Trennendes verstanden werden, das zwei oder mehrere Systeme scheidet. Die geschiedenen Systeme können getrennt existieren, wenn sie voneinander unabhängig sind und nach eigenen Logiken funktionieren. Möglicherweise aber sind sie über das Trennende hinaus auf andere Art zugleich miteinander verbunden.

Der Western *Rio Grande*[16] ist eine schön fotografierte, erzählerisch leider eher plumpe Militärklamotte, in der ziemlich viel gesungen wird. Trotz des Singens und der Reitvorführungen, die wie eingeschobene Zirkusnummern wirken, lässt sich der zentrale Konflikt leicht identifizieren. Er kreist um den Schutz weißer Siedler und Siedlerinnen durch die militärische Besatzungsmacht. Die in einem Militärcamp stationierten Soldaten müssen Überfälle seitens der Apachen abwehren. Die Indianer wiederum entziehen sich nach gelungenen Attacken, indem sie die Grenze zu Mexiko überqueren. Jene Grenze ist in diesem Gebiet bis heute durch einen Fluss markiert, den Rio Grande, wie er in den USA genannt wird, bzw. den Rio Bravo del Norte, wie er in Mexiko heißt. Hier fallen also die physische und die politische Grenze zusammen. Der Übergang zwischen beiden Systemen – den zu beiden

16 *Rio Grande* (US 1950, R: John Ford).

Seiten des Flusses gelegenen Landstrichen und politischen Gebilden – ist tatsächlich limitiert[17] und geeignet, die Systeme getrennt zu halten. Doch gerade den doppelten Hindernischarakter des Flusses nutzen die Apachen aus, welche den Grenzfluss in der Absicht überqueren, einem der Systeme Schaden zu bereiten, um sich danach im anderen abzusichern.

In vielen Western jedoch wird das vorhandene Land als derart ausgedehnt dargestellt, dass die Beschreibung politischer Grenzen zwischen Ländern zugunsten anderer Beschreibungen von Grenzen, Barrieren oder Hindernissen aufgegeben wird. Es entsteht ein filmischer Raum, der unendlich offen ist, weil er kein Außen besitzt. Der Film *Shane*[18] beginnt, noch während der Vorspann läuft, mit einem Blick über die Schulter eines Mannes hinweg, der von einem erhöhten Punkt aus über eine großartige, weite und grüne Landschaft schaut. Unter und vor ihm breitet sich eine grasige Ebene aus, die er gleich durchreiten wird. Hinter ihm liegen die Berge, die er gerade verlassen hat, und vor ihm am Horizont ein Riegel aus Felsen mit schneebedeckten Gipfeln.

Andere Barrieren als diese landschaftlich schönen zeigen sich erst im Näherkommen. Doch zum Anfang des Films erweisen sie sich noch als durchlässig. Inmitten der Grasebene und von Weitem kaum zu bemerken liegen weit verstreut kleine Farmen, zu denen Hütten gehören, die aus rohen Brettern gebaut sind. Die niedrigen Häuser unterscheiden sich durch ihre Bauart und den Raum, den sie einnehmen, so wenig von der sie umgebenden Landschaft, dass sich ihnen sogar die Wildtiere nähern. Am Morgen, nachdem der fremde Reiter, den man ganz zu Anfang sah, auf einer dieser Farmen angekommen ist, wird der kleine Joey Starret (Brandon De Wilde) geweckt, als ihm ein Schatten über das Gesicht huscht. Vor seinem Fenster steht im Morgenlicht ein Hirsch, um sich an den Pflanzen gütlich zu tun, die auf einem Beet, nicht weit vom Fenster entfernt, wachsen. Das Tier nutzt auch die Gelegenheit, sein Maul in einen Zuber zu stecken, um diesen nach Fressbarem zu durchsuchen, bevor es schließlich über die

17 Beim Dreh ertranken zwei Stuntmen, die bei einer Flussüberquerung mitwirkten.

18 *Shane* (*Mein großer Freund Shane*, US 1953, R: George Stevens).

dünne Schnur springt, die ein Beet umgrenzt, um die Farm in Richtung des offenen Graslands zu verlassen.
Zwischen der Wildnis und den Wohnorten der Menschen verlaufen die Übergänge also fließend. Während sich der Hirsch bei den Pflanzen der Menschen bedient, haben sie sich umgekehrt unter den Hirschen umgetan, denn am Rand des Hofs liegt ein ganzer Stapel von Geweihen. Einige Gehörne wurden sogar als Einfassung für ein Blumenbeet benutzt. Indessen erweisen sich diese und andere Grenzziehungen als nicht sehr wirkungsvoll, was im Fall der Tiere milde geduldet oder ohne größere Aufregung aufgegriffen wird. So sind auch der Wohnraum für die Menschen und die Unterkunft für die Haustiere nicht immer strikt getrennt. Shane (Alan Ladd), der fremde Reiter, wird für die Zeit, die er auf der Farm verbringt, in einer offenen Scheune schlafen, wo er morgens von jungen Hühnchen geweckt wird, die um ihn herum nach Körnern picken.
Ein anderes Problem, dass mit Grenzmarkierungen zu tun hat, stellen die Forderungen des Viehzüchters Rufus Ryker (Emile Meyer) dar. Er will, dass alle neu Angesiedelten das Land verlassen, damit er seine Rinder frei weiden lassen kann. Um seine Forderungen nachdrücklich vorzutragen, reiten er und seine Männer über Beete, ignorieren Zäune und Einfassungen, treiben eine Kuhherde über ein Feld und töten das Mutterschwein kleiner Ferkel. Eines Nachts wartet Ryker schon auf der Farm, die Joe Starret (Van Heflin) und seiner Familie gehört. Er hat sich Zutritt verschafft, was wegen der sehr locker angelegten Barrieren nicht besonders aufwendig war, um sich, wie er sagt, einmal umzusehen, womit er indirekt seinen Anspruch auf eben dieses Stück Land formuliert. Während Ryker zugibt, dass er recht harsch mit den Siedelnden umgesprungen ist, erklärt er, warum er sich dazu in gewissem Maße berechtigt fühlt. Er war früher hier als sie, hat das Land gegenüber den Ansprüchen anderer verteidigt oder an sich genommen – worauf er hinweist, als er von der Spitze eines Indianerpfeils spricht, die noch in seiner Schulter steckt. Zudem hat er das Land urbar gemacht. Nun beklagt er sich, dass die neu angesiedelten Farmleute den Boden einzäunen, Gräben ziehen und ihn vom Wasser abtrennen, was seiner Art der Viehwirtschaft abträglich ist. Es ist ein auch in anderen Western immer wieder auftauchender oder variierter Konflikt, wobei vor allem die Parzellierung den sowohl physisch als

auch ästhetisch erlebten Moment bildet, in dem jene Freiheit, welche zuvor mittels der offenen Landschaft vermittelt wurde, durch Grenzziehungen eingezwängt wird.

Starret entgegnet, dass sie beide das gleiche Anrecht auf das Land hätten. Doch verwandelt er diese positive Aussage über einen möglichen Besitz sogleich in eine Negation, als er am Ende präzisiert: „Das Land gehört nicht dir und nicht mir." Anstatt also Besitzansprüche anzuerkennen, meint er, dass dieses Land grundsätzlich offen sei und offen bleiben müsse, womit es nicht nur Rykers Ansprüchen, sondern auch seinen eigenen entzogen wäre.

Man kann Starrets Aussage so verstehen, dass eine Landschaft letztlich nur einem göttlichen Besitzanspruch unterworfen sei, gegenüber dem menschliche Ansprüche zu unbedeutend und vor allem zu aussichtslos erscheinen, allein durch die reale Unmöglichkeit, Besitz an Boden tatsächlich, und das heißt vor allem körperlich, festhalten zu können, denn das Land geht sowohl in seinen Ausmaßen als auch in seiner Existenzdauer über den eigenen menschlichen Körper hinaus. Einer solchen Fortrechnung in eine unendliche Zeit und das Göttliche widerspricht allerdings die sowohl von Starret als auch von den anderen Siedelnden geäußerte Meinung, dass sie mit diesem Land so stark verwurzelt seien, dass sie es nicht aufgeben würden. Da sie es nicht nur für sich, sondern auch für ihre Kinder besitzen wollen, wird ihr Anspruch auf das Land über das eigene Leben hinaus gedacht und über die Linie der Kinder und Kindeskinder ins Unendliche verlängert, womit zumindest für das Problem der ungleichen Existenzdauer von Mensch und Landschaft eine denkbare Lösung genannt ist. Aber letztlich liegt der Grund, weshalb das Land offen bleiben muss, darin, den Kern des Traums von der Besiedlung der neuen Welt aufrecht zu erhalten. Dieser Kern liegt in dem Glauben, jederzeit neu beginnen zu können.

Die Landschaft der Western muss also weitläufig sein. Grenzen sind insofern nicht eindeutig festgelegt oder nicht deutlich erkennbar. Es handelt sich um unscharfe, unordentliche, diffuse oder auch wilde Grenzen, über deren Verlauf nicht endgültig entschieden ist, weil die Protagonistinnen und Protagonisten der verschiedenen Interessen sie in eben diesem dargestellten Moment vortragen, verteidigen oder aber vor fremden zurückweichen. Dies kann für Farmer, konkurrierende Viehbarone, Goldsucher, Trapper, Indianer und Indianerinnen,

Siedelnde oder die Vertreter der Eisenbahn gelten, die ihre verschiedenen Nutzungsinteressen in den selben Raum projizieren. Gleich ob die Räume am Ende des Films neu geordnet sind oder deren alte Ordnung bestätigt wird – immer scheint es, als könnten sie jederzeit wiedergewonnen oder verloren werden mittels einer wirksamen Strategie und Durchsetzungsvermögen.

In und *durch* Western bleiben die Landschaft und der Raum im Allgemeinen verhandelbar. Dies bildete offenbar auch einen Anreiz dafür, die Zwischenräume von Stadt und Land in der zeitgenössischen Anthropologie der Städte aus der Metapher der *Frontier* heraus zu deuten.[19] Westernerzählungen über (noch) nicht geordnete Grenzen dienen heute im Leitbegriff der *Frontier* dazu, die enthusiastische Inbesitznahme vernachlässigter halburbaner Räume zu begründen, deren Grenzen deshalb diffus sind, weil diese Räume wegen ihrer ästhetisch abweisenden Struktur kaum beansprucht werden. Dadurch scheint es bei diesen Räumen nur darauf anzukommen, sie umzudeuten, um sie nutzbar zu machen. Allerdings wird, wendet man die Metapher zurück auf ihr Vorbild im Western, deren Brisanz offenbar. Denn zur euphorischen Eroberung neuer, abenteuerlicher Handlungsräume besteht ein krasser Gegensatz, der darin liegt, dass die Inbesitznahme bereits geltende Nutzungsrechte anderer stört oder komplett ausschließt.

In Western wird mit dem Wort *Frontier* auf eine im Grunde mythische Grenze verwiesen, welche mit der Besiedlung Nordamerikas und ihrer Konventionalisierung im Western entwickelt wurde. Der Begriff geht auf einen Vortrag von Frederick Jackson Turner am 12. Juli 1893 auf der World's Columbian Exposition in Chicago zurück. Jackson formulierte eindrücklich, wie mit der sich ausbreitenden Besiedlung die Grenze von einer außerstaatlichen zu einer innerstaatlichen wurde: „At first the frontier was the Atlantic coast. It was the frontier of Europe in a very real sense. Moving westward, the frontier became more and more American."[20] Dieser Satz bezeichnet auch genau jenen

19 Zur Metapher der aus der US-amerikanischen Besiedlung des Westens stammenden *Frontier* im Diskurs über zeitgenössischen Städtebau und Zwischenräume wie „Zwischenstädte" siehe Susanne Hauser / Christa Kamleithner: *Ästhetik der Agglomeration*. Wuppertal: Müller + Busmann 2006, S. 62–64.

20 Frederick Jackson Turner: *The Frontier in American History* [1893]. New York: Holt 1953, S. 4.

Vorgang, in dem die unspezifische Bezeichnung einer zwar realen Grenze (*frontier*) in den spezifischen und identitätsstiftenden Eigennamen *Frontier* verwandelt wird.
Jackson proklamierte weiterhin, dass die Besiedlung des Landes, und mit ihr die *Frontier*-Geschichte, seit 1890 abgeschlossen sei.[21] Aber als weitaus langlebiger als das Bezeichnete selbst erwies sich dessen Bezeichnung. In der akademischen wie in der populären Literatur zu Western spielt der Begriff *Frontier* eine derart zentrale Rolle, dass er oft schon im Titel aufgegriffen wird.[22] Und doch handelt es sich bei der Idee, die mit dem Begriff *Frontier* verbunden ist, um eine falsche Grenze. Sie ist einerseits aus einer präferierten Besiedlungsrichtung heraus geprägt, nämlich von Europa ausgehend westwärts. Damit sind alle anderen einwandernden Ethnien von einer Identifikation mit dieser rezeptionsgeschichtlich überaus wichtigen US-amerikanischen Mythenbildung ausgeschlossen. Die Grenze wird also nur aus einer bestimmten Richtung und aus einer damit einhergehenden ethnisch determinierten Wanderungsbewegung bestimmt. Dadurch wiederum wird sie einzig von *einer* Seite aus betrachtet, und zwar von der Seite einer Gruppe von Einwandernden. Damit bleibt zudem die Seite der hier bereits siedelnden (indigenen) Bewohnerinnen und Bewohner ausgeschlossen, obwohl jede Grenze, da sie zwei oder mehrere Systeme scheidet, auch von mindestens ebenso vielen Seiten aus zu betrachten ist.
Es ist deshalb so, dass der Western im Bewusstsein existierender nationaler Außengrenzen und diffuser innerer Grenzen ein Genre ist, in dem eben jenes Bewusstsein einer *Frontier* erzeugt und dadurch eine nationalstaatliche US-amerikanische Identität gewonnen wird, die genau genommen *weiß*, also ethnisch markiert ist. Insofern erweist sich der Westernfilm als nützlicher Syntheseapparat. Es ist das (einzige) Genre, in dem die kolonisatorische, ökonomisch oder politisch begründete Migration erfolgreich mit einem positiven Inhalt gefüllt

21 Turner: *The Frontier in American History,* S. 4.

22 Z. B. bei Richard Slotkin: *Gunfighter Nation. The Myth of the Frontier in Twentieth Century America*. New York: University of Oklahoma Press 1998; Cyntia Miller / A. Bowdoin van Riper (Hrsg.): *International Westerns. Relocating the Frontier.* Lanham: Scarecrow 2014; Thomas Klein / Ivo Ritzer / Peter Schulze (Hrsg.): *Crossing Frontiers. Intercultural Perspectives on the Western*. Marburg: Schüren 2012.

ist. Und doch dient es zugleich als Hegemonieapparat[23], wenn in der Synthese einige vorherrschende Gruppeninteressen bevorzugt werden.

Dieser äußerst ambivalente Begriff *Frontier* ist also eine funktionale Metapher. Deren optimistische Moral gilt nur in einem Alteritätskonzept. Mit dem Begriff der *Alterität* wird auf ein Verhältnis zwischen zwei einander zugeordneten, sich bedingenden Identitäten verwiesen, die auf den beiden Seiten einer Trennlinie existieren. Im Fall der *Frontier* liegt auf der einen Seite die Wildnis. Diese wird nicht nur als vorgefundene Natur, sondern auch durch die Eigenarten der in ihr Lebenden bestimmt. Auf der anderen Seite liegt die Zivilisation und mit ihr diejenigen, welche diese Konstruktion aufstellen. Damit wird das weiße Eigene im binären Denken zwischen den Gegensätzen Wildnis und Zivilisation gestützt und die selbst definierte Zivilisation privilegiert.

Will man dieses Alteritätskonzept stören, was zugunsten einer gerechten Verteilung von Definitionsmacht zu tun ist, muss die Sprache jener Subjekte kritisiert werden, die sich selbst als allgemeingültige Norm setzen, insofern unmarkiert bleiben und sich dadurch die definitorische Hoheit einräumen. Man muss die Markierung der Anderen (der ‚Indianer' und ‚Indianerinnen') entfernen oder, falls das nicht möglich scheint, die einander gegenüberstehenden Seiten gleichermaßen markieren. Dann müsste also zu dem Wort *indigen* ein stets mitzusprechender Zusatz für die weiße Ethnie entwickelt werden. Bezeichnungen wie *native people* oder *indigenious people* drücken zwar aus, dass es ein kritikwürdiges Verhältnis gibt. Doch die Worte *indigen* oder *native*, die eine frühere rassistische Markierung beenden sollen, bedeuten letztlich nur eine neue, einseitige Markierung, auch wenn sie deren Betonung verschieben.

Da Alterität jedoch nicht nur als Unterdrückungsmechanismus[24] funktioniert, um jemanden auszugrenzen, sondern auch als kreative

23 Im Sinn von Antonio Gramsci (ders.: *Gefängnishefte* [1929–1935], hrsg. v. Klaus Bochmann / Wolfgang Fritz Haug. Hamburg: Argument 1991–2002. Hier z. B. ebd., Bd. 4, S. 783; ebd., Bd. 7, S. 1502, 1584).

24 Siehe das *konstitutive Außen* bei Judith Butler und Jaques Derrida oder das *Othering* bei Edward Said (dazu Anna Babka / Gerald Posselt: *Gender und Dekonstruktion. Begriffe und kommentierte Grundlagentexte der Gender- und Queer-Theorie.* Wien: Facultas 2016, S. 41).

Reaktion[25], ist es falsch, die Macht zur alteritären Konstruktion jeweils nur einer Seite – vornehmlich der weißen, kolonialistischen Seite – zuzuschreiben. Auch in den kolonialistisch bedrängten Gruppen wurden eigene, aktualisierte Alteritätskonstruktionen geschaffen. Damit konnten sie sich von der Seite der Hinzukommenden, die ihnen feindlich gegenübertraten, nun selbst abgrenzen, um anhand dieses Widerparts die eigene Identität zu formieren. So geschah es, dass in Western indianische Darsteller – vielleicht auch Darstellerinnen –, wenn sie gebeten wurden, eine Passage in ihrer Muttersprache vorzutragen, vom Skript abwichen und stattdessen ihre vorwurfsvolle Geringschätzung gegenüber ihrem ethnischen Gegenpart vorbrachten.[26] Insofern muss man anerkennen, dass ein Alteritätskonzept auf beiden Seiten praktiziert wurde, auch wenn es nicht gleichermaßen offensiv artikuliert werden konnte.

Aus heutigen, mit der Globalisierung entwickelten Perspektiven und aus einem Denken heraus, das an poststrukturalistischen Texten geschult wurde, erscheint die Idee einer scharfen Trennung wie jener zwischen Wildnis und Zivilisation, für die in Western das Wort der *Frontier* gebraucht wird, allerdings unhaltbar. Mit einer solchen Trennung wird eine krasse Diskontinuität der Erfahrungen behauptet, die über die Schematisierung des Mythos hinaus unberechtigt ist. Auch in den frühen und klassischen Filmen des Genres sind die Trennungen keineswegs so klar gestaltet, wie es die gebräuchliche Rede von der *Frontier* suggeriert. Im Mittelpunkt dieser Filmhandlungen stehen gerade nicht die scharf umrissenen, getrennten Systeme, sondern der Zwischenraum, der mit Gefahren, aber auch Chancen durchsetzt ist. Das zeigt sich an den herausgehobenen Figuren der Western, den Helden, die mit einer indianischen Frau leben (Kirk Douglas in *Last Train from Gun Hill*[27]), die ein ‚Halbblut' spielen (Steve Mc Queen in

25 Im Sinn Simone de Beauvoirs, wenn sie von einem bereits praktizierten Alteritätskonzept ausgeht, das von der männlichen zur weiblichen Seite führt, und daraufhin ein entgegengesetztes entwickelt (dies.: *Das andere Geschlecht. Sitte und Sexus der Frau* [1949], aus d. Franz. v. Eva Rechel-Mertens / Fritz Montfort. Hamburg: Rowohlt 1951).

26 Siehe den Film *A Distant Trumpet* (*Die blaue Eskadron*, US 1964, R: Raoul Walsh). Auf die entsprechende Passage wird in der Dokumentation *Reel Injun (Hollywood Indianer*, CDN 2010, R: Neil Diamond / Catherine Bainbridge / Jeremiah Hayes) hingewiesen.

27 *Last Train from Gun Hill* (*Der letzte Zug von Gun Hill*, US 1959, R: John Sturges).

Nevada Smith[28]), die indianisches Wissen besitzen und entsprechende Insignien an ihrer Kleidung tragen (John Wayne in *The Big Trail* oder Paul Newman in *Hombre*[29]) oder an der Indianerin, die bei Weißen aufgewachsen ist (Jennifer Jones in *Duel in the Sun*[30] oder Audrey Hepburn in *The Unforgiven*[31]).

The Searchers ist ein Film, in dem die enorme Widersprüchlichkeit dieser Grenzbehauptung schmerzlich bearbeitet wird. Obwohl er mehrere Figuren zeigt, die fähig sind, zwischen den Seiten zu wechseln, ist die Hauptfigur Ethan (John Wayne) stets bemüht, die Grenze aufrechtzuerhalten. Dieser Weiße, der offenbar die indianische Kultur selbst sehr gut kennt, begibt sich auf die zwiespältige Suche nach seiner von Indianern entführten Nichte. Er ist bereit, dieses Mädchen – die Tochter seines Bruders und dessen von Ethan heimlich geliebter Frau – zu töten, womit er das Mädchen zum potenziellen Opfer seiner Grenzbehauptung macht. Auf einer Etappe seiner Jahre währenden Suche trifft Ethan in einem Fort ein, wo er zu mehreren weißen Frauen und Kindern geführt wird, welche durch die Armee aus einem indianischen Dorf entführt wurden. Sie, die zeitweilig in einer indianischen Gemeinschaft lebten, harren nun in einem halbdunklen Raum aus, einem abgeschirmten Gehäuse, in dem ihre verdoppelte, jeweils durch Gewalt herbeigeführte Fremdheit konserviert ist. Eine Frau scheint ein verlorenes Kind zu betrauern. Es ist denkbar, dass es mit einem indianischen Mann gezeugt und durch Angehörige der Armee getötet wurde, als diese in das indianische Dorf eindrangen. Zwei Mädchen schmiegen sich in größter Verwirrung aneinander, doch wenn Ethan durch diesen Anblick auch berührt sein mag, so verwandelt er seine Ergriffenheit in eine willkürliche Entschiedenheit, mit der er ausdrückt, diese Menschen seien keine Weißen mehr. Unausgesprochen andeutend, dass sie es auch nicht wieder werden könnten, ignoriert er damit jede Möglichkeit einer selbstbestimmten Anpassung, Wahlfreiheit oder psychischen Heilung. Damit besteht er auf einer extremen, essentialistischen Deutung, in der die ideale, reine Zugehörigkeit zu einer Gemeinschaft allein durch einen längeren

28 *Nevada Smith* (US 1966, R: Henry Hathaway).

29 *Hombre* (*Man nannte ihn Hombre*, US 1967, R: Martin Ritt).

30 *Duel in the Sun* (*Duell in der Sonne*, US 1946, R: King Vidor / Otto Brower / William Dieterle / Sidney Franklin et al.).

31 *The Unforgiven* (*Denen man nicht vergibt*, US 1960, R: John Huston).

Kontakt mit einer anderen unumkehrbar verunreinigt wird, wobei es vermutlich nicht unwichtig ist, dass dieser Sicht vor allem Frauen und Mädchen geopfert werden sollen.

Zu den Widersprüchen der *Frontier* gehört auch, dass die Metapher noch etwas anderes bezeichnet als das Wort *frontier*. Es ist die Metapher für eine Grenze, deren Sinn darauf konzentriert ist, stets verschoben und letztlich aufgehoben zu werden, allerdings nicht im Sinn einer Harmonisierung der durch sie getrennten Systeme. Ihrem Gehalt nach ist die Metapher auf etwas bezogen, für das eine andere Bezeichnung existiert, und das ist das Wort *Niemandsland*. Also jener Raum oder jenes Gebiet, das *zwischen* zwei oder mehreren anderen anerkannten Territorien verortet werden kann, das insofern offen ist und doch zugleich von Einflüssen der verschiedenen Umgebungen gespeist wird. Hierin liegt das positive Potenzial eines Niemandslandes, das einen Raum bildet, der für ein poststrukturalistisches Denken, welches scheinbare Dichotomien und Ausschlüsse verwirft, affin ist. Es ist zugleich jenes Land, das als staatsrechtlich herrenlos gilt, weil es im Krieg zwischen den Frontlinien liegt[32] oder im Wertmaßstab der Ankommenden als von niemandem besiedelt und gepflegt gilt. Seit der römischen Antike *terra nullis* genannt, avancierte ein als solches identifiziertes Niemandsland ab dem 18. Jahrhundert zur Begründung für koloniale Inbesitznahme. Es trägt die beanspruchte, scheinbar rechtmäßige Aneignung bereits im Namen.

Das Niemandsland in Western ist dabei keineswegs niemandes Land, auch nicht nur temporär. Vielmehr treffen hier verschiedene Definitionen von Aneignung und Besitz aufeinander sowie verschiedene Strategien, einen Landstrich als jemandem zugehörig zu markieren. Dazu gehören sowohl unterschiedliche Nutzungsstrategien von siedelnden Menschen, wie es Farmleute sind, und von nomadisch lebenden Menschen. Bei den nomadisch Lebenden waren und sind sich überlappende Nutzungsrechte üblich, die an temporäre Aufenthalte und zyklische Wanderungen im Jahr gebunden bleiben und zudem Gruppen statt Individuen zustehen. Bis heute besteht das Problem einer kartografischen Fixierung der sogenannten traditionellen

32 Siehe den Film *Ničija zemlja* (*No Man's Land*, BIH/SLO/GB/I/B/F 2001, R: Danis Tanović) über die bitteren Paradoxien bestehender Regellosigkeit und von außen hinein getragener Regelhaftigkeit im ‚Niemandsland', welches zwischen den Kriegsparteien in Ex-Jugoslawien liegt.

Stammesgebiete nomadisch Lebender darin, dass diese juristisch relevanten Festlegungen von einem völlig anderen System juristischer Traditionen hervorgebracht werden, nämlich jenem, das sich mit den Vorstellungen siedelnd lebender Menschen entwickelt hat, wodurch es seinem Gegenstand, nämlich der Nutzungspraxis nomadisch Lebender, fremd ist.

Wege und Pfade

Wenn das beginnende 20. Jahrhundert unter den Aspekten zunehmender Geschwindigkeit (Arbeitstakt, Autorennen, Zugverbindungen, Flugzeuge) betrachtet wird, so gehören dazu auch die eigens angelegten Wege, die diese Geschwindigkeit ermöglichen. Das alles ist im Westernfilm, dessen Anfänge im frühen 20. Jahrhundert liegen, ausgespart. Gerade was die Bewegungsarten betrifft, sind Western anachronistisch, um historisch korrekt zu sein. Deshalb ist das nicht eingeplante Auto, das in Luis Trenkers *Der Kaiser von Kalifornien*[33] in der Ferne durch das Bild eines unerschlossenen Graslandes fährt, in dem die Helden des Films mühsam zu Fuß vorankommen müssen, so sehr geeignet, in einem unerwarteten und verblüffenden Augenblick die konkurrierenden Erfahrungen von Raum vorzuführen.

Die Art der Fortbewegung bedingt eine bestimmte Nutzung und Nutzbarkeit des Raums. Darum müssen auch die Figuren in Western verschieden schnell unterwegs sein, denn ihre variable Geschwindigkeit repräsentiert ihre Ambitionen, die sie gegenüber dem (offenen) Raum hegen. Die einzelnen Planwagen der Trecks bewegen sich stetig fort, sind aber recht langsam gegenüber den ungebundenen Begleitern, die einzeln auf ihren Pferden umherstreifen können. Die sechs- oder achtspännige Postkutsche ist schneller als ein Planwagen, und dennoch ist sie gefährdet durch die noch schnelleren Pferde der Indianer oder Banditen, von denen sie eingeholt werden kann.

Während diejenigen, die zügig unterwegs sind, sich auch als Kenner des Raums ausweisen, sind dagegen jene, die sich langsam bewegen, mit den Utensilien und dem Willen ausgestattet, den Raum nicht nur zu durchqueren, sondern ihn auch zu besetzen. Mit der jeweiligen Schnelligkeit ihrer Bewegungen werden die verschiedenen Raum- und

33 *Der Kaiser von Kalifornien* (D 1936, R: Luis Trenker).

Zeitwahrnehmungen der Menschen vorgeführt. Wenn ein Planwagen aufgrund eines Überfalls die Geschwindigkeit erhöht, auf die Gefahr hin, am Ende umzustürzen und zu zerschellen, zeigt sich an ihm das Risiko einer Langsamkeit, die in diesem Augenblick vor allem das Gebundensein – an eine Reisegemeinschaft, an ein gemeinschaftlich genutztes Transportmittel, an die mitgeführten (nostalgischen) Objekte – symbolisiert.

Auch wenn die Geschwindigkeiten der Kutschen oder der Pferde hinter jenen, die durch ein Automobil oder ein Flugzeug erreicht werden können, zurückbleiben, so ist doch gewöhnlich keines dieser Objekte im Bild, durch das ein Vergleich zustande käme. Die Ausnahme unter den das Tempo erhöhenden technischen Objekten sind Züge. In halsbrecherischem Tempo kann es einem Reiter gelingen, einen fahrenden Zug einzuholen und aufzuspringen, wodurch er sich in eine vor allem fremd bestimmte Sphäre begibt. Zugleich wird damit aber die historische Konstellation um den Wettlauf zwischen Zug und Pferd wiederholt und – auf kurze Distanz – ihre Gleichwertigkeit stets neu behauptet. Der Zug offenbart dabei immer den Nachteil, auf einem festen, vorgeprägten Weg bleiben zu müssen. Er ist ein ordnungs- und regelgebundenes Vehikel, während ein Reiter sich ohne vorgegebene Pfade nähern kann. Der einzelne Reiter darf zuweilen nicht nur sein Geschick, einen fahrenden Zug zu besteigen, beweisen, sondern auch die Fähigkeit, einen Zug zu kontrollieren, zu verlangsamen, zu teilen, zu bremsen. Eine Fähigkeit, die er oft damit ankündigt, dass er auf seinem Dach läuft, womit er nicht nur die artistisch ausgelebten Vorteile von Regelwidrigkeiten beweist, sondern sich zugleich eines hierarchisch fundamentierten Bildmusters bedient, wie es das Oben-sein und das Auf-etwas-gehen symbolisieren. Selbst wenn der Zug ruckt, wenn Äste oder Brücken den Läufer aus dem Gleichgewicht bringen und gefährden, so besteht er doch gegen diese Widrigkeiten, um letztlich die Bewegung des maschinellen Zuges und der in ihm Sitzenden zu bestimmen.

Damit stellt er nicht nur eine symbolische Gleichwertigkeit zwischen seinem altertümlichen Lebensstil per Pferd und dem fortschrittlichen des Zuges her. Er beweist auch seine Überlegenheit, die im Grunde darin liegt, dieses Objekt des technischen Fortschritts und dieses Zeichen der Zivilisation entgegen der vorgegebenen Regeln zu benutzen.

So wie er sich ohne Wege und Pfade durch den landschaftlich gegebenen Raum bewegen kann, ist es ihm auch möglich, sogar eine fest umrissene Form wie den Zug mittels eigener Wege zu benutzen, indem er über das Dach läuft und von Wagon zu Wagon springt. Es ist ihm sogar möglich, die gegebene Geschwindigkeit des Zuges durch seinen eigenen Einsatz zu übertreffen. Denn in jenem Augenblick, in dem er den schnellen Zug erreicht, stellen sich die darin Reisenden als unbeweglich heraus, so dass er, würde er sich zu ihnen setzen, in ebendiese paradoxe Reglosigkeit der Fahrenden verfallen würde. Stattdessen aber forciert er seine eigene, vom Zug mitgegebene Geschwindigkeit, indem er sich in möglichst großem Tempo in ihm oder besser noch auf ihm bewegt.

Durch diese verschiedenen Formen der Geschwindigkeit wird der einzelne Reiter nicht nur herausgehoben und seine Art der Fortbewegung als die erfolgreichste gekennzeichnet. Sondern die Filmhandlung wird auch in die Erwartung von Geschwindigkeit versetzt. Insofern sind Western keineswegs eine Antithese zum zeitgenössischen, durch technische Neuerungen beschleunigten Leben und Zeichen einer entsprechenden Weltflucht. Sie bedeuten keine Flucht vor der Welt (die hier immer als technisierte Stadt gedacht ist), sondern ein Ausloten von Alternativen. Western zeigen Geschwindigkeit mit anderen Mitteln, denn auch hier geht es um Schnelligkeit in Form von Bewegung und im Sinn von Wettbewerb – jemandem zuvorzukommen, zu fluchten, einen Goldclaim rechtzeitig zu markieren –, also um Dynamiken, die nicht nur das Weltbewusstsein der eigenen Zeit in einer früheren mit anderen Mitteln aufgreifen, sondern auch die Ursprünge des heutigen Daseins vorführen.

Die übersichtlichen kleinen Städte der Western zeigen ein vorindustrielles Bild. Während das andernorts einsetzende industrielle Zeitalter in den Handlungen und Bildern ausgeblendet ist, gibt es einzelne Verweise, wie die Züge oder die Rinderherden, welche, zu Sammelpunkten getrieben, die großen städtischen Schlachthöfe bedienen und damit die urbane Bevölkerung versorgen sollen. Was die Nutzung der Straßen und die Verteilung von öffentlichen und privaten Räumen betrifft, ist kulturgeschichtlich eine Phase dargestellt, in der öffentlich und privat sehr wohl getrennt sind. Obwohl ein eher ländlicher Raum gezeigt wird, existieren nicht mehr jene aus dem

Abb. 1–2: *Shane* (*Mein großer Freund Shane*, US 1953, R: George Stevens).

Mittelalter überlieferten Zustände, in denen die Wege und Straßen für das Handwerk, als Lagerplatz oder für andere wirtschaftliche Tätigkeiten genutzt werden. Parallel zur Nutzung des urbanen öffentlichen Raums, für welchen seit dem 18. Jahrhundert die Verkehrsfunktion zentral wurde,[34] dient die Straße auch in den meisten Westernorten der Bewegung. Sie ist ein offener Raum, gesäumt von ein- oder zweistöckigen Holzhäusern mit geschwungenen Schmuckfassaden, auf denen Aufschriften angebracht sind, um auf die Nutzung der dahinterliegenden Zimmer hinzuweisen. Zu den Häusern gehören vorgebaute Holzterrassen, um sich mit sauberen Schuhen und Kleidersäumen durch den Ort, der gewöhnlich staubige oder matschige Straße besitzt, bewegen zu können.

In *Shane* besteht der Ort aus kaum mehr als einem roh zusammen gezimmerten Haus, das zugleich als Bar und als Geschäft genutzt wird, sowie einer Schmiede mit einer angefügten, etwas größeren Scheune. Zur Schmiede bricht der Siedler Axel „Swede" Shipstead (Douglas Spencer) gemeinsam mit seinem Freund Frank Torrey (Elisha Cook Jr.) auf. Die beiden reiten über eine Wiese nahe am Friedhof vorbei,

34 Hauser / Kamleithner: *Ästhetik der Agglomeration*, S. 128.

von wo sie auf einen breiteren, graslosen Weg gelangen, den sonst auch die Kutschen auf der Fahrt in den Ort nutzen. Je näher sie dem kleinen Ort kommen, um so schlammiger wird die Straße. Die höhere Frequentierung des Fahrwegs zeigt sich in tiefen Rillen, zwischen denen Pfützen stehen, in deren schmutzigem Wasser sich die Grate der Rillen wie schöne Berge spiegeln. (Abb. 1) Die grasigen Pfade und befahrbaren Wege wurden hier nicht künstlich angelegt, nicht mit Dämmen versehen, weder drainiert noch mit Steinen befestigt. Sie gehören nicht zu einem projektierten Wegesystem, wie es zu dieser Zeit in Europa oder dem östlichen Teil der USA anzutreffen gewesen wäre. Stattdessen entstanden sie aus den Gewohnheiten der dort Lebenden. Auf Wiesen und grasigen Pfaden können sie sich zu Pferd nach eigenem Gutdünken über das Land bewegen. Während dort, wo die Fahrwege zusammenlaufen mit den Spurrillen auch deutlich vorgetragene Interessen eingegraben sind. Die Wege laufen zusammen, werden tief und matschig, so dass sie zwangsläufig in eine bestimmte bevorzugte, vorgegebene Richtung führen, weshalb man hier einen eigenen, abweichenden Weg nur mit Mühe beibehalten kann. Wer sich nicht absolut spurtreu bewegt, gerät ins Rutschen und Schlingern, was nicht nur die Bewegung selbst erschwert, sondern auch

metaphorisch die Erschwernisse abbildet, die dort entstehen, wo sich Menschen zu einer Gemeinschaft fügen.
Nach Torreys und Shipsteads Ankunft im minimalistischen Ort folgt jene in Western immer bedeutsame Szene, welche die Verkehrsfunktion der Wege aufhebt und einen Stillstand verursacht: das Duell. Findet es auf einer Straße statt, so ist es in den offenen, für alle prinzipiell zugänglichen und einsehbaren Raum verlegt; es ist dabei zugleich Verhandlung und Vollstreckung eines Urteils. Der Verkehrsaspekt einer Straße, auf welcher das Duell ausgetragen wird, ist in diesem Moment gänzlich aufgegeben, wobei dieser Stillstand wie in *Shane* an den Endpunkt vielfältiger, zuvor gezeigter Bewegungen gesetzt ist. Vor der Bar haben einige von Rykers Männern bequem Platz genommen, um das Schauspiel zu betrachten und zu bezeugen. Torrey fällt auf die kalkulierten Provokationen des süffisant kalten und selbstgefälligen Revolverhelden (Jack Palance) herein und zeigt einen Mut, den er sich, wie man vom ersten Augenblick an fürchtet, nicht leisten kann, falls er am Leben bleiben will. In einer erstaunlich unklugen Selbstüberschätzung und einem, wenn auch zunehmend unsicheren Trotz lässt er sich vom Revolverhelden hinüber zum Saloon locken, darauf beharrend, dass er dort einen Whisky trinken wolle. Während Wilson, der Revolverheld, oben auf den trockenen Brettern, die gleich einer Bühne vor dem Saloon verlaufen, auf ihn wartet, muss der kleingewachsene Torrey zu Fuß die schlammige Ortsstraße passieren, sich einen Weg quer über die rutschigen Fahrrinnen suchen und den Pfützen ausweichen, um zu seinem angekündigten Zielort zu gelangen. (Abb. 2)
Diese unsichere Passage beweist Torreys Starrsinn und den Mut dessen, der sich im Recht fühlt, und sie ist ein Bild für das psychologische Duell, das dem Schuss vorausgeht. Als Torrey nahe genug ist, um von der schmutzigen Straße auf die trockenen Bretter vor der Bar zu gelangen, die seinem Schritt nicht nur mehr Sicherheit, sondern auch einen festeren Klang geben würden, beginnt Wilson am Rand der Bretter entlang zu schreiten, so dass der andere diese Bühne gar nicht erst betreten kann. Der unten bleibende Torrey ist chancenlos und fällt, von Wilson erschossen, tot in den Matsch der Straße, den er zuvor versucht hatte, würdevoll zu überqueren. Sein Freund Axel muss den Toten heraus heben, fort schleifen und eine letzte Demütigung ertragen, indem er bestätigt, die Botschaft verstanden zu haben und

weiterzugeben, welche im Grunde lautet, dass der Revolverheld, aber vor allem sein Auftraggeber die Autorität über das Land und die Wege, die hier gegangen werden, zu seinen Konditionen beansprucht.

Das fehlende Zentrum

Eine deutliche und dennoch diffuse Beziehung zwischen Raum, Bewegung im Raum und Zeit offenbart sich in der Rede vom Provinzialismus. Die Bewegung im Raum wird hier als tendenzielle Bewegungslosigkeit aufgefasst, obwohl, im paradoxen Gegensatz dazu, der provinzielle Raum – und dies ist hier der ländliche Raum – wegen seiner physikalischen Weite und seiner geringeren sozialen Dichte, die er gegenüber der Stadt aufweist, einen größeren Bewegungsumfang zugleich bietet und nötig macht. Die Form der Bewegungslosigkeit, die mit dem Wort des *Provinzialismus* gemeint ist, ist immer eine ideologische, die sowohl auf eine vermutete physikalisch räumliche Unbewegtheit (im angestammten Dorf verharren) als auch auf eine soziale, intellektuelle Starre, die aus einem Mangel an Reizen entsteht, bezogen wird. (*Ideologie* bedeutet hier, dass es sich um einen mitgeteilten Impuls der Weltformung handelt. Dies entgegen der anderen Möglichkeit, sie allein als Weltanschauung aufzufassen, das heißt, als ungerichtete Art, die Welt zu betrachten.)
Der Western *The Big Country*[35] spielt inmitten der weiten, hügeligen Prärie, und für die meisten Menschen, die hier leben ist es unvorstellbar, dass man sich auch außerhalb dieses Raums bewähren könnte. Einem Kapitän, der lange Zeit zur See fuhr, trauen die meisten Einheimischen weder zu, sich in dem gleichförmigen, welligen Grasland zurechtzufinden, noch in den Ritualen der Männer zu bestehen. Die Provinzialität (die begrenzte Weltsicht) der Einheimischen wirkt offen kurios, wenn man bedenkt, dass die neuen Lebensumstände des Kapitäns gerade in den Punkten, in denen man an ihm zweifelt, so sehr seinem vorherigen Leben ähneln: Er musste sich im gleichförmigen, welligen Meer orientieren und die Männergemeinschaft an Bord eines Schiffs befehligen. So wird die sonderbare landschaftliche und damit auch räumliche Begrenztheit des Genres reflektiert, die

35 *The Big Country* (*Weites Land*, US 1958, R: William Wyler).

sich zwar innerhalb eines weiten Landstrichs abspielt, aber doch eine begrenzte Weltsicht fördert. Genau besehen erweist sich diese Weltsicht jedoch weniger begrenzt, als strategisch angelegt. Die Einheimischen ignorieren nicht einfach aus Dummheit die Möglichkeiten des über ihren Raum Hinausgehenden. Vielmehr verbinden sie dadurch sich und das Land und behaupten eine über lange Zeit gewachsene Einheit. Es handelt sich um eine Strategie, den selbst besetzten Raum als spezifisch eigenen zu kennzeichnen, indem sie die Deutungshoheit über das Land beanspruchen – so dass sie, als sie bezweifeln, der ehemalige Kapitän könne sich allein und ohne ortskundige Begleitung durch das Land bewegen, auch die psychologische Vorarbeit zu leisten hoffen, dass ihre Zweifel sich als berechtigt erweisen. Denn nur so bleibt der bewohnte Raum exklusiv der ihrige.
In der Dokumentation *Begrabt mein Herz in Dresden*[36] hingegen wird über Edward Two Two berichtet, der sich um 1900 anwerben ließ, mit seiner Frau und einer Enkeltochter nach Europa zu reisen, um in der Völkerschau von Hagenbeck in Hamburg und im Zirkus Sarrasani in Dresden aufzutreten. In diesen Schauen spielten sie Indianer und Indianerinnen, welche sie ihrer Herkunft nach auch waren. Sie taten dies aber auf eine Weise, die zum Teil durch ihre Auftraggeber fremdbestimmt und zum Teil bereits historisch geworden war. Sie vertraten gewissermaßen einen ihnen zugeschriebenen Provinzialismus – in dem Sinn, dass sie eine regional und zeitlich eng eingegrenzte Lebensweise repräsentierten, vor einem Publikum, das auf diese Art den eigenen regionalen Horizont erweitern wollte und sollte, während aber, in völliger Umkehrung dieser Repräsentationsbedingungen, es die Indianerinnen und Indianer waren, die eine weite Reise unternommen hatten und dem örtlich gebundenen Publikum eine Illusion vorführten.
Die Rede vom Provinzialismus verschränkt Ansichten über einen geografischen Raum, einen sozialen Raum und die Zeit. Denn mit ihr verbunden ist auch der Gedanke an einen Anachronismus, der auf eine Langsamkeit und Rückständigkeit hindeutet, die im Grunde eine Verspätung ist, gemessen an der als gültig gesetzten, durch ihre Entwicklung gesicherte Zeitordnung in der Stadt, die als zeitgemäß gilt, oder, noch günstiger – als ihrer Zeit vorauseilend. In Western werden

36 *Begrabt mein Herz in Dresden* (D 2012, R: Bettina Renner).

visuelle Weite und offene Räume gezeigt, doch zugleich bedeutet diese Art der Offenheit eine ihr entgegengesetzte Begrenzung an möglichen sozialen Kontakten und deren Vielfalt. Eine Stadt lässt sich neben ihrer physikalischen Erscheinung, welche die Form einer mehr oder weniger ausgedehnten Bebauung besitzt, vor allem als eine überaus vielfältige und eng verflochtene soziale Struktur verstehen und als ein Ort potenzieller Begegnungen und sozialer Optionen, die auf engem Raum koexistieren.[37] Ein offener Landstrich mit großflächigen Farmen und kleinen Orten bedeutet dann – wenn man ihn als Gegenstück zur Stadt begreift – einen Mangel an diesen Möglichkeiten, und eine solche Einschätzung führt zum Begriff eines ländlichen Provinzialismus. Zusätzlich besteht ein verlockender semantischer Automatismus, der über den gemeinsamen Wortstamm von *Provinz* und *Provinzialismus* angeregt wird. Neben dem ländlichen aber gibt es auch einen städtischen Provinzialismus (im selben Sinn einer begrenzten Weltsicht), der allerdings begrifflich bisher nicht treffend gefasst ist und vielleicht auch deshalb selten berücksichtigt wird. Stadt und Land gegeneinander auszuspielen hieße allerdings, eine konventionalisierte Dialektik zu bedienen, wozu möglicherweise auch jener in der Migrationsforschung über das Forschungsinteresse indirekt formulierte Zusammenhang gehört, Migration sei vor allem auf die Stadt und das Urbane zu beziehen. Daher taucht hier Migration als ein ebenso ländliches Phänomen kaum auf.[38]

In Western dagegen findet man eine Globalisierung des Ländlichen. Gezeigt wird einerseits die Noch-nicht-Stadt, die erst aufgebaut wird und in die neu sich ansiedelnde Menschen strömen sollen (zum Beispiel nach Dodge City im gleichnamigen Film[39]). Andere wiederum ziehen in die Wälder oder legen auf dem Land Gehöfte an. Und hier wird das Leben in der Landschaft als das utopische gezeigt, als das autarke und selbstbewusste, sich selbst erhaltende.

37 Siehe zu einer solchen soziologischen Definition von Stadt u.a. Hauser/Kamleithner: *Ästhetik der Agglomeration*, S. 12.

38 Diese Einschätzung ging u.a. aus dem Lesen der Calls for Papers hervor, die in den Jahren, in denen ich an diesem Buch arbeitete, innerhalb der Geisteswissenschaften, besonders in der Soziologie, in der Kultur- und Kunstwissenschaft zum Thema Migration kursierten.

39 *Dodge City* (*Herr des wilden Westens*, US 1939, R: Michael Curtiz).

Zwischen diesen beiden Polen verlaufen die eigentümlichen Bewegungsmuster, die in Western, das heißt in den hier gezeigten landschaftlichen und sozialen Räumen, möglich sind. Deren Bedeutung und Reizhaftigkeit liegt unter anderem darin, dass es Filme ohne Zentrum sind. Henri Lefebvre knüpft den Begriff der *Urbanität* (im Gegensatz zu dem der Urbanisierung) an die Existenz eines Zentrums.[40] Und von dieser Kopplung gehe ich aus, wenn ich meine, dass ein Western wie *Shane* ein Film ohne Zentrum ist. Der offene, wenig besiedelte Raum, die entlegenen Gehöfte und Farmen zeigen ein Bild geringer Differenzierung: Die Menschen auf der einen Farm sorgen für sich, so wie es die Menschen auf den nachbarlichen Gehöften ebenfalls tun. Die fehlende Zentrierung betrifft in diesem besonderen Film auch die kaum hierarchische Figurenführung sowie die Figuren selbst, von denen – neben einer relativ großen Gruppe Hauptfiguren – die weiteren ebenso sorgfältig gezeichnet sind. Auch dann, wenn einige Figuren seltener auftreten als andere, sind sie nicht darauf reduziert, die Hauptfiguren zu unterstützen. Stattdessen können ihnen eigene Geschichten zugetraut werden, die momentan bloß nicht erzählt werden. Allerdings gibt es eine Person im Film, die eine Zentrierung beansprucht, und das ist der Viehfarmer Ryker. Er positioniert sich mit seinen Männern immer wieder in dem aus wenigen Häusern bestehenden Ort. Sonderbarerweise wird er nie auf seiner eigenen Farm gezeigt, selten einmal auf dem Weg zu jenen, deren Land er für sich einfordert. Vordergründig hat er hier, in dem einzigen öffentlichen Raum der Gegend, nichts weiter zu tun, als in der Bar zu sitzen und zu trinken. Sein Ziel aber ist es, diesen exklusiven öffentlichen Raum besetzt zu halten, dort zu sein, wohin die anderen, in den umliegenden Gehöften Lebenden zuweilen kommen, um ein Zentrum zu installieren, dessen Regeln von ihm bestimmt werden. Letztlich ist es dieser Anspruch einer Zentrierung, die mit und nach dem letzten Duell des Films aufgehoben wird. Shane reitet abends in den Ort, wo Ryker, dessen Männer und der angeheuerte Revolverheld bereits darauf warten, eine endgültige Lösung zu ihren Gunsten

40 Siehe Denis Bocquet: Henri Lefebvre und der Begriff der Urbanisierung ohne Urbanität. Deutung eines missverstandenen Begriffs aus heutiger Sicht. In: *Informationen zur modernen Stadtgeschichte* 2 (2012): Urbanisierung im 20. Jahrhundert, S. 41–47, hier S. 44.

herbeizuführen. Shane wird alle töten und damit sämtliche Ansprüche auf eine Zentrierung auslöschen. Danach reitet er davon, während der Junge, der ihm gefolgt war und alles beobachtet hat, zurückkehrt zu seiner Familie und damit zu jener Ordnung, in welcher die Farmen und die hier beherbergten familiären Gemeinschaften gleichberechtigt nebeneinander bestehen.

Auch wenn hier nur ein Beispiel genannt wurde, zeigt sich an ihm doch ein Muster, das in vielen Western zu finden ist. In Western, ihren Räumen und Bewegungsrichtungen wird die Existenz eines Zentrums negiert, und das nicht nur, weil sie einem Landschaftsgenre angehören. Man könnte sagen, jede mögliche Urbanität ist damit ausgeschlossen, faktisch aber auch mutwillig, denn ein Zentrum ist auch ein Ort der Abhängigkeiten, und gerade die Abhängigkeiten gilt es bei den wichtigen, männlichen Heldenfiguren auszuschließen. Ein Zentrum ist zwangsläufig einmalig und begrenzt, wodurch mit seiner Existenz Verteilungskämpfe und entsprechende Ausschlussverfahren etabliert werden. Der Ort einer solchen Konzentration (einer Bündelung) ist geeignet, um, zugespitzt formuliert, die Autorität Einzelner zu erhöhen und zu bestätigen. Dies verhindert aber die Autorität – und eine damit einhergehende Freiheit – der Vielen, die nicht im Zentrum Platz finden und finden können, so dass die Einzelnen unter diesen Vielen mit einer Denunziation ihrer Lebenswelt konfrontiert sind.

An Western interessant ist dieses Leben ohne Zentrum, und damit ist hier weniger an die ökonomisch autarke Lebensweise gedacht, für die Western immer noch eine faszinierende Vorlage bieten, sondern vor allem an die soziale Unabhängigkeit von einem Zentrum, durch welche die Räume offen bleiben, um sich selbstbewusst immer wieder und überall neu beheimaten zu können.

Dass der Western lange als kaum relevantes Genre galt, liegt nicht nur daran, dass er ein historisierendes und insofern anachronistisches Genre ist. Es liegt auch daran, dass es ein Landschaftsgenre ist. Landschaft ist, wie bereits angedeutet, durch die intellektuelle Bevorzugung des Urbanen mit dem Verdacht des Provinzialismus belegt. In Western erweist sich das Leben in der unzentrierten Weite jedoch als eines, in dem die Anforderungen an die Menschen ein existentielles Maß erreichen, was wiederum von einigen der Menschen, die heute die Städte verlassen, um in einsame Landschaften zu ziehen, erhofft wird. In der Landschaft sind eine Konzentration und eine Bedeutsamkeit des Lebens möglich, die mit dem in den Städten, ihren Anreizen, ihrer Dichte, ihrem Wettbewerb mithalten kann. Abseits einer zeitgenössischen sozialen Segmentierung wird hier die allgemeingültige Bedeutsamkeit des Lebens gesichert, dadurch, dass Menschen in einer weiten, einsamen Landschaft bestehen und sich tödlichen Konflikten stellen.

II. Heimatbindung

Western Union +++ *Der Kaiser von Kalifornien* +++ *Django Unchained* +++ *Heaven's Gate* +++ *Bones of Contention*

Nationalismus und Ästhetik +++ Herkunft und Zugehörigkeit +++ politische Formeln der Beständigkeit

Die fremde Herkunft

Jede Geschichte muss irgendwo spielen, und in Western ist dieser Ort bedeutsam genug, dass durch seine Auswahl entschieden wird, ob es sich um einen Western handeln kann. In den besten Filmen des Genres gelingt das Kunststück, die regionale Markierung, die extreme Ortsverbundenheit – und das heißt auch: die Begrenztheit – mit einer universellen Aussage zu verbinden. Dass diese universelle Aussage oft national kodiert ist – oder auch umgekehrt: dass mit der im Grunde nationalen Aussage ein universeller Anspruch erhoben wird –, bildet den spezifischen Hintergrund, um über die Rolle von Nation und *national gedeuteter Heimat* in Western nachzudenken.

Die nationale Kodierung der Western rührt von drei Bedingungen ihrer Erzählweise her. Western sind erstens jenem Raum-Zeit-Gefüge gewidmet, welches im 19. Jahrhundert im Westen der heutigen USA existierte, daher der bereits ortsspezifische Name des Genres. Zweitens wird parallel dazu eine Nationalisierung, hier sogar in Gestalt einer neu entstehenden Nation beschrieben. Damit hängt die berühmte Einschätzung von André Bazin zusammen, der Western sei das amerikanischste aller Filmgenres,[1] denn er attestiert damit, dass mit dem

1 Siehe den berühmten Essay von André Bazin: Der Western oder: Das amerikanische Kino par excellence [1953]. In: Bert Rebhandl (Hrsg.): *Western. Genre und Geschichte.* Wien: Zsolnay 2007, S. 40–50.

Western eine symbolische Form hervorgebracht wurde, die so ganz und gar mit diesem Raum, dessen Kulturalisierung und Nationalisierung verbunden ist und nicht auf einem eingeführten, von den Migrierenden mitgebrachten Genre beruht. Dies wirkt sich drittens auf das heutige und künftige Selbstverständnis innerhalb des nationalen US-amerikanischen Raums aus. Western sind also geeignet, sich über eine kollektive nationale Identifikation und über die dazu notwendigen gemeinsamen Erinnerungen zu verständigen.

Als die USA am 4. Juli 1776 anlässlich der Unabhängigkeitserklärung gegründet wurden, beschränkte sich ihr Territorium auf die 13 ehemaligen Kolonien im Osten. Zugleich jedoch wurde die Ausdehnung des neuen politischen Gebildes über den nordamerikanischen Kontinent eingeläutet. Damit begann jene Epoche, in der die meisten Western spielen. Die neu entstehende Gemeinschaft setzte sich aus Menschen zusammen, deren Eltern oder Großeltern aus Europa stammten, die selbst jedoch bereits auf dem nordamerikanischen Kontinent geboren worden waren, sowie aus Neueingewanderten – darunter jene, die aus politischen, religiösen, sozialen oder ökonomischen Gründen ihre Heimat verlassen hatten, und jenen anderen, die zwangsweise, zumeist aus westafrikanischen Gebieten, nach Nordamerika gebracht worden und in den Westen weitergezogen waren. Sie alle besaßen eine fremde Herkunft. Diese fremde Herkunft ist das verbindende Element der verschiedenen Gruppen.

Für einen politischen Zusammenschluss von Menschen, die keiner Herkunftsgemeinschaft angehören, wäre es ausreichend, ihn als Staat zu bezeichnen. Der Begriff der *Nation* wäre, insofern er auf eine Bedeutung als Herkunftsgemeinschaft anspielt, falsch gewählt. Solange man eine Nation nach der Wortherkunft (nach dem lateinischen *natio* für Menschenschlag, Geburt, Volk)[2] bestimmt, wird sie durch ein Volk gebildet, das nicht nur in einer politisch-staatlichen Einheit lebt, sondern sich zudem durch eine gemeinsame biologische Abstammung, Kultur und Geschichte definiert. Während der kolonialen Besiedlung des nordamerikanischen Kontinents durch von außerhalb kommende Menschengruppen war dieses Argument für Nation

2 Nation In: Berlin-Brandenburgische Akademie der Wissenschaften (Hrsg.): *Digitales Wörterbuch zur deutschen Sprache*. http://www.dwds.de/?qu=Nation (Zugriff am 15.04.2016).

schwach gestützt. Doch in jenen Einwanderungsländern, die als Westernschauplätze relevant sind, also den USA und Kanada, wurde durch die neu dorthin Gekommenen ein Gemeinschaftskonzept wie das der Nation angestrebt. Der politisch souverän organisierte Staat wurde mit dem Konzept der Nation gekoppelt, denn dieses Konzept bietet den Vorteil, dass jene soziopsychologischen Antriebsfedern wie Kollektivierung (Eingliederung in eine Gruppe), Assimilation (Sich-einander-Angleichen), Akkulturation (kulturelle Anpassung an ein bestehendes, dominantes, mehrheitlich gestütztes System) und Identifikation (Zugehörigkeitsgefühl) aktiviert werden. Es sind dieselben Triebfedern, die mit einer Herkunftsgemeinschaft gleichsam mitgeliefert werden, da sie durch die gemeinschaftliche Herkunft bereits tatsächlich angelegt sind. Darum lassen sich nationale Gebilde – und das müssen nicht unbedingt Staaten sein – vor allem auch als *Deutungsgemeinschaften* verstehen. Dass sie als solche funktionieren, ist an einem Wort erkennbar, mit welchem eine empfundene nationale Zugehörigkeit ausgedrückt wird. Denn so wie das Wort *Patriotismus* gebraucht wird, werden jene als ‚unpatriotisch' bezeichnet, die von den bevorzugten Deutungen der Gemeinschaft abweichen.

Doch, und dies muss beim Betrachten der USA als historisches Einwanderungsland bedacht werden, besaß das Gebilde, das 1776 offiziell als neue Deutungsgemeinschaft gegründet wurde, um nur kurz darauf die unter seiner Ägide stehende Besiedlung des Westens anzuregen, bereits eine lange Geschichte kolonialer Besiedlung. So war es möglich, dass die meisten der 55 Gründerväter, welche die Unabhängigkeitserklärung unterzeichnet bzw. am Verfassungskongress teilgenommen hatten, in jenem geografischen Raum des gerade neu entstandenen politischen Gebildes geboren worden waren. Nur acht von ihnen wurden anderswo geboren: vier in Irland, zwei in England, einer in Schottland und einer in Westindien. Letzterer ist Alexander Hamilton, wobei seine Mutter französischer und sein Vater schottischer Herkunft war.

Diese Gruppe spiegelt eine bereits bestehende Homogenität, die aus einer weißen, häufig britisch-stämmigen, hier geborenen, wohlhabenden, intellektuellen, ökonomischen und darum auch politischen Elite gebildet wurde. Wenn einige der Strategien zugunsten einer Nationalisierung darauf ausgerichtet waren, ein schwaches ethnisches Argument für Nation zu ersetzen, so wurde und wird Letzteres doch parallel vertreten, unter anderem in Gestalt dominierender Gruppen bevorzugter Herkünfte.[3] Dies ist eine Kernaussage des Western *Heaven's Gate*.[4]

In diesem Film wird der historische Johnson County War (1889 bis 1893) dargestellt, jedoch nicht nur als ein Klassenkonflikt zwischen Großranchern und Kleinfarmern (darunter *homesteaders* – Neusiedler und Neusiedlerinnen, die nach dem *Homestead Act*, dt.: *Heimstättengesetz*, von 1862 ungenutztes Land besetzen durften). In *Heaven's Gate* ist deren Auseinandersetzung deutlich um die Komponente der ethnischen Zugehörigkeit erweitert. Die Großfarmer sind einflussreiche, akzentfrei Englisch sprechende Weiße, über deren Herkunft nichts weiter berichtet wird. Man ist daher selbstverständlich geneigt, sie zu jener als WASP (White Anglo-Saxon Protestant) bezeichneten Ober- und Mittelschicht zu rechnen, die aus Weißen protestantischen Glaubens und westeuropäischer Herkunft gebildet wird. Doch die von ihnen bekämpften mittellosen Neuankömmlinge stammen aus Osteuropa,[5] womit sie – in der unausgesprochenen Hierarchie der Eingewanderten und ihrer Nachkommen – direkt über den untersten Kategorien der Schwarzen sowie der Indianerinnen und Indianer stehen. Besonders vieldeutig wirkt darum jene Filmszene, in der die Großrancher bedrängt, doch mit militärischer Gelassenheit auf freiem Feld Stellung beziehen und auf die sie umkreisenden, in slawischen Sprachen schreienden Männer und Frauen schießen. Mit Pferden und Wagen bilden die Neulinge zwei gegenläufige, schnell

3 Diese Haltung äußerte sich auch in Immigrationsgesetzen, welche die Einwanderung einer Gruppe von Menschen aufgrund ihrer ethnischen Zugehörigkeit einschränkten. Der *Chinese Exclusion Act*, der 1882 erstmalig verabschiedet und mehrmals verlängert wurde, war das erste dieser Art. Ab 1921 bzw. 1924 existierten mit dem *Emergency Quota Act* und dem *Immigration Act* Regelungen, durch die aus Mittel- und Nordeuropa einwandernde Menschen gegenüber jenen aus Süd- und Osteuropa bevorzugt wurden. (Siehe u. a. Robert A. Burchell: Die Einwanderung nach Amerika im 19. und 20. Jahrhundert. In: Willi Paul Adams (Hrsg.): *Die Vereinigten Staaten von Amerika.* Frankfurt am Main: Fischer 1977, S. 184–234, hier S. 193; Mae M. Ngai: The Architecture of Race in American Immigration Law. A Reexamination of the Immigrant Act of 1924. In: *The Journal of American History* 86,1 (1999), S. 67–92.)

4 *Heaven's Gate* (*Heaven's Gate – Das Tor zum Himmel*, US 1980, R: Michael Cimino).

5 Im Film wird auf einer Versammlung (außer Englisch) Polnisch, Serbokroatisch und Deutsch gesprochen. Laut der auf *imdb* veröffentlichten Besetzungsliste gibt es außerdem tschechisch-, russisch- und bulgarischstämmige Figuren.

drehende Kreisformationen, die den Bildern von Indianern gleichen, die, um eine Wagenburg reitend, sich reihenweise präsentieren, um nichts anderes als erschossen zu werden. Der illusionslose, zynische und deshalb dauerhaft betrunkene Großrancher Billy (John Hurt) ist dazu bestimmt, die Ähnlichkeit der Bilder aus der Perspektive der Umkreisten heraus anzusprechen. Als er einem seiner Mitstreiter zuruft, man könne die anderen nicht alle umbringen, nicht wie die Indianer, benennt er eine Unangemessenheit der Mittel und der Ziele. Doch um sie zu begründen, greift er zu einem ethnischen Vergleich, und es ist ungewiss, ob er seinen Ausruf mit einer ethnischen Hierarchisierung vergiftet. Denn fraglich bleibt, ob er von einer gleichwertigen Schuld spricht, egal gegen wen die tödlichen Kugeln gerichtet werden, oder ob er jene Aktionen, wie sie gegenüber Indianern ausgeführt wurden, lediglich gegenüber Weißen für unzumutbar hält.

Wie in diesem Film beschrieben, hatte unter den im Land bereits länger Anwesenden eine gewisse Konsolidierung eingesetzt. Es gab unterschiedliche Grade des Heimischgewordenseins. Damit wurden auch jene Argumente neu aufgelegt, mit denen die Bindung an einen Raum durch die Herkunft aus diesem Raum reguliert ist. Davon abgesetzt und dennoch auf dieselbe Verbindung von Raum und Herkunft reduziert werden damals wie heute die indigenen Völker. *Indigen* bedeutet so viel wie *einheimisch* bzw. *eingeboren*. Die so bezeichneten Menschen gelten quasi als die *einheimischsten* aufgrund ihrer am längsten währenden Bindung an den Raum, die auf einem genealogischen Konzept beruht. Ähnliches wird mit dem Konzept der *native people* ausgedrückt, das dabei mit einer durchaus ambivalenten Idee des Ahistorischen verbunden ist.[6] Als eine Gruppe beschrieben, die von hier und nicht von anderswo stammt, wird wahlweise auch Wissen unterdrückt, und zwar innerhalb der betroffenen Gruppe selbst wie von außen. Um mit den ethnischen Verwerfungen, die durch die Besiedlung Nordamerikas hervorgerufen wurden, umzugehen, wird heute – und dies ist das dritte Konzept bezogen auf dasselbe

6 Zur problematischen Vorstellung von Ahistorizität und „lokal verankerten, unveränderbaren, hochkohärenten, homogenen und voneinander isolierten Kulturen" siehe Evangelos Karagiannis / Shalini Randeria: Zwischen Begeisterung und Unbehagen. Ein anthropologischer Blick auf den Begriff der Kultur. In: Sybille der la Rosa / Sophia Schubert / Holger Zapf (Hrsg.): *Transkulturelle politische Theorie. Eine Einführung*. Wiesbaden: Springer 2016, S. 63–86, hier S. 77–78.

Problem – vor allem in Kanada und zum Teil in den USA mit dem Konzept der *First Nations* (für die indigenen Völker des Landes) gearbeitet. Im Grunde wird versucht, ein identifikatorisches, aber auch ökonomisches Problem mit Ein- und Ausschlussverfahren zu lösen, und genau dieser Zweifachbindung ist eine Folge der Fernsehserie *Numb3rs*[7] gewidmet. Sie spielt in den USA am Anfang der 2000er Jahre und der Plot beginnt damit, dass ein prähistorischer menschlicher Schädel gefunden wird. Da er auf Indianerland liegt, wo eine gewisse Autonomie und eigenkulturelle Deutung herrscht, verweist der Häuptling (Graham Greene) darauf, dass die Knochen ausschließlich nach indianischer Sitte behandelt werden sollen, was das Verbot einer wissenschaftlichen Untersuchung einschließt. Während das Ermittlungsteam in dieser Krimiserie – der Schädelfund ging mit einem Mord einher – Indizien sammelt, zeigt sich, wie diffizil die Problematik ist. Möglicherweise hätte die verhinderte wissenschaftliche Untersuchung belegt, dass der Schädel einem Menschen europäischer Abstammung gehörte. Da das Alter des Knochens mit etwa 10.000 Jahren angesetzt wird, würde nicht nur die Frage, seit wann europäisch-stämmige Menschen auf dem Kontinent anwesend waren, berührt, sondern auch das Recht der indianischen Gruppe, die das Land besitzt. Denn ihr Besitz und ihre Selbstbestimmung basiert darauf, sie als direkte und einzige Nachkommen der zuerst hier Siedelnden zu akzeptieren. Obwohl ihr Recht insofern selbsterklärend und selbstbestätigend wirkt, basiert es nur teilweise auf gesicherten Kenntnissen, zugleich jedoch auf überlieferten Sichtweisen, gepaart mit Nichtwissen und einem Konzept von Unwandelbarkeit.

Wie diese Basis in ein willkürliches Ausschlussverfahren verwandelt werden kann, zeigt eine der letzten Szenen, in der ein Mann, dessen Eltern verschiedenen Ethnien angehören, aussagt, dass ihm deshalb die Zugehörigkeit zum indianischen Clan abgesprochen wurde. Das Argument einer fehlenden ethnischen Verifizierung wurde jedoch nur dazu benutzt, die Geldeinnahmen, die mit dem Land und dem Recht auf Zugehörigkeit verbunden sind, unter möglichst wenigen Clanmitgliedern aufteilen zu müssen. Es ging also darum, die essentialistische Definition einer Ethnie als politische Strategie einzusetzen, mit

7 *Numb3rs* (*Numb3rs – Die Logik des Verbrechens*, US 2005, CBS, R: Jeannot Szwarc), S02/E10: Bones of Contention (Knochen des Anstoßes).

der sich die Gruppe sowohl gegen ein Außen abgrenzt als auch Personen aus dem Inneren ausgrenzt. Damit wird eine Eigendefinition vorgebracht, die zugleich essentialistisch begründet und bewusst konstruiert ist.

Anstatt also die Entwicklung eines nationalen Heimatbilds in Richtung einer Homogenisierung zu erzählen, die nur an geeigneten Beispielen beschrieben werden müsste, will ich sie anhand von wiederholten Störungen betrachten, und zwar anhand von solchen, die das zugrunde liegende nationale Konzept unterbrechen und überlagern, um genau daran die erzeugten Filme zu messen und auf diese Art die Sprödigkeit, aber auch Biegsamkeit und Wandelbarkeit – und damit letztlich die Gültigkeit – eines nationalen Konzepts zur Heimat zu erfassen. Dazu konzentriere ich mich nun auf zwei Akteure, die nicht aus den USA stammten und dennoch Western drehten, sich also aus ihrer fremden Herkunft heraus dem ‚US-amerikanischsten' aller Genres widmeten. Denn sonderbarerweise hält gerade der Western etwas parat, das seiner offensichtlichen regionalen Begrenztheit und nationalen Konnotation zuwiderläuft: Er steht – wenn und soweit er tatsächlich universelle Gültigkeit besitzt – allen als Ausdrucksform offen, ungeachtet ihrer Herkunft. Dafür spricht noch ein weiteres dem Western inhärentes Element, das sich aus seinem Inhalt speist. Western erzählen auch davon, wie ein Landstrich besetzt, gewonnen und eingenommen wird von Menschen, die hier nicht heimisch waren, die also von fremder Herkunft sind, welche in ein Heimischsein umgewandelt wird. Die Frage ist nun, ob sich diese räumliche Aneignung als künstlerische Aneignung (stetig) wiederholen lässt.

Darum wende ich mich von den USA ab und Berlin zu, einer Stadt die in den 1920er Jahren das Zentrum der Weimarer Republik war und damit jenes politisch labilen, aber künstlerisch magnetisch wirkenden Gebildes, das in Deutschland zwischen zwei Weltkriegen existierte. In dieser Zeit kamen Fritz Lang und Luis Trenker nach Berlin, um hier eine Karriere als Filmemacher zu beginnen. Lang und Trenker waren deutschsprachig, aber sie waren keine deutschen Staatsbürger, zumindest zunächst nicht. Fritz Lang wurde in der österreichischen Hauptstadt Wien geboren und wuchs dort auf. Luis Trenker wurde in St. Ulrich in Gröden (Südtirol) geboren, einem Dorf, das damals zu Österreich-Ungarn gehörte. Angekommen in Berlin, schufen sie in den 1920er und frühen 1930er Jahren Filme, die mit einem nationalen (deutschen) und, vor allem bei Trenker, auch einen heimatlichen und regionalen Hintergrund versehen waren. Fritz Lang wurde mit Filmen wie *Der müde Tod* (1921), *Metropolis* (1927), *M* (1931) und *Die Nibelungen* (1924) international als deutscher Regisseur bekannt. Durch seine Heirat mit Thea von Harbou, mit der er das Drehbuch für *Die Nibelungen* schrieb, hatte Lang kurz vor dem Dreh die deutsche Staatsbürgerschaft erhalten. Im vollen Bewusstsein, dass er einen national kodierten Stoff behandelte,[8] reicherte er die fantastische, märchenhaft abenteuerliche Erzählung mit einer deutlichen Nationalsymbolik an. Lang sprach später sogar über die Gemeinsamkeit von Nibelungenstoff und Western, als er aus der Perspektive des in die USA eingewanderten Bürgers sagte, dass „der Western nicht bloß die Geschichte dieses Landes ist, er ist, was die Nibelungen-Saga für die Europäer ist."[9]

Abreise und Ankunft

Als Fritz Lang Deutschland verließ, tat er das wegen der politisch zweifelhaften und vereinnahmenden Offerten von Joseph Goebbels, der ihn drängte, sein Können in den Dienst der nationalsozialistischen Politik zu stellen.[10] Lang reiste 1933 nach Frankreich aus und kurz darauf in die USA. In Hollywood angekommen, drehte er als einen der ersten seiner dortigen Filme einen Western. Bei Luis Trenker liegt die Sache anders. Mitte der 1930er Jahre, als Fritz Lang entschieden hatte, Deutschland zu verlassen, beschloss Luis Trenker umgekehrt, in Deutschland zu bleiben, obwohl er das Angebot eines

8 Für eine entsprechende Aussage von Lang siehe Fred Gehler / Ullrich Kasten: *Fritz Lang. Die Stimme von Metropolis.* Berlin: Henschel 1990, S. 177.

9 Enno Patalas: Kommentierte Filmografie. In: Peter W. Jansen / Wolfram Schütte (Hrsg.): *Fritz Lang.* München: Hanser 1987, S. 83–142, hier S. 110.

10 Der genaue Hergang seiner Emigration aus Deutschland ist umstritten. Lang beschrieb Jahre später ein Gespräch mit Goebbels, in dem Goebbels ihm „gewissermaßen und de facto die Führerschaft des deutschen Films" anbot (Norbert Grob: *Fritz Lang.* Berlin: Propyläen 2014, S. 187). Langs eigene Schilderung, wie er daraufhin eiligst aus Deutschland flüchtete, wurde oft bezweifelt, zu Recht, wie sich anhand seines Reisepasses nachweisen ließ (ebd., S. 188–191). Der Versuch, einen Regisseur wie Lang für die nationalsozialistische Filmpolitik zu vereinnahmen, erscheint jedoch glaubwürdig.

Fünfjahresvertrages aus Hollywood besaß.[11] Trenker war in Deutschland mit einem Genre zum Filmemacher geworden, das als ein originär deutsches Genre galt und gilt, nämlich dem Bergfilm. Dadurch war er, anders als Lang, immer bereits an einen bestimmten, relativ eng begrenzten Raum und eine dazu parallel artikulierte Identität gebunden, als Person und als Filmemacher. Dass er mit dieser Konstellation auch international Erfolg haben konnte, lag unter anderem daran, dass von der anderen Seite des Atlantiks aus die Einkäufer der Universal nach Europa reisten, um nach Filmen zu suchen, in denen sich verschiedene und teilweise widersprüchliche Ambitionen des Studios bündeln ließen, wie der Wunsch, ihr Filmgeschäft zu internationalisieren und zugleich regionale Eigenheiten zu bedienen. 1926 wurde zu diesem Zweck die Deutsche Universal als Tochterfirma mit Sitz in Berlin gegründet.[12] Die beiden einzigen Filme Trenkers, die nicht in einem engeren europäischen Raum, sondern in den USA spielen, entstanden im Rahmen dieser transatlantischen Zusammenarbeit: *Der Verlorene Sohn* (1933/34) wurde so produziert und sein Western *Der Kaiser von Kalifornien* (1936) wurde so geplant und teilweise gefördert, denn wegen der zunehmenden Judenfeindlichkeit und anderen politischen Veränderungen musste die Deutsche Universal in ebendiesem Jahr, 1936, zehn Jahre nach ihrer Gründung, schließen.

Trenker drehte zwar partiell im Ausland, kehrte aber mit seinem Western in das nationalsozialistische Deutschland zurück, wo er sich in einem kulturellen Raum aufhielt, in dem der Begriff *Nation* und die damit verbundene Idee einer national gebundenen Heimat als stets präsente Abgrenzungsstrategien genutzt wurden. Darum ist er mit dem geradezu entgegengesetzten Problem konfrontiert, welches Lang in Hollywood zu bewältigen hatte. Lang musste in der Fremde beweisen, dass er zu Recht der in Deutschland berühmt gewordene Filmregisseur ist, aber dass er auch das mitgebrachte Eigene aufgeben und einen Film drehen kann, der bereits von seiner symbolischen Anlage

11 Gertraud Steiner Daviau: Arnold Fanck und Luis Trenker. ‚Regisseure für Hollywood'. In: Friedbert Aspetsberger (Hrsg.): *Der BergFilm 1920–1940.* Innsbruck / Wien / München / Bozen: StudienVerlag 2002, S. 125–141, hier S. 130 und auch S. 125.

12 Siehe Erika Wottrich (Hrsg.): *Deutsche Universal. Transatlantische Verleih- und Produktionsstrategien eines Hollywood-Studios in den 20er und 30er Jahren.* München: Text + Kritik 2001.

her ganz und gar zu jenem kulturellen Raum gehört, in den er eben erst eingetreten war. Dagegen musste Trenker, obwohl sein Western offensichtlich in einem fremden kulturellen und nationalen Raum positioniert ist, glaubwürdig machen, dass er dennoch die deutsche Nation vertritt, welche nebenbei und ursprünglich nicht einmal seine eigene ist.

Nimmt man Trenkers Filme *Der verlorene Sohn* und *Der Kaiser von Kalifornien* sowie die von Fritz Lang in Hollywood gedrehten Western (*The Return of Frank James*, 1940, *Western Union*, 1941, und *Rancho Notorious*, 1952), so lässt sich sagen, dass sie von Männern gedreht wurden, die in Deutschland zunächst in einer ähnlichen politischen, nationalen und räumlichen Grundsituation lebten. Sie blieben jedoch verschiedenartig an diesen Raum gebunden und gingen deshalb filmstrategisch unterschiedlich damit um. Trenkers Filme beginnen immer in einer europäischen, genauer einer deutschsprachigen Umgebung. Von hier aus brechen seine männlichen Protagonisten auf, um in die USA zu gelangen. Ihre Abreise hat unterschiedliche Gründe. In *Der Kaiser von Kalifornien* muss die Hauptfigur aus politischen Gründen fliehen. In *Der verlorene Sohn* träumt die Hauptfigur davon, den engen, begrenzten Raum der alten Heimat zu verlassen, um seine Träume zu erfüllen, die Neugier zu befriedigen und dem Abenteuergeist freien Lauf zu lassen. Darin liegt letztlich auch die thematische Nähe zum Western, unabhängig von der konkreten räumlichen Bindung des Films, denn der Held reist innerhalb der USA lediglich nach New York. Von hier wird der Mann wieder in seine Heimat, aus der er aufgebrochen war, zurückkehren. In *Der Kaiser von Kalifornien* wird der Held die Freiheit des Tuns und den versprochenen materiellen Reichtum eines gelobten Landes erfahren. Er wird keinen Gedanken an eine Rückkehr aussprechen. Im Gegensatz dazu fehlt bei Fritz Lang das bei Trenker auffällige Element der Abreise aus einem Land jenseits der Vereinigten Staaten vollkommen. Langs Figuren sind bereits angekommen, sie leben in den USA und die Frage nach einer möglichen früheren nationalen, lokalen Herkunft spielt keine Rolle.

Dies kann überraschend erscheinen, wenn man weiß, dass Lang die Romane von Karl May ausgesprochen liebte.[13] In dessen Westernerzählungen sind fast alle Hauptfiguren, die sich moralisch tadellos

13 Asper: *Filmexil in Hollywood*, S. 620.

betragen, deutscher Herkunft. Manche von ihnen pendeln zeitweilig zwischen den Ländern und kehren ab und an in die deutsche Heimat zurück. Doch egal, ob sie das tun oder nicht, bewahren sie sich ein Deutschtum, als dessen Vertreter sie in der Weltgeschichte agieren. Selbst Winnetou, die wichtigste und überaus positive indianische Figur der Bücher, hat einen deutschen Lehrer. Der war zuvor wegen politischer Gründe aus Deutschland emigriert und gab seinem Schüler neben ethischen Grundsätzen eine Vorliebe für Bier ein.

Als Fritz Lang 1919 seinen ersten Film in Berlin inszenierte, war er bereits selbst, innerhalb des europäischen Raums, migriert und hatte mit seiner Karl-May-Lektüre die Gedanken eines zwar Daheimgebliebenen, doch von der Fremde Faszinierten im Gepäck, dessen Helden in diversen Überlebensstrategien brillierten. Außerdem kannte Fritz Lang Westernshows, angeblich hatte er sogar an einer Buffalo-Bill-Show teilgenommen und als Schütze für einen Wanderzirkus gearbeitet.[14] Darum darf man annehmen, dass er es nicht versäumte, einige der frühen US-amerikanischen Western anzuschauen, die in deutschen Kinos aufgeführt wurden und denen wiederum heimische Westernproduktionen folgten. Partys mit entsprechenden Verkleidungen waren zu dieser Zeit sehr beliebt. Bekannte Künstler illustrierten Wildwest-Erzählungen.[15] In Deutschland kursierten also in unterschiedlichen Formen Erzählungen vom abenteuerlichen Auswandern und dem Leben im US-amerikanischen Westen. Manche dieser Erzählungen, wie die von Friedrich Gerstäcker, waren aus der Sicht eines in Europa beheimateten Menschen geschaffen, der nach einem Aufenthalt in den USA hierher zurückkehrte. Andere stammten aus der Sicht der vollständig dort Beheimateten wie James

14 Georges Sturm: *Die Circe, der Pfau und das Halbblut. Die Filme von Fritz Lang 1916–1921.* Trier: Wissenschaftlicher Verlag 2001. Ebd., S. 140 wird die entsprechenden Äußerungen Fritz Langs kolportiert. Bei Asper: *Filmexil in Hollywood*, S. 620, hat Lang als Jugendlicher in Wien eine Buffalo-Bill-Show lediglich besucht. Er sei so begeistert gewesen, dass er die Westernshow in seinem Skript *Skandal in Wien*, das unverfilmt blieb, schilderte.

15 In den Jahren 1908/09 fertigte zum Beispiel der deutsche, impressionistische Maler Max Slevogt Lithografien für eine illustrierte Ausgabe von *Lederstrumpf an.* Zur Entstehungsgeschichte dieses Buches siehe Eva Caspers: *Paul Cassirer und die Pan-Presse. Ein Beitrag zur deutschen Buchillustration und Graphik im 20. Jahrhundert.* Frankfurt am Main: Buchhändlervereinigung / de Gruyter 1989, S. 47–53.

Fenimore Cooper, der vor allem mit seinen *Lederstrumpf*-Romanen viel zur nationalen Selbstversicherung in den USA beitrug.
Der Titel seines ersten Films, für den Fritz Lang auch das Drehbuch geschrieben hatte, ist immerhin, so wird vermutet,[16] eine Reminiszenz an Karl May. Euchar Albrecht Schmid hatte eine von Mays Erzählungen, die ursprünglich den Titel *Der schwarze Mustang* trug, im Rahmen der *Gesammelten Werke* unter dem Titel *Halbblut* herausgebracht.[17] Lang übernimmt für sich nicht die Figuren des Comanchen-Häuptlings und dessen ‚halbblütigen' Enkels. Aber er übernimmt die Idee einer gefährlichen Illoyalität, die sich bei einem Menschen zeigen soll, wenn er per Zeugung zwei ‚Rassen' angehört. Lang stellt seinen Film also unter den Titel *Halbblut*[18] und entwickelt dessen Argumentationsstruktur innerhalb eines Rassediskurses. Statt des jungen Mannes jedoch rückt er eine Frau in den Mittelpunkt, deren bedrohliche Fähigkeiten sich daraus speisen, dass Mutter und Vater verschiedenen Rassen angehörten. Durch diese Mischung scheint sie grundsätzlich und unwiderruflich verdorben, weshalb sie auch andere Menschen so bereitwillig wie zwanghaft ins Verderben stürzt. Auf einem der wenigen Bilder, die von dem verschollenen Film erhalten sind, trägt die Frau ein Abendkleid und dazu einen Haarschmuck, der einer indianischen Federkrone gleicht, was sie bereits auf der Ebene der sichtbaren Zeichen als Mischwesen ausweist.[19] Ein Weißer, der sich bei einem Aufenthalt in Santa Fe in sie verliebt hatte, führte sie aus ihrer Herkunftsgegend heraus, um sie mit zu sich nach Europa zu nehmen. Trotz dieser räumlichen und gesellschaftlichen Umorientierung entfalten sich – begünstigt durch enttäuschte Liebe – ihre gefährlichen Leidenschaften. Es sind, in der Argumentation des Films, ihre Erbanlagen, welche sie dazu befähigen, zwei weiße Männer zugrunde zu richten. Danach flieht die Frau mit einem Komplizen, der als Gleichgesinnter auftreten kann, weil er die gleiche biologische Konstitution besitzt wie sie selbst, zurück nach Mexiko.

16 Peter Krauskopf: Deutsche Zeichen, deutsche Helden. Einige Bemerkungen über Karl May und den deutschen Film, Fritz Lang und Thea von Harbou. In: *Jahrbuch der Karl-May-Gesellschaft* 26 (1996), S. 365–393, hier S. 366.

17 Ebd.

18 *Halbblut* (D 1919, R: Fritz Lang).

19 Siehe das Bild, die rekonstruierte Handlung und eine aufschlussreiche Diskussion zur Figur des ‚Halbbluts' innerhalb eines Rassediskurses bei Sturm: *Die Circe, der Pfau und das Halbblut*, S. 90–96.

Wenn Exotik sich auch aus dem Fremden, Anderen und Fernen speist, so wird doch fester Kontakt zum Regionalen und Eigenen gehalten, denn dieses ist der Punkt, von dem aus das Fremde bestimmt wird. In Langs Film wird es, von Deutschland oder Europa aus gesehen, in einer fernen Weltgegend angetroffen, als verlockend empfunden und in den eigenen kulturellen Raum mitgebracht. Über eine biologisch-rassische Argumentation, die Unbehagen verursacht, wird im Film letztlich eine kulturelle Reinheit angestrebt. So verfolgt am Filmende einer der weißen, europäischen Männer die geflohene Frau bis in deren heimatlichen Raum. Hier, in Mexiko, kann er sie töten und macht somit dem Fremden eine Rückkehr unmöglich. Zugleich lässt sich dessen vorausgegangener Eintritt in den eigenen kulturellen Raum nicht rückgängig machen, und das ist, über den konkreten Film hinaus, auch für die eigene, regionale Filmsprache bedeutsam, in die das Fremde, ist es einmal thematisiert, einfließen kann. Wie die filmische Sprache mit der Erzählung über das Fremde transnationalen Motiveinflüssen geöffnet wird, wird in Langs folgenden Filmen deutlich und findet später einen Höhepunkt in der universalen Sprache seines Films *Metropolis*.

Die Darstellerin Ressel Orla, die das ‚Halbblut' Juanita spielt, wurde auch für Fritz Langs anschließend erscheinende Serie aus zwei abendfüllenden Filmen mit dem Titel *Die Spinnen*[20] engagiert. Im ersten Teil *Die Spinnen – Der goldene See* treten neben europäischen Abenteurern ein Inka-Stamm, mexikanische Revolverhelden und eine Inka-Priesterin auf. Während diese Filme nur Westernelemente[21] besitzen, wurden in Deutschland etwa zeitgleich auch reine Western gedreht. Die meisten von ihnen sind verschollen oder nur in Fragmenten erhalten, so dass es schwer ist, etwas über die visuellen und narrativen Strategien der Filme zu berichten.[22] In Heidelberg

20 Erster Teil: *Die Spinnen – Der goldene See* (D 1919, R: Fritz Lang), zweiter Teil: *Die Spinnen – Das Brillantenschiff* (D 1919/20, R: Fritz Lang).

21 Sturm: *Die Circe, der Pfau und das Halbblut*, S. 139–140. Fritz Lang erklärte, dass er eine Westernszene in *Die Spinnen* mit angeblich 200 „Zigeunerstatisten" gedreht habe. Gezeichnete Filmwerbung, die auf Wild-West-Szenen hindeutet, ebd., S. 133, 137.

22 Für eine Einführung siehe u. a. Jo-Hannes Bauer: Der ‚Wilde Western' von nebenan. Pathos und Melodram in Phil Jutzis ‚Feuerteufel'. In: Johannes Roschlau (Hrsg.): *Europa im Sattel. Western zwischen Sibirien und Atlantik*. München: Text + Kritik 2012, S. 21–32; Thomas Brandlmeier: Isar-Western. Sehr konkrete Utopien. In: Ebd., S. 33–43.

hatte die Internationale Film-Industrie GmbH (ifi) ihren Sitz, eine Filmfirma, die sich auf Detektiv- und Wildwestfilme spezialisiert hatte.[23] Gedreht wurde in den nahe gelegenen Steinbrüchen des Neckartals und im Maudacher Bruch. Hier entstanden die Western *Bull Arizona*[24] und *Red Bull, der letzte Apache*[25], im Jahr darauf folgten *Rote Rache*[26] und *Die Piraten des Rio Negro*[27]. Ein anderes deutsches Westernzentrum lag zu dieser Zeit in München. Fast nur der Titel ist von dem Stummfilm-Western *Die Geier der Goldgruben*[28] erhalten. Die Außenaufnahmen des als verschollen geltenden Films fanden nahe der Stadt im Isar-Tal statt,[29] so dass der Film zu den sogenannten Isar-Western zählt.

Alle diese Filme entstanden an deutschen Drehorten. Es handelt sich also um Simulationen an eigenen und das heißt westernfernen Orten. Darum sind Trenkers Filme, deren entsprechende Szenen tatsächlich in den USA gedreht wurden, eine Ausnahme. Die Authentizität des Drehorts wiederum war ein hervorstechendes Kriterium und Identifizierungsmerkmal der deutschen Bergfilme, einem der wichtigsten Genres im deutschen Kino jener Zeit, das vor allem mit drei Namen verbunden ist: Arnold Fanck, Leni Riefenstahl und Luis Trenker.[30]

Durch seine eigene Reise für die Dreharbeiten in den Westen der USA griff Trenker das Authentizitätsversprechen der Bergfilme als Qualitätsmerkmal auf und verknüpfte es zugleich mit dem Erzählten selbst. Er verfilmte in seinem Western *Der Kaiser von Kalifornien* die

23 Judith Ziegler-Schwaab: *Wildwest am Rhein. Erinnerungen an das Pfälzer Hollywood*. O. O.: typo print Lameli 1995.

24 Teil 1: *Bull Arizona – Der Wüstenadler* (D 1919, R: Piel Jutzi / Horst Krahé), Teil 2: *Bull Arizona – Das Vermächtnis der Prärie* (D 1920, R: Piel Jutzi). Der eigentliche Vorname des Regisseurs Philip Jutzi wird immer in der Kurzform angegeben – jedoch teilweise als Piel, teilweise als Phil.

25 *Red Bull, der letzte Apache* (D 1920, R: Piel Jutzi).

26 *Rote Rache* (D 1921, R: Piel Jutzi).

27 *Die Piraten des Rio Negro* (D 1921, R: Piel Jutzi).

28 *Die Geier der Goldgruben* (D 1920, R: Otto Lins-Morstadt).

29 Siehe Deniz Göktürk: *Künstler, Cowboys, Ingenieure. Kultur- und mediengeschichtliche Studien zu deutschen Amerika-Texten 1912–1920*. München: Fink 1998, S. 188.

30 Zur nationalen, personellen und zeitlichen Eingrenzung des Bergfilms sowie zu dessen Definition siehe Christian Rapp: *Höhenrausch. Der deutsche Bergfilm*. Wien: Sonderzahl 1997, S. 7–8.

Biografie eines Auswanderers und durch diesen Ansatz privilegiert er statt des Exotischen, das fremd bleibt, das Selbst-Erfahrene. Letztlich kann der Film damit an das individuelle und kollektive Gedächtnis der in Deutschland Beheimateten – und das heißt auch: der in Deutschland Gebliebenen – anknüpfen, nachdem Menschen von hier in mehreren großen Wellen in Richtung USA gezogen waren.

Landschaft und Nation

Weil Luis Trenker mit dem Bergfilm und deshalb mit dessen bevorzugtem Handlungsort, der Alpenregion, eng verbunden ist, wirkt sein Westernœuvre überraschend. Doch zugleich handelt es sich bereits bei der Annahme, der Bergfilm sei national eindeutig konnotiert, um eine Täuschung. Zwar gilt der Bergfilm als originär deutsches Genre, die Drehorte lagen aber selten in Deutschland. Denn während dieses Land nur an seinem südlichen Saum mit der notwendigen Hochgebirgslandschaft versorgt ist, sind die Nachbarländer Schweiz, Österreich und der Norden Italiens (die Herkunftsgegend von Luis Trenker) reichlicher damit ausgestattet. Im Gegensatz zu seiner nationalen Festlegung als deutsches Genre war der Bergfilm also von vornherein ein länderübergreifender Film, wenn man in nationalstaatlichen Kategorien denkt, und doch war er zugleich ein regionaler Film, denn er wurde jeweils nur in den alpinen Regionen der genannten Länder gedreht. Er spielte sich, was den Handlungsort betrifft, ganz eindeutig auf einem subnationalen Level ab. Trotzdem wurden die hochalpinen Berge zum deutschen Thema, denn diese Landschaft ist im Bergfilm nicht nur Handlungsraum, sondern Metapher und Fixpunkt für eine national angestrebte charakterliche Typologie, die notfalls an mehr oder weniger weit entfernten Orten bewiesen werden kann.

Im 19. und frühen 20. Jahrhundert gab es zahlreiche nationale Expeditionen, die in unerforschte, lebensfeindliche Gegenden wie den Nordpol führten, sich aber auch auf Bergregionen wie den Mount Everest, die Eiger-Nordwand oder den K2 konzentrierten.[31] Es handelte sich

31 Harald Höbusch: Rescuing German Alpine Tradition. Nanga Parbat and Its Visual Afterlife. In: *Journal of Sport History* 19,1 (2002), S. 49–76.

um Weltgegenden, die sich dadurch auszeichneten, zum Erfahrungsraum und zur Kulisse einer nationalen Identifikation erklärt zu werden. Menschen, die Helden zumal, sollten sich an den extremen Bedingungen der Landschaft messen und ausbilden.

Ebenso ist der Western an eine nationale Identität gebunden, die im Film durch das Leben in einer bestimmten Umgebung gestiftet wird. Der spezifische regionale Hintergrund wird benötigt, um eine Identität auszubilden, die durch ein nicht-städtisches Leben in einer rauen und oft gefährlichen Landschaft gefordert wird. Das bedeutet zugleich, die Idee einer Heimat zu formen – einer Heimat, die fest an ihre Bewohner gebunden ist, die nur sie bewohnen können, weil sie Charakterzüge entwickelt haben, die einem Leben an diesem Ort angemessen sind. Insofern kann man den Western als US-amerikanischen Heimatfilm bezeichnen, wie den Bergfilm als einen deutschen.[32]

Wenn Menschen aber neu in das raue Land eintreten, müssen sie sich bewähren. Überleben können nur diejenigen, die schon bestimmte Charakterzüge besitzen oder dazu fähig sind, sie notwendigerweise schnell zu entwickeln. Wegen dieser Überschneidung und der Ähnlichkeit landschaftlicher Anforderungen kann auch eine Figur wie Johann August Suter[33], weil sie von Trenker selbst gespielt wird, erfolgreich in den US-amerikanischen Westen ziehen. In *Der Kaiser von Kalifornien* übersteht Suter alle Herausforderungen, welche die dortige, ihm bisher fremde Natur bietet. Das liegt auch an der hochalpinen, heimatlichen wie filmischen Herkunft Luis Trenkers, die auf die von ihm gespielte Figur übergeht. In seinem Western stapft er nicht durch Schnee, aber durch eine Sandwüste, er leidet nicht an einem Gipfelgrat, verdurstet aber fast zwischen endlosen Dünen, er versucht nicht die Erstbesteigung eines Alpengipfels, aber ein felsiger

32 Christian Rapp kritisiert die Vermischung der Begriffe *Heimat-* und *Bergfilm*. Er gibt eine sehr klare Definition, besonders des Letzteren. Man kann sagen, dass zwischen beiden Begriffen keine eineindeutige Beziehung besteht: nicht jeder Heimatfilm ist ein Bergfilm, aber jeder (deutsche) Bergfilm ist auch Heimatfilm. Denn in seinem Zentrum steht nicht nur die Herausforderung durch die schroffe Landschaft, sondern auch das Gefühl einer nationalen Verbundenheit, welche letztlich das Gefühl von Heimat transportiert.

33 Suters Nachname findet sich sowohl mit einem „t" als auch doppeltem „t" geschrieben. Die Schreibweise wurde in diesem Text, soweit es sich nicht um Zitate oder Quellenangaben handelt, in „Suter" vereinheitlicht.

Canyon, den er überwinden muss, um einen Weg für die unten wartenden, erschöpften Siedler und Siedlerinnen zu finden, bietet ihm auch hier die Möglichkeit, als Erster die Vertikale zu bezwingen.

Für *Der Kaiser von Kalifornien* schrieb Luis Trenker das Drehbuch, er produzierte den Film und er drehte ihn in Deutschland, Italien und den USA mit sich selbst in der Hauptrolle. In diesem Film findet er für seine bereits im Bergfilm als auch im Leben[34] eingeübte Relativierung und gleichzeitige Betonung nationaler Zuordnungen eine neuartige Wendung. Zu Anfang des Films wird die Lebensgeschichte Johann August Suters angekündigt, der – laut Vorspann und auch tatsächlich – in Deutschland geboren wurde, aber 16-jährig in die Schweiz auswanderte und Schweizer Staatsbürger wurde. Im Film wird diese fremde (nicht-deutsche) Staatsbürgerschaft also korrekt angekündigt, dann aber sogleich verwischt. Der Film beginnt in einem lieblichen, alten, nicht weiter bezeichneten mitteleuropäischen Ort, der inmitten von Weinbergen liegt. Hier hat Suter ein selbst gedrucktes Pamphlet aufgehängt, das mit der Anrede „Deutsche Brüder!" beginnt und mit den Worten endet: „Es geht um alle Deutschen, es geht um die Nation!" Diese Mehrgleisigkeit wird auch später beibehalten, wenn auf einer eingeblendeten Karte Suters Siedlung als „New Helvetia" eingetragen ist, sonst aber von dem „arbeitsamen Deutschen" gesprochen wird. So kann 1936, im Entstehungsjahr des Films, die nationale Verortung in Zeiten hoch geschätzter nationalistischer Symbolik durch den Filmanfang befriedigt werden, ohne zugleich eine krasse Fälschung darzustellen.

Fast zeitgleich zu Trenker arbeitete erstaunlicherweise auch Sergej Eisenstein an einer Version von Suters Lebensgeschichte. Eisenstein war 1930 von der Paramount nach Hollywood eingeladen worden, um einen Film seiner Wahl zu drehen. Nachdem er gewählt hatte, schrieb er einen Plot zu *Sutter's Gold*.[35] Der Film selbst aber

34 Siehe dazu die Sammlung von Dokumenten zu Luis Trenker bei Florian Leimgruber (Hrsg.): *Luis Trenker. Regisseur und Schriftsteller. Die Personalakte Trenker im Berlin Document Center*. Bozen: Frasnelli-Keitsch 1994.

35 Donald G. Daviau: ‚Der Kaiser von Kalifornien'. Luis Trenkers filmische Interpretation des bemerkenswerten Lebens von Johann Augustus Sutter. In: Aspetsberger (Hrsg.): *Der BergFilm 1920–1940*, S. 143–161, hier S. 144. Er bezieht sich auf Christopher Frayling: *Spaghetti Western. Cowboys and Europeans from Karl May to Sergio Leone*. London / Boston: Routledge / Kegan Paul 1981. Eine detaillierte Zusammenfassung des Plots von Eisensteins Script liefert ebd., S. 16–19.

kam nicht zustande. Realisiert wurde jedoch, ebenfalls 1936, ein US-amerikanischer Film in der Regie von James Cruze. Edward Arnold spielt die Hauptrolle in diesem Streifen, der ebenfalls den Titel *Sutter's Gold*[36] trägt. Für alle drei Versionen (Trenker, Eisenstein, Cruze) wurde dieselbe literarische Vorlage benutzt, nämlich der 1925 erschienene Roman *L'or. La merveilleuse histoire du géneral Johann August Suter* des französischsprachigen Schweizer Autors Blaise Cendrars. Für alle Fassungen gleichermaßen gilt die Frage nach einer nationalen Zuordnung, die sich daran entscheidet, welche Referenz als die stärkere verstanden wird: die deutsche, sowjetische oder US-amerikanische Herkunft des Regisseurs, die Herkunft des Hauptdarstellers, der Produktionsort Hollywood oder der Stoff an sich. Gleichermaßen spielt eine Rolle, welcher Aspekt der Vorlage auf welche Weise herausgestellt wird: Der Fremde, der in ein anderes Land einwandert und erfolgreich genug ist, um dort Führerschaft in einem Ausmaß zu übernehmen, dass sie zu einem politischen Faktor wird, oder die Parabel über einen Mann, den ein Goldfund auf seinem Land, der normalerweise Glück verheißt, ins Unglück stürzt.

Weil Trenkers Film mit einer deutschen Crew gedreht und nicht synchronisiert wurde, wurde er von vornherein als deutscher Western wahrgenommen, als „teutonic version of *Sutter's Gold*", wie ein zeitgenössischer US-amerikanischer Kritiker 1937 schrieb.[37] Wegen der politischen Umstände aber, die zu dieser Zeit in Deutschland herrschten, wird die Diskussion über Trenkers Film jeweils um die Frage erweitert, ob es sich nur um eine deutsche Erzählung von Suters Biografie handelt oder um eine nationalsozialistische, also nicht nur um eine Darstellung, die die eigenstaatliche Perspektive favorisiert, sondern um eine, durch welche die eigene nationalstaatliche Ideologie als allgemeingültiges Vorbild transportiert werden soll. Tatsächlich lenkt das anfängliche politische Pamphlet die Betrachtung in diese Richtung.

Wegen dieses Papiers soll Suter verhaftet werden. Er flieht auf einen Kirchturm und schaut wehmütig auf die Dächer der Stadt, als ihm ein

36 *Sutter's Gold* (US 1936, R: James Cruze).

37 Der Kaiser von Kalifornien. In: *Variety Film Review* 5 (1937), S. 13. Wegen der Sprachbarrieren wurde der Film 1937 nur in New York mit englischen Untertiteln gezeigt.

Geist erscheint, der einen Ausweg weist. Dieser eröffnet seine Rede mit einer patriotischen Deutung von Suters Situation, als er sagt: „Überall kannst du kämpfen, kannst du deinem Volk dienen" (und gemeint ist hier sicher das deutsche Volk). Doch als er fortfährt: „Ist die Welt nicht gewaltig, unermesslich reich, hat Platz für alle", verschiebt er die Rede fort von der politischen Konfliktsituation hin zu einer materiellen Deutung, um mit dem kolonisatorischen Aufruf zu enden: „Erob're sie dir (die Welt), wenn du Mut dazu hast." Ausgestattet mit diesen ambivalenten Vorgaben verabschiedet sich Suter von seiner Frau und den beiden Söhnen. Er bricht in Richtung USA auf, und dieser Aufbruch wird in einer dreifachen Überblendung gezeigt. Bemerkenswert daran ist, dass in ihr ausschließlich Naturschauplätze übereinandergelegt sind: Wiese, Wolken, Meer, aber keine Häfen, Schiffe oder Menschenmengen. Zu sehen ist ein allein gehender Wanderer, der sich ausschließlich aus eigener Kraft in Richtung der neuen Welt bewegt.

Schon kurz nachdem Suter seine Frau und die Kinder verlassen hat, womit er zugleich seine ihn bisher identifizierenden menschlichen Beziehungen und die dazugehörige regionale Einbindung aufgab, tritt er als erfolgreicher Fallensteller auf, der in einem Saloon mit überbordender männlicher Geste, im Mittelpunkt der ganzen Kneipengesellschaft stehend, seine erjagten Felle versteigert. Er ist dabei denkbar weit von der Rolle als Ehemann und Vater entfernt und beweist, dass er sich als männlicher Held jederzeit erfolgreich aus sozialen Bindungen lösen kann, um in die Rolle des western- und abenteuertypischen bindungslosen Helden überzuwechseln.

Die alte Heimat wurde von ihm verlassen, auf der Suche nach einer neuen, wobei die mitgebrachten Eigenschaften und Charakterzüge die Figur zum Erfolg befähigen. In diesem Fall gewinnt der Protagonist, ausgestattet mit einem athletischen Körper und einem bedingungslosen Willen, den existentiellen Kampf im noch unbesiedelten Land. Dabei stehen die neu zu begehenden Landstriche – und auch darin ähneln sich Western und Bergfilm – allen offen, das heißt, sie sind ein sozial nicht vorgeprägtes, nicht-elitäres Gebiet.[38] Jedoch

38 In den meisten seiner Filme ist die Hauptfigur, die Trenker selbst spielt, ein, wie man es nennen kann, einfacher Mann aus dem Volk, der aber durch seine Anlagen und seinen Willen zum Besonderen befähigt ist. Es ist ein Motiv, das im Übrigen auch in Western häufig wiederkehrt. Unter den Westernhelden begegnet man

Abb. 3: *Der Kaiser von Kalifornien* (D 1936, R: Luis Trenker).

folgt daraus nicht, dass es keine Hierarchisierung gäbe; sie wird nur hier erst entschieden und Suter hat bereits eine Spitzenstellung eingenommen, noch bevor er sich beim Gouverneur dafür einsetzt, ein großes Gebiet verwalten zu dürfen. Er ist als Einzelner herausragend, aber kein einzelgängerischer Individualist, denn er profiliert sich als Anführer einer ganzen Siedlungsgruppe. Mehrere Szenen werden darauf verwandt, das Wachsen der neuen Kommune zu schildern, das Fällen der Bäume, das Bewässern des Landes, die Ernte des Korns, das Markieren der Rinder. Später schreitet er eine Reihe von Arbeitern ab und fragt sie nach ihrer Herkunft (Abb. 3), als sei die Szene

häufig Männern ohne auffallende intellektuelle Bildung und mit einem niedrigen Sozialstatus, die jedoch sowohl physisch als auch psychisch Außergewöhnliches leisten. Genau damit bilden sie in einem nicht elitär vorgeprägtem Raum eine Elite. (Zum Motiv des Elitären in jener Zeit, in der Trenker mit dem Filmemachen begann, siehe die vergleichende Analyse futuristischer Werke zum Alpinismus, darunter zu Trenkers Film *Berge in Flammen* (D 1931, R: Karl Hartl / Luis Trenker), von Daniel Winkler: Futurismus & Alpinismus. Szenarien der Intensität bei F. T, Marinetti, Angelo Mosso und Luis Trenker. In: Marijana Erstić / Walburga Hülk / Gregor Schuhen (Hrsg.): *Körper in Bewegung. Modelle und Impulse der Italienischen Avantgarde*. Bielefeld: Transcript 2009, S. 311–332).

ein Nachhall von Leni Riefenstahls *Triumph des Willens*[39], und die Männer erklären, dass sie aus Italien, Deutschland und der Schweiz stammen, womit sie durch ihre Herkunft jene Suters – und Trenkers – imitieren und verdoppeln, so dass sie eine mitteleuropäische Kolonie unter seiner Herrschaft bilden.
Bis hierher kann man den Film verdächtigen, nicht nur auf eine Aneignung des fremden Genres zu zielen – die erreicht wird, indem das Genre aus der eigenen nationalen und biografischen Herkunft hergeleitet wird –, sondern ebenso auf eine filmisch dargebotene Unterwanderung der US-amerikanischen Gesellschaft, insofern ein Auswanderer, der großteils als Deutscher gestaltet ist, einen großen Flecken Land besetzt, ihn verwaltet und eine von ihm geprägte Siedlungsgesellschaft errichtet.
Doch mit dem Wendepunkt in der Erzählung verliert sich diese Interpretationsmöglichkeit. Auf Suters Land wird Gold gefunden, der Goldrausch bricht aus, alle verlassen ihn, wenden sich gegen ihn als Führer und stattdessen dem materiellen Versprechen des Landes in seiner Reinform Gold zu. So wie Suter die Herrschaft entgleitet, verliert sein (deutscher) Ansatz seine Gültigkeit. Er stirbt schließlich, alt geworden, auf den Treppen des Kapitols in Washington und wird dort von dem Geist, dem er am Anfang des Films begegnet war, wieder aufgesucht. Der Geist bestätigt ihm, hier am Ende seines Wegs zu sein, womit zugleich besiegelt wird, dass der frühere Auswanderer ganz und gar in diesem Land angekommen ist.

Migration als Identität

Während Trenker seinen Western als Auswanderungsfilm anlegt, versucht Lang zu vermeiden, dass ein solcher Eindruck entsteht. Natürlich ist es auch ein ganz anderer Stoff, der ihm seitens des Studios mit der Verfilmung von *Western Union* angeboten wurde. Hier ist die Zuwanderung aus einem anderen Land, anders als bei Trenkers Film, nicht thematisiert. Dennoch ist sich Lang bewusst, dass sein Film indirekt und automatisch diesen Subtext erhalten könnte oder dass ihm ein solcher unterstellt würde. Für Lang geht es nun darum, seine öffentliche Wahrnehmung als Migrant aus der Arbeit am Film

39 *Triumph des Willens* (D 1935, R: Leni Riefenstahl).

herauszuhalten und sein Fremdsein zugleich klug anzuwenden. Daher gilt es, darüber nachzudenken, inwieweit ihm diese doppelte und in sich widersprüchliche Absicht gelingt, inwieweit er also einen ganz und gar US-amerikanischen Film dreht und dennoch seine eigenen, andernorts gebildeten Erfahrungen einbringt.

Bis Lang in den USA, genauer in Hollywood, eintraf, hatte er bereits in mehreren Etappen verschiedene Formen der Migration absolviert. Er wurde am 5. Dezember 1890 in Wien geboren. Nach dem Schulbesuch studierte er kurz an der Technischen Universität Wien und wechselte dann an die Wiener Akademie der bildenden Künste, wo er sich der Malerei widmete. 1910 verließ er die Stadt, um durch Europa, Afrika, später Asien und den pazifischen Raum zu reisen. Anschließend studierte er wieder Malerei, diesmal an der Kunstgewerbeschule in München und in Paris. Bis zu diesem Punkt in seinem Lebenslauf diente Migration dazu, eine künstlerische Identität zu entwickeln. Das heißt, Migration war Motiv und Kennzeichen einer sozialen Gruppe, und mehr noch einer Elite. 1914, bei Ausbruch des Ersten Weltkriegs, kehrte Lang nach Wien zurück, meldete sich für die österreichische Armee und kämpfte in Russland und Rumänien. Von nun an lassen sich zwei Formen der Migration in seiner Biografie finden: eine selbstbestimmte, freiwillige und eine weitaus weniger selbstbestimmte als Soldat (auch wenn er sich als Kriegsfreiwilliger gemeldet hatte).

Während des Krieges notierte Lang Ideen und Entwürfe für Filme. Später wurde er als Autor von Erich Pommers Filmfirma in Berlin verpflichtet, begann aber bald als Regisseur zu arbeiten. Im Juni 1933, zu dieser Zeit bereits international bekannt, verließ Lang Deutschland. Er emigrierte nach Frankreich und später in die USA. Wiederum lassen sich zwei Motive von Migration ausmachen: Er ging nach Berlin aufgrund einer inneren Notwendigkeit (um sich als Filmemacher zu betätigen und zu entwickeln) und er verließ die Stadt und das Land aufgrund einer äußeren Notwendigkeit (der veränderten politischen Lage).

Als Fritz Lang 1936 in die USA einwanderte, war er ein berühmter Regisseur, der seine künstlerische Identität und seine ästhetischen Vorstellungen mit nach Hollywood brachte. Seine Western müssen darum als eine Synthese betrachtet werden, und zwar als Synthese aus individuellen ästhetischen Vorstellungen mit einer nicht-individuellen, bereits vorgegebenen Form. Diese Form bestand aus dem Genre Western, dem Hollywood-Studio-System und, in einer noch weiter gespannten Verallgemeinerung, der US-amerikanischen Gesellschaft mit der ihr eigenen kulturellen, fiktionalen, metaphorischen und mythischen Adaption der eigenen Geschichte. Damit wird ein Problem offensichtlich, das innerhalb der Filmwissenschaft nicht neu ist: Wie kann eine einzelne Person, ein Individuum, eine nicht-individuelle oder überindividuelle Form verändern, und mehr noch: daraus einen ganz eigenen ästhetischen Ausdruck gewinnen? Im Fall Fritz Langs gibt es ein weiteres Problem, eine nochmalige Dopplung. Für die Filmforschung und auch in seiner Selbstwahrnehmung ist es von grundsätzlicher Bedeutung, dass er während seiner Zeit in Deutschland als starker, unabhängiger Regisseur angesehen wird, der die Macht besaß, die Regeln seiner Arbeit selbst zu bestimmen. Er erscheint hier als jemand, der die volle Kontrolle über seine ästhetischen Artikulationen hat. So betrachtet ist er die ideale Figur einer Autor-Theorie, wie sie allerdings erst Jahre später für eine bestimmte Art des Filmemachens formuliert wurde. Eine andere Sichtweise dagegen wird auf seine Arbeit in Hollywood angewendet. Hier nun wird Lang als ein Künstler betrachtet, der mit den Beschränkungen des Hollywood-Studio-Systems zu kämpfen hatte, was interpretatorisch nichts anderes bedeutet, als dass er hier die vorgefertigten Genre-Stereotype erfüllen musste, wodurch er die Kontrolle über sein Filmschaffen und damit über die Artikulation seiner ästhetischen Ideen verlor. Darin liegt ein Grund, warum diese Filme in der deutschsprachigen filmwissenschaftlichen Literatur wenig beachtet werden, was besonders im Gegensatz zu den gern und positiv besprochenen, zuvor in Berlin entstandenen Filmen auffällt. Die Argumentation besitzt jedoch selbst eine teilweise fiktionale Form, denn sie gehört zu einem europäischen Mythos,[40] der dazu dient, die geopolitisch gerahmte kulturelle Identität einer Gruppe zu definieren und zu

40 Siehe Richard Dyer / Ginette Vincendeau: Introduction. In: Dies. (Hrsg.): *Popular European Cinema*. London / New York: Routledge 1992, S. 1–16, hier S. 1. Sie beginnen die Einführung ihres Sammelbandes mit den Worten: „Part of the existing map of cinema is coloured in quite clearly: there is America, which is Hollywood, which is popular entertainment, and there is Europe, which is art.", um dann sowohl auf die Lücken dieser Sichtweise als auch auf ihre Funktionen hinzuweisen.

diesem Zweck eine Trennlinie zu anderen Optionen zu ziehen. Das europäische Kino als Kunst und das Hollywood-Kino als kommerzielle Unterhaltung zu verstehen, ist zwar im Detail falsch. Dennoch ist es eine Sicht, die nicht ignoriert werden kann. Denn mit ihr wird eine vorauseilende Deutung angelegt, die vom Werk selbst unabhängig ist, stattdessen aber auf den Kontext seiner Entstehung zielt. Wobei es hier vor allem um einen Punkt des Kontextes geht, nämlich dass das Werk außerhalb der eigenen, geopolitisch und kulturell gerahmten Gruppenidentität entstand.

1939, also drei Jahre nachdem Lang in Hollywood eingetroffen war, wurde er Bürger der USA. In den nächsten 21 Jahren drehte er 21 Spielfilme, wobei er in verschiedenen Genres und für verschiedene große Hollywood-Studios arbeitete. Gelegentlich produzierte er seine Filme mithilfe der Diana Production, einer nahezu unabhängigen Filmfirma.[41] In Hollywood passte sich Fritz Lang mit enormer Konsequenz dem Neuen an und beschloss, vor allem „American films" zu machen,[42] was er auf die Stoffe bezog, die er verfilmen wollte, auf die Art, wie er sie zu erzählen gedachte, auf die Rollenbesetzung und die Auswahl der Filmcrew.

Seine Annäherung an das Andere, noch Unbekannte, tritt in den Stadien von Neugier, Aneignung, Reflexion, strategischer Überlegung, filmischer Interpretation und schließlich äußerer Bestätigung zutage. Ab dem Moment, in dem Lang als Westernregisseur feststand, wurde sein Einfühlungsvermögen in die neue Heimat zu einer öffentlich kommentierten Angelegenheit. Noch bevor er mit den Dreharbeiten zu seinem ersten Western begann, bezweifelten einheimische Journalisten, dass es dem immigrierten, europäischen Regisseur gelingen könnte, einen Western zu drehen, eine Meinung, die sie sowohl

41 Wodurch er tatsächlich größere Freiheiten als Regisseur genoss. Dennoch musste er bei den entsprechenden Leuten der Universal – mit der die Diana Productions verbunden war – Berichte einreichen, Gelder genehmigen lassen und es darauf ankommen lassen, dass der *final cut* noch umgeschnitten werden konnte (Helmut G. Asper: *Filmexilanten im Universal Studio 1933–1960*. Berlin: Bertz + Fischer 2005, S. 206).

42 James Powers / Rochelle Reed / Donald Chase: Dialoge on Film. Fritz Lang [1974]. In: Barry Keith Grant (Hrsg.): *Fritz Lang. Interviews*. Jackson: UP of Mississippi 2003, S. 158–174, hier S. 167.

aus seinem bisherigen Werk als auch seiner europäischen Herkunft herleiteten.[43]

Lang hingegen studierte die Landschaft und das Land, arrangierte sich mit dem Neuen und versuchte dessen Spezifika herauszufinden. Kaum in den USA angekommen, hatte er die Jahre 1934/35 und 1938/39 dazu genutzt, um zu Studien in den Südwesten aufzubrechen und dabei verschiedene Indianerstämme zu besuchen, vor allem Navajos, Hopi und Yaqui. Lang studierte Rituale, Zeremonien, das tägliche Leben, die Lebensbedingungen und die Landschaft, in der sich dieses Leben vollzog. Er interessierte sich für indianisches Handwerk und kaufte auf seinen Exkursionen auch alten indianischen Schmuck.[44] Er forschte nach Möglichkeiten, einen individuellen Beitrag zu leisten, der durch seinen Status als Neuankömmling, welcher in einen kulturellen Kontext eingereist ist, beeinflusst wird, der aber nicht durch eine Klage um die zurückgelassene, verlassene kulturelle Umgebung auffällt. Darüber hinaus setzte er auf ein Konzept, das man als eine Art der Selbstauthentifizierung verstehen kann. In einer Zeit, in der viele Flüchtlinge aus Europa versuchten, mit Hilfe von Netzwerken ebenfalls Geflohener oder schon länger hier lebender Europäerinnen und Europäer ihre Situation in der Fremde zu erleichtern, lehnte Lang es ab, für seine typisch US-amerikanischen Genrefilme mit Menschen dieser Gruppe zu arbeiten.[45] Er fand, dass dies ein Element in die Filme einbringen würde, welches er heraushalten wollte.

Dass es eine alternative erfolgreiche Strategie gab, beweist der Western *Destry Rides Again*[46], in dem Marlene Dietrich neben James Stewart die Hauptrolle spielte. Der Film entstand als einer von mehreren Filmen unter dem Einfluss einer Gruppe europäischer Immigranten und Immigrantinnen. Als deren Zentrum gilt der Produzent Joe Pasternak, der Marlene Dietrich gegen die Einwände des Studios, das den Film produzierte, besetzte. Die Liedtexte schrieb Friedrich Hollaender und das Drehbuch stammte von Felix Jackson (Felix Joachimson),

43 Siehe u. a. ebd., S. 631. Hier als kommentierende Wiedergabe in einem von Manfred Georg verfassten Artikel der in New York ansässigen deutsch-jüdischen Zeitschrift *Aufbau* vom 30. August 1940.

44 Siehe Asper: *Filmexil in Hollywood*, S. 617–618.

45 Powers / Reed / Chase: Dialogue on Film, S.167.

46 *Destry Rides Again* (*Der große Bluff*, US 1939, R: George Marshall).

die beide kurz zuvor aus Deutschland geflohen waren. Auf Jackson geht die Idee des waffenlosen und eher passiven Helden zurück, den James Stewart derart unwiderstehlich spielte, dass dieser Westerntyp zu einem variierten Vorbild wurde.[47] Lang jedoch warb nur dann europäische Filmleute an, wenn er eine Geschichte umsetzte, die auch in Europa spielte – wie für *Man Hunt*[48] und, in größerer Zahl, für *Hangmen Also Die!*[49].

Sich darüber bewusst, durch seine fremde Herkunft jenes Konzept einer nationalen Kodierung von Western zu stören, arbeitete Lang mit einer Filmcrew aus alteingesessenen US-amerikanischen Personen. Es ging ihm also nicht nur um Schauspiel, Darstellung und Imagination, sondern um Authentizität, die durch die Herkunft und teilweise durch die Rollenbiografie garantiert wird. Ebenso lässt es sich als Teil seiner Authentifizierungsstrategie verstehen, wenn Lang ursprünglich alle indianischen Rollen mit Einwohnern der Reservate besetzen wollte, die in der Nähe des Drehorts lagen.[50] Doch vergab er auch einige Rollen an Mitglieder jener als ‚Hollywood-Indianer' bezeichneten Gemeinschaft, die ihre Identität nicht nur aus der ethnischen Zugehörigkeit herleiteten, sondern ebenso aus ihrer wiederholten Rollenbesetzung.

Alle Schauspielerinnen und Schauspieler, mit denen Fritz Lang für *Western Union* zusammenarbeitete, stammen auf den ersten Blick aus den USA. Von den Darstellern hatte vor allem Randolph Scott Westernerfahrung. Ebenso die Darsteller der indianischen Rollen, die meist tatsächlich indianischer Herkunft waren und ein entsprechendes Rollenrepertoire abdeckten. Die auffallenden Indianerrollen des Films übernahmen Chief John Big Tree, 1877 als Isaac Johnny John geboren, 1967 gestorben, und Chief Thunder Cloud, geboren 1899 als Victor Daniels und 1955 gestorben. Chief Thunder Cloud stammt in manchen Biografien von den Cherokee, in anderen von den Muscogee ab und in noch anderen besitzt er zusätzlich auch

47 Siehe dazu Asper: *Filmexilanten im Universal Studio 1933–1960*, S. 78–87. Zu Felix Jackson und seiner Arbeit für *Destry Rides Again* Asper: *Filmexil in Hollywood*, S. 212–214.

48 *Man Hunt* (*Menschenjagd*, US 1941, R: Fritz Lang).

49 *Hangmen Also Die!* (*Auch Henker sterben*, US 1943, R: Fritz Lang).

50 Asper: *Filmexil in Hollywood*, S. 629.

schottische, irische und deutsche Ahnen.[51] Unter den Rollen, die nicht in den Credits aufgeführt sind, finden sich zwei, die mit einem bemerkenswerten Brüderpaar besetzt wurden. J. W. Cody (1902–1978), dessen Geburtsname wie der seines Bruders De Corti – nach dem Namen der aus Italien eingewanderten Eltern – lautete, spielte vor allem indianische Rollen, ausgenommen eine Rolle als englischer Soldat in *Johanna von Orleans* von 1948.[52] Sein Bruder nannte sich Iron Eyes Cody (1907–1999) und behauptete, seit er beim Film arbeitete, er sei indianischer Abstammung. James P. Spencer (1893–1943) schließlich war in Honolulu geboren, brachte die polynesische Kultur mit nach Kalifornien, wo er seine Filmkarriere im Genre des Südseefilms begann, welches besonders in der Zeit der Depression beliebt war. Er spielte einen Indianer, ebenso wie John Epper, der als Hans Emil Epper 1906 in Gossau (Schweiz) zur Welt gekommen war. Entgegen der äußeren Wahrnehmung existieren also, allein in dieser kleinen Gruppe von Leuten, die an *Western Union* mitarbeitete, keine statischen, allzeit gültigen Identifikationen, sondern solche, die erneuert, angepasst und sogar selbst gewählt wurden. Von einigen aus dieser Gruppe gilt, dass ihre Eltern oder sie selbst in derselben Lage waren wie Lang, nur dass ihre Identifizierungsphase um einige Jahre vor seiner lag.

Als *Western Union* in die Kinos kam, stellte er sich an den Kassen – so wie Langs erster Western zuvor – als erfolgreicher Film heraus.[53] Eine zusätzliche Genugtuung war es für Lang, dass Männer, die den ‚alten Westen' selbst noch erlebt hatten, ihm Briefe schrieben, um mitzuteilen, es sei damals tatsächlich so gewesen, weshalb sie an Langs Film die realistische Darstellung jener vergangenen Zeit bewunderten.[54] Lang erklärte zwar, dass er niemals die Absicht hatte, eine historisch akkurate Darstellung von etwas Vergangenem zu liefern, doch vergaß er nie, jene Briefe in Interviews zu erwähnen, wenn das Gespräch auf

51 Siehe eine Recherche dazu bei Chuck Anderson: *The Old Corral. Victor Daniels / Chief Thunder Cloud.* http://b-westerns.com/chief1.htm (Zugriff am 21.09.2017).

52 *Joan of Arc* (*Johanna von Orleans*, US 1948, R: Victor Fleming).

53 Asper: *Filmexil in Hollywood*, S. 624.

54 Fritz Lang Speaks [1962]. In: Grant (Hrsg.): *Fritz Lang. Interviews*, S. 28–32, hier S. 31.

Western Union kam. Die Briefe verliehen seinem Film eine nachträgliche und zusätzliche Authentizität, die beweist, dass seine Identifikation mit den Mythen der neuen Heimat gelang. Sein Film, meinte Lang, verleitete das Publikum dazu, davon zu träumen, wie der Westen hätte sein sollen,[55] und dies bedeutete nichts anderes, als dass es dem Neuankömmling Lang gelungen war, die erfolgreiche Verbindung einer konkreten Western-Geschichte und dem Western als Genre herzustellen, um damit eine ideale und darum auch ideologische Version US-amerikanischer Geschichte zu erzählen.

Lang bemerkte auch den Vorteil, ein Neuankömmling zu sein, denn dieser Umstand, meinte er, würde es ermöglichen, die Dinge neu zu sehen und etwas zu entdecken, was den Alteingesessenen durch Gewöhnung verborgen blieb: „Since I've been in America, I've seen many things which American cineastes haven't seen, because they are too used to seeing them."[56] Damit deutet er zum Vorteil um, was fehlt, nämlich das Heimischsein, welches durch eine lange Aufenthaltsdauer und eine damit einhergehende Gewöhnung garantiert ist. Doch muss man auch fragen, inwieweit Fritz Lang die Brücke zu seiner kulturellen Herkunft abbrach und sich abgrenzte, inwieweit er in seinem neuen Umfeld einen individuellen Beitrag leisten konnte, der sich zwangsläufig auch aus seiner einstigen Herkunft speisen musste, und inwieweit möglicherweise das Westerngenre selbst eine Plattform bot, die Erfahrungen der eigenen Migration zu artikulieren, wenn in einer Dopplung die selbst erfahrenen Wanderungsbewegungen mit einem Genre zur Deckung kämen, in dessen Mittelpunkt die Wandernden (die Cowboys, Siedlerinnen und Siedler, Indianer und Indianerinnen, Soldaten und die Gesetzlosen) stehen.

Reisen ohne Koffer

Langs zweiter Western mit dem Titel *Western Union* kam in den USA 1941 in die Kinos. In Deutschland wurde er unter dem Titel *Überfall der Ogalalla* 1949 erstmals gezeigt, also acht Jahre später als in den

55 Michel Ciment / Goffredo Fofi / Louis Seguin / Roger Tailleur: Fritz Lang in Venice [1967]. In: E Grant (Hrsg.): *Fritz Lang. Interviews*, S. 91–100, hier S. 97–98; Gretchen Berg: The Vienesse Night. A Fritz Lang Confession. Parts Two and One [1965]. In: Ebd., S. 50–76, hier S. 57.

56 Ebd.

USA und vier Jahre nach dem Ende der Zweiten Weltkriegs. Der erste Eindruck vom Film ist der einer visuellen Frische. Er wurde in Farbe gedreht, was zu jener Zeit noch bemerkenswert war und die Gelegenheit bot, die Kriegsbemalung der Indianer so farbig wie sie war zu zeigen – eine filmhistorische Neuheit, die Lang für sich reklamierte. Die erste Einstellung zeigt einen Blick über ein weites, flaches Land. In der Entfernung ist eine Felsformation zu sehen, wie sie typisch für viele Westernfilme ist. Der Felsen befindet sich auf der linken Seite des Bildes, während es auf der rechten Seite offen ist bis zum Horizont. Darüber liegt ein freundlich blauer Himmel, übersät mit weißen Wölkchen. Im Vordergrund grasen Büffel. Zuerst wird also eine idyllische, von Menschen unberührte Landschaft gezeigt, die gerade darum ein offenes Terrain für Abenteuer bietet. Ein Eindruck, der durch die begleitende marschartige Musik optimistisch verdoppelt wird und die Lust erzeugt, sich in sie hinein zu bewegen und sie auf diese Weise in Besitz zu nehmen.

Schon bald wechselt das Tempo und ohne Umschweife wird eine Verfolgungsjagd in die Landschaft eingefügt. Das Gras, die Felsen, die Büffel dienen nicht länger als Einrichtungsgegenstände, die einen geografischen Raum und ein Genre illustrieren, das es ermöglicht, allein über neues Land zu reiten. Die Tiere werden stattdessen zu dramatischen Elementen, die einem einzelnen Reiter den Weg versperren, gerade als er seinen Verfolgern zu entkommen versucht. (Abb. 4)

Damit führt Langs Film von vornherein in das angestammte Territorium der Western und präsentiert sogleich eine typische Figur des Genrerepertoires, den Gesetzlosen, einen Bankräuber auf der Flucht, der sein Pferd verliert und auf der Suche nach Ersatz einen anderen Mann mit dem Revolver bedroht. Der Bedrohte ist – wie Suter – eine historische Figur. Hier handelt es sich nun um Edward Creighton (Dean Jagger), den Chefingenieur der Western Union, der als reale, historische Person – anders als Suter – vollständig in den USA verortet ist. Diesem gegenüber erklärt der Outlaw Vance Shaw (Randolph Scott) seine räuberischen Ambitionen. Er tut dies bestimmt, doch höflich, bevor er die Verletzungen seines anvisierten Opfers bemerkt und begreift, dass der andere ohne Pferd und Hilfe nicht überleben würde. Shaw zeigt sich nun in seiner Entscheidung, dem Verletzten zu helfen, genauso kaltblütig wie in seinem Willen zu überleben, denn er rettet den anderen, während er selbst gefährdet ist.

Die Geschichte folgt nun dem glücklich geretteten Creighton, dem Chefingenieur, der ein Team für den Bau der Telegrafenlinie von Omaha nach Salt Lake City zusammenstellt. Angekommen in seinem Büro in der einen Stadt plant er bereits die nächste Reise, an deren Ende die andere Stadt liegt. In dieser Westernerzählung ist also eine Art von Konsolidierung und Sesshaftigkeit erreicht. Hier sind nicht nahezu alle mit Pferden oder Planwagen unterwegs, ausgestattet mit ein paar transportablen Besitztümern und dem starken utopischen Glauben daran, im Westen das wahre Glück zu finden. Viele Menschen leben schon in Städten und die hier neu erreichte Position der Unbewegtheit wird verstärkt durch eben jene Technik der Telegrafie, die dazu dienen wird, Informationen immateriell zwischen den Siedlungspunkten auszutauschen, ohne sich selbst von einem Ort fort und zu anderen Orten hin bewegen zu müssen.
Während sich in der Stadt Menschen niedergelassen haben, folgt die filmische Erzählung jedoch denjenigen, die sich wieder in Bewegung setzen. Alle Arbeiter, die für den Telegrafenbau angeheuert werden, sind bereit, sofort aufzubrechen. Sie sind die idealen Inkarnationen von Mobilität, ausgestattet mit einem Satz Kleidung, der ihnen genügt, um ohne die materielle Verkörperung eines Heims oder auch nur der ausdrücklichen Sehnsucht danach auszukommen. Nur der Mann, der als Koch engagiert werden soll, möchte keineswegs losziehen. Er klammert sich an seine Reisetasche (Abb. 5), jenes auffällig ins Bild gerückte Objekt, das auf ein Heim verweist, welches momentan zwar nur imaginär besteht, aber dennoch durch ein Behältnis repräsentiert wird, das wie die verkleinerte Version eines Zuhauses wirkt, welches man glücklicherweise mit sich herumtragen kann. In der folgenden Szene lässt der Koch das Publikum wissen, dass er nicht auf Abenteuer mit Indianern aus sei, sondern einen ruhigen Platz zum Leben vorziehe. Die Szene ist stark formalisiert, weshalb man die Dialogzeilen auch als einen Metatext über die ästhetische und mythische Form des Westerns verstehen kann. Auf dieser Ebene ist der Koch eine Figur, die ihre Abneigung gegenüber jener Sorte von Abenteuern äußert, die das Reisen mit sich bringt, und das lässt sich sowohl auf Reisen innerhalb der USA beziehen als auch auf eine Reise in die USA aus der Sicht eines Immigranten, und zwar eines Immigranten, der lieber zu Hause geblieben wäre. Dabei ist der Koch eine Figur, mit der sich Lang, der so sehr um Anpassung bemüht war, gewiss nicht selbst identifizierte.

Abb. 4–6: *Western Union* (*Überfall der Ogalalla*, US 1941, R: Fritz Lang).

Eher wäre es möglich, dass er andere, verzagte Eingewanderte in ihr sah, die sehnsuchtsvoll dem Alten nachhingen. Viel allgemeiner aber enthalten des Kochs komische Kämpfe mit den Lebensbedingungen des Westens das Motiv des Greenhorns als eines verlachten, aber von den Einheimischen unterstützten Neuankömmlings.
Das Drehbuch zum Film stammte nicht von Fritz Lang, was eine Interpretation, die nach seinen eigenen Ambitionen in der Erzählung fragt, erschwert. Die Story des Films basiert auf einem Roman von Zane Grey[57], der allerdings entschieden umgearbeitet wurde. Der Hauptautor der endgültigen Drehbuchfassung von *Western Union* war Robert Carson. Dem von der 20th Century Fox engagierten Regisseur Lang war es ausdrücklich untersagt, sich in die Arbeiten am Drehbuch einzumischen.[58] Obschon es schwer einzuschätzen ist, welcher Anteil Lang genau zugeschrieben werden kann, und trotz Langs konsequenter Weigerung, die eigenen Filme selbst zu interpretieren, gibt es eine Szene, die vor dem Hintergrund seiner Immigration aus Deutschland auffällt: Creighton stellt Vance Shaw als Scout ein, um den Zug der Arbeiter zu begleiten. Vom Zug aber werden Kühe gestohlen, mit deren Fleisch sich die Männer unterwegs versorgen wollten. Darum wird Vance losgeschickt, um die verschwundenen Tiere wiederzufinden. Er entdeckt sie sowie einige, unweit davon an einer Feuerstelle sitzende Indianer. Als er sie auffordert, sich langsam umzudrehen, erkennt er in den vermeintlichen Indianern die früheren Mitglieder seiner Gang. Vance fordert nun „the rustled cows back". Jack (Barton McLane), der Anführer der Bande, antwortet: „What do you mean rustle? We are soldiers now, fighting for the confederacy." In dem smarten Dialog voller Untertöne rechtfertigt Jack den Diebstahl der Kühe mit seinen patriotischen Pflichten, die er als Soldat gegenüber den Südstaaten, denen er angeblich dient, zu erfüllen hat. Vance weist auf die Fehler in Jacks Selbststilisierung als Soldat hin, die unter anderem darin besteht, sich als Indianer zu verkleiden, anstatt eine Uniform zu tragen, so dass Jack schließlich seine Taktik ändert und sagt: „You talk like you forgot where you was born. You came from Missouri same as me. You going against your own people?" Vance antwortet:

57 Zane Grey: *Western Union* [1939]. New York: Harper Collins 1994.
58 Der Produzent Darryl F. Zanuck betonte das in einem Memo an Lang (siehe Asper: *Filmexil in Hollywood*, S. 625).

„When they turn against their own country then they aren't my people anymore." (Abb. 6)

Jack leitet also die Zugehörigkeit zu einer sozialen Gruppe vom Geburtsort und damit von einer allzeit verpflichtenden Heimat ab. Dafür muss Jack die Heimat mehrfach kodieren, und wie sich zeigt, kann Heimat für ihn nicht nur Nation oder regionale Gemeinschaft, sondern auch eine deutlich kleinere Gruppe wie eine Bande sein. In dieser mehrfachen Kodierung verbindet Jack die Moral eines Systems wie eines Landes mit der Moral einer kriminellen Bande. Indem er das tut, kann seine Rede auf ein politisches System verweisen, das ebenso zwei Dinge vereinigt: eine nationale Idee, die dazu dient, kriminelle Absichten zu verbergen oder auch zu initiieren. Deshalb und weil der US-amerikanische Bürgerkrieg hier so offensichtlich als Metapher dient, ist es möglich, den Dialog zwischen Vance und Jack auf einer zusätzlichen Ebene zu verstehen. Auf dieser wird Jack zu einem Mann, der in Nazi-Deutschland geblieben ist und der zur Verteidigung seiner kriminellen Aktivitäten (die er an einen vorgeschützten Patriotismus bindet) einem anderen vorwirft, er habe, indem er dieses Land verließ, auch seine Pflichten gegenüber dem eigenen Volk vergessen.

Es gibt ein Detail, aus dem sich eine Verbindung der metaphorischen Figur Jack mit der politischen Situation in Nazi-Deutschland ableiten lässt. Jack trinkt nach einem erfolgreichen Raubzug einen Whiskey auf die Konföderierten Staaten von Amerika, wobei er in seinem Trinkspruch die Tatsache preist, dass es ohne diese keinen Krieg gäbe und ohne diesen wiederum nicht die Möglichkeit, auf kriminelle Art Geld zu verdienen. Während Jack seine kleine Rede mit den Worten beschließt, er sei schließlich ein Patriot, wechselt er genau an diesem Punkt sein Getränk und beginnt Bier zu trinken. Sein demonstrativer Wechsel zu einem Getränk, das durchaus national konnotiert ist, kann Jack an dieser Stelle als einen deutschen Trinker ausweisen, zumal, wenn man Langs Leidenschaft für Karl May in Rechnung stellt. Denn in mehr als einer Szene von Mays Wildwestromanen fungiert das Bier als Erkennungszeichen für Deutsche oder Deutschtum.[59] Zudem drehte Lang den Western im selben Jahr wie seinen Anti-Nazi-Film *Man Hunt*, in dem er mit den Nationalsozialisten und

59 Als Beispiel sei auf eine Passage in *Winnetou II* verwiesen (Karl May: *Winnetou II* [1893]. Herrsching: Pawlak 1983, S. 33, 36).

den Deutschen abrechnete,[60] so dass auch wegen der zeitlichen Nähe eine gewisse inhaltliche Nähe denkbar ist.
Es gibt darum gute Gründe, Fritz Langs *Western Union* als einen Film zu verstehen, in dem er seine eigene Herkunft und seine Beziehung dazu reflektiert, also gewissermaßen fremdländische Themen in den Western einbringt. Dieser Subtext kann verstanden werden, muss es aber nicht, um die im Film erzählte Geschichte nachzuvollziehen. Gefragt, welche Art von Ideen in Filmen dargestellt sein sollte, antwortete Lang 1945 in einem Interview, dass man Filme darüber machen sollte, wie nah die US-amerikanische Entwicklung dem sei, was gerade in Europa passiere.[61] In diesem Gedanken liegt, meine ich, die Essenz von Langs Arbeit nach seiner Ankunft in den USA. In *Western Union* wird ein Metatext durch das Genre selbst angeboten. Zugleich kann man eine Verbindung zu einem historisch festgelegten Subtext erkennen. Allgemeiner aber wird mit dem Film die Ähnlichkeit sozialer und moralischer Probleme ausgedrückt, welche nicht an eine nationale Zugehörigkeit oder einen bestimmten kulturellen Hintergrund gebunden sind. Bei Trenker hingegen gibt es das Phänomen eines räumlich übergreifenden und doch nationalen Films mit einem Helden- und Ehrenduktus, welcher der Form eines verdoppelten Heimatfilms eingeschrieben ist.
Etwa 90 Jahre nach Langs *Nibelungen*, etwa 80 Jahre nach Trenkers *Der Kaiser von Kalifornien* und etwa 70 Jahre nach Langs *Western Union* nahm der exzessive Filmkonsument und Filmemacher Quentin Tarantino ebenfalls zwei nationale Stoffe auf, als er nämlich einen Partikel der Nibelungenerzählung mit einem Western mischte. In seinem Film *Django Unchained*[62] kreierte er die Figur eines schwarzen, ehemaligen Sklaven (Jamie Foxx), der zum Partner eines weißen, deutschen, als Zahnarzt getarnten Kopfgeldjägers (Christoph

60 Darryl F. Zanuck, Produzent des Films, missbilligte die einseitige Darstellung der Deutschen als böse Nationalsozialisten in Langs *Man Hunt*. Siehe z. B. Stephen Wleach: Review – Man Hunt (1941). http://stephenleach.tumblr.com/post/7719541846/review-man-hunt-1941 (Zugriff am 25.02.2013). Zu Langs Anti-Nazi-Engagement siehe auch David Kalat: *The Strange Case of Dr. Mabuse. A Study of Twelve Films and Five Novels*. Jefferson: McFarland 2005, S. 97–99.

61 „We should be making pictures about […] how close our American history is paralleling what happens in Europe today." (Mary Morris: The Monster of Hollywood (1945). In: Grant (Hrsg.): *Fritz Lang*, S. 3–12, hier S. 8.)

62 *Django Unchained* (US 2012, R: Quentin Tarantino).

Waltz) wird. Für ihr gemeinsames Agieren transformiert Tarantino den als deutschen Ursprungsmythos geltenden Nibelungenstoff und wählt dafür eine Variante, welche schon Richard Wagner benutzte. Als Dr. Schultz in einem ruhigen Moment Django die Parabel seines Lebens erzählt, fragt der so Belehrte, warum ein Berg darin vorkomme. Dr. Schultz antwortet, als sei ihm, wie vermutlich auch seinem Schöpfer Tarantino, die ebenfalls national kodierte Tradition des Bergfilms bewusst, dass in einer deutschen Sage immer ein Berg vorkommen müsse. Wenn Tarantino nun seine weibliche Hauptfigur Brunhilde nennt, versieht er sie mit dem Namen einer Walküre (oder – nach einer anderen Nibelungenversion – einer Königin), deren verwickelte Liebesbeziehung zu Siegfried dahin führt, dass sie dessen Tod verschuldet, wenn auch bereut. Dem – in Tarantinos Western – nach ihr suchenden Mann offeriert Dr. Schultz nun den Mythos als Handlungsvorlage und die Rolle des Siegfried als Identifikationsmuster, nicht ohne seine eigene Rolle in der bevorstehenden Rettungsaktion zu erkennen, wobei er durch verschiedene Anspielungen auf seine deutsche Herkunft die Authentizität und Rechtmäßigkeit des quasimythologischen Ablaufs gewährleistet.

In dieser für Western ungewöhnlichen Kombination wird überdeutlich, was für Western wiederum gewöhnlich gilt, nämlich dass sie aus Fiktion und Geschichte gefertigt werden. Es handelt sich bei ihnen um historisierende Fiktionen, mit denen sich die außergewöhnliche Gelegenheit bietet, die Vergangenheit als Möglichkeitsraum zu nutzen, um hier einen kreativen Anachronismus gedeihen zu lassen. So wird also das scheinbar Unveränderliche, da Vergangene, auf seine Erzählbarkeit zurückgeführt, um es schließlich so umzuerzählen, dass tatsächliche Erinnerungen modifiziert und abgelegene oder unterdrückte Erinnerungen ins Zentrum gerückt werden – nicht um Geschichte zu fälschen, sondern um die Aussage historischer Erzählungen in andere Richtungen zu lenken.

Tarantino setzt dafür auf eine gängige Genrefigur, nämlich den Außenseiter. Er lässt sogar zwei Außenseiter zusammentreffen, die nicht nur außerhalb dominanter Gemeinschaften, sondern gewöhnlich auch nicht im Mittelpunkt von Western stehen. Das krude Erscheinen des aus Deutschland stammenden Zahnarztes im Ensemble der Hauptfiguren wird vom Regisseur mit einer Kutsche ausgeschmückt, auf deren Dach ein überdimensionierter, symbolisch wackelnder Zahn montiert ist. Jedoch ist diese abseitige Figur in seinem Western soweit etabliert, dass sie, als Kopfgeldjäger im Zweitberuf, ausgewiesen souverän agiert und einen weiteren Außenseiter anlernen kann. Dieser ist ein ehemaliger, schwarzer Sklave, der vom Dulder ins handlungsbestimmende Fach überwechselt. Dass dieser Wechsel einigen anderen Filmfiguren das Leben kosten würde, war mit seinem Namen Django besiegelt, welchen er einer rachewütenden Ikone des Italowesterns verdankt. Mit dem Zusammentreffen der beiden entspinnt sich ein internationalisierter, ethnischer und ethischer Dialog auf nationalem Gebiet, und das nationale Gebiet ist hier sowohl der konkrete Ort, die damit verbundene Historie als auch das Filmgenre Western.

Während Tarantino diesen Western zu Beginn des 21. Jahrhunderts in den Modi eines transkulturellen Eklektizismus und eines selbstreflexiven Kinos erzählt, blickt man bei Fritz Lang und Luis Trenker auf eine andere Zeit. In den damaligen Gesellschaftsmodellen waren die nationale Abgrenzung, die scheinbar naturalistische Stabilität und damit die Gültigkeit nationaler Merkmale wichtige Leitvorstellungen. Im Zweifelsfall mussten sie erzeugt und danach stets gesichert werden, so dass der Spalt zwischen Modell und Wirklichkeit zwar erkennbar, doch zugunsten eines homogenen nationalen Konzepts zu bearbeiten war. Gerade darum existierte jedoch auch eine tatsächlich erfahrbare, weil gemeinschaftlich diskursiv produzierte und reproduzierte nationale Identität.

Dieser Rahmen funktioniert bis heute, auch wenn er in einem anderen Ausmaß genutzt wird. Sowohl Trenker als auch Lang und Tarantino binden sich an einen nationalen Rahmen. Er offenbart sich in einer nationalen Identifikation, die selbst gesetzt wird oder von außen zugeschrieben ist. Alle, die sich an diesem Diskurs beteiligten oder beteiligen – die Filmschaffenden wie die Filmrezipierenden – stoßen auf ein national konnotiertes Heimatkonzept, das die Merkmale eines geschlossenen wie eines offenen Systems zugleich besitzt.

III. Beweglichkeit

The Goldrush +++ The Far Country +++ Will Penny +++ Apache +++ Powwow Highway

soziale Milieus und Mobilität +++ Unrast und Alter +++ Abweichung und Anpassung

Ikonen der Mobilität

Zeitgenössisches Nomadentum erscheint, wenn es für die Mitglieder westlicher Gesellschaften konstatiert wird, als berufsbedingter, doch auch selbst gewählter Zustand steter Migration. Dazu gehört es, politische, kulturelle, soziale Grenzen zu überschreiten, sich außerhalb stationärer dörflicher oder städtischer Gruppen zu erproben und an deren Stelle global vorgefundene oder selbst gesuchte Gemeinschaften zu rücken. Außerdem gehört dazu der Anspruch, allerorten mit wenig mehr als den eigenen Fähigkeiten bestehen zu können. Diese Lebensweise hat vielgestaltige, auch in Western anzutreffende Vorbilder, auf die sich zeitgenössische Nomaden berufen können, da deren Muster geeignet sind, die eigene unstete Lebensweise zu gestalten und sie anderen befriedigend mitzuteilen.

Zu den vielfältigen Figuren der Western, denen man einen umherschweifendem und in diesem Sinn nomadischen Lebensstil attestieren kann, gehören die einzelgängerischen, anarchischen Outlaws. Sie überraschen, brechen Regeln und müssen unterwegs sein, um der Verfolgung durch die Geschädigten und Regeltreuen zu entgehen. Dieses unstete Leben folgt anderen Voraussetzungen als das der Cowboys, die berufsbedingt umherziehen und den Tieren folgen, welche sie betreuen. Bei den Soldaten, die zwischen ihrem Leben in einem abgelegenen Fort und den verschiedenen Orten, an die sie per Befehl geschickt werden, pendeln, ist ein gewisses Nomadentum mit extremer Abhängigkeit verbunden. Ethnisch kodifiziert dagegen ist das

Nomadentum der Prärieindianerinnen und -indianer, deren Wanderungen ihren nahrungsgebenden Tieren, dem jagbaren Wild, folgen. Die in Planwagen fahrenden Siedelnden zeigen eine temporäre Mobilität. Aus ihrer Gruppe wird selten eine Hauptfigur rekrutiert. Denn die Siedelnden sind nicht die Einzelnen und Herausragenden, darum taugen sie nicht als Ikonen in diesem Sinn. Viel eher bilden sie eine Masse aus neu Hinzugekommenen und Unsicheren, welche in die mitgebrachten Strukturen ihrer Familien und in ihre Träume von einer zu erreichenden Heimat eingebunden bleiben.

Es ist in Western üblich, das unbequeme Leben außerhalb eines festen Heims zu betonen und gegenüber dem Leben in einem Haus abzusetzen, das schon durch seine stationäre Ausstattung Komfort bietet. Die Cowboys, Gesetzlosen und bewährten Wandernden zeichnen sich dadurch aus, selbst in der dürftigsten Umgebung eine ausreichende Bequemlichkeit zu finden, während andere sich beklagen. Es wird vorrangig von Figuren erzählt, die ein nomadisches oder wenigstens halbnomadisches Dasein führen, egal welchen ethnischen oder sozialen Hintergrund sie besitzen. Das heißt, dass sich Figuren aus verschiedenen Milieus, die darum teilweise als verfeindet auftreten, in diese gemeinsame Gruppe der Wandernden einordnen lassen. Dennoch wirkt sich die spezifische Zugehörigkeit zu ethnischen oder sozialen Gemeinschaften auf die Figuren aus, so dass sie verschiedene Erfahrungen mit ihrem nomadischen Dasein sammeln.

Wenn in den gegenwärtigen globalisierten, kapitalistischen Gesellschaften ein mobiles, nomadisches Dasein als ideales postuliert wird oder umgekehrt ein räumlich flexibles Leben als nomadisches beschrieben wird, so wird bewusst ein Begriff, der zuvor ethnografisch konnotiert war, auf Mitglieder westlicher Gesellschaften überschrieben. Das ethnografische Milieu, in welchem der Begriff des *Nomadentums* vorzugsweise benutzt wurde, verweist nicht nur auf eine bewegliche Lebensform. Darin enthalten ist auch die überlieferte Vorstellung von Kulturstufen, wobei die Stufe der nomadischen Kulturen meist niedriger angesetzt ist, als die jener Kultur, aus der heraus die ethnografische Betrachtung geführt wird. Wenn der Begriff auf zeitgenössische Lebensformen übertragen wird, muss man sich also Orientierung darüber verschaffen, in welche Richtung die Rede vom zeitgenössischen Nomadentum zielt: Bedeutet sie eine Abwertung – wenn auch subtiler vorgebracht als in der Rede vom

‚jüdischen Nomadentum' im nationalsozialistischen Jargon? Bedeutet sie eine Aufwertung, die man einem ungebundenen und darum abenteuerhaften Leben entgegenbringt? Ist sie eine Referenz an ein mögliches positives Vorbild, von welchem man glaubt, dass es der eigenen Kultur fern oder abhandengekommen sei? Oder ist es eine Übertragung, durch die frühere ethnische Grenzen zumindest in Frage gestellt werden?

In Western, denke ich, stehen die verschiedenen Lesarten des Begriffs dicht nebeneinander. Da sie sich beeinflussen und teilweise ineinander übergehen, lassen sich Anleihen, Abstoßungen und Abgrenzungen beobachten, deren Formulierungen auch für ein zeitgenössisches Nomadentum stilbildend sind.

Die Sabotage von Sicherheit

Auch die Figur des Vagabunden lässt sich als eine Ikone der Mobilität verstehen, besonders dann, wenn er in einer bestimmten Gestalt auftritt, nämlich der Charlie Chaplins, und das wird hier bedeutsam, da Chaplin einen Western drehte. In dem Wort *vagabundieren* überschneidet sich die Vorstellung von einer steten (nomadischen) Wanderschaft mit ihrem sozial markierten Gebrauch. Wird das Verb im Sinn von *herumtreiben* oder *herumstreunen* gebraucht, so wird diese Art, eine Wanderungsbewegung zu vollführen, negativ eingeschätzt. Andere alternative Worte wie *umherziehen* beschreiben diese Bewegung neutral, oder sie weisen, wie *herumkommen*, auf ein positives Potenzial hin. Poetisch klingt es, wenn das Wort *vagabundieren* im nicht-menschlichen Bereich angewendet wird. In der Astronomie beispielsweise steht es für *schweben* und *treiben*. Ein Vagabund kann also ein ohne Obdach allein umherziehender Mensch, ein allein wanderndes Tier oder ein Himmelskörper sein. So gleicht sich zwar der allgemeine Sinn des Wortes, der darin liegt, dass ein Wesen oder ein Objekt nicht an einen bestimmten Ort gebunden ist. Doch soweit es Menschen betrifft, existieren verschiedene Auffassungen darüber, ob damit eine neutral zu beschreibende Eigenart, eine soziale Abweichung oder eine spezielle Chance der Welterfahrung vorliegt. Welche Auffassung bevorzugt wird, entscheidet sich letztlich an der Einstellung dazu, ob Abweichungen verwehrt und vielleicht sogar kriminalisiert oder ob sie neugierig begrüßt werden sollten.

Chaplin wandert in seinen Filmen stets viel umher. Mit seinen ausgetretenen Schuhen, hängenden Hosen, dem engen Frack, dem dünnen Stöckchen und seinem Melonenhut begibt er sich in *The Goldrush*[1] völlig falsch ausgerüstet ins verschneite Alaska. Als abgerissener Stadtcharakter, dessen Hut die schützenswerten Ohren frei lässt und dessen Anzugsjacke halb offen klafft, wodurch Weste, Hemd und Krawatte zu sehen sind, orientiert er sich selbst in der Wildnis lieber an der verschütteten Eleganz einer bürgerlich städtischen Existenz, als dass er sich auf die Notwendigkeiten eines ländlichen Wanderers einlässt; und so läuft er in seinen Western hinein. Es gibt in diesem Film zu sehen, was es in vielen Western zu sehen gibt: die Tändelei mit einer Bardame, die Schlägerei im Saloon, den steckbrieflich gesuchten Banditen, der von einem Sheriff und seinem Deputy verfolgt wird, sowie einen Goldfund in der Wildnis. Aber durch jene stapfen außer Charlie nur Männer, die Stiefel und Pelzjacken tragen.

Zur Orientierung, in welche räumliche und soziale Situation Charlie eintritt, wird anfangs noch, in dokumentarischem Stil, eine lange Kette von Glückssuchern gezeigt, die sich über einen verschneiten Gebirgspass zu den Goldfeldern am Klondike mühen. Es gab tatsächlich zwei Pässe, um über den Landweg dorthin zu gelangen, den Chilkoot Pass, auf welchen Chaplin verweist, und den White Pass, welchem man in ähnlichen Bildern in Anthony Manns späterem Western *The Far Country*[2] begegnet. Charlie allerdings, als der einsame Tramp, fügt sich nicht in die Reihe der mühselig den Berg hinaufsteigenden Männer ein, sondern wird sogleich vom Zwang der Gruppe isoliert und befreit, wie es seiner anarchischen Eigenart angepasst erscheint.

Als Einzelner läuft er durch die Wildnis, die er in seinem später hinzugefügten Off als „irgendwo im Nirgendwo" tituliert. Dieselbe Bestimmtheit im Unbestimmbaren wird auch auf die Zeiterfahrung übertragen. Denn Charlie findet neben einem schneebedeckten Hügel ein Schild, auf dem vermerkt ist, dass hier Jim Sourdough liegt, der sich im Schnee verlaufen hatte und zwar an einem Freitag 1898. Um die erfahrbare und insofern bestimmte, aber nicht einzuordnende, also zugleich unbestimmte Raumsituation zu inszenieren, lässt Chaplin probate Bestimmungsverfahren versagen, weil sie in völliger Unwissenheit angewendet werden. Denn sein Tramp richtet sich nach

1 *The Goldrush* (*Goldrausch*, US 1925, R: Charles Chaplin).
2 *The Far Country* (*Über den Todespass*, US 1954, R: Anthony Mann).

einem Zettel, auf den ein Kompass gezeichnet wurde. Dass das korrekte Orientierungsprinzip nicht im notwendigen physikalischen System der äußeren Welt verankert ist, variiert die sonderbare Allianz aus Bestimmtem und Unbestimmtem. Darüber hinaus tut Chaplin als Regisseur noch mehr, um die Kulisse einer Alaska-Landschaft möglichst vage zu halten: Immer wird ein sehr begrenzter Bildausschnitt gefilmt. Kein Horizont mit markanten Erhebungen ist zu sehen. Dazu wird ein äußerst gleichförmiges Terrain wie eine verschneite Ebene gezeigt, über die ein einsetzender Schneesturm hinwegfegt, welcher die Sichtweite noch weiter einschränkt und nun auch die letzten Orientierungsmöglichkeiten vergrieselt.

Trotzdem findet Charlie mitten im allumfassenden Weiß eine Holzhütte, eine potenzielle Unterkunft also, und zwar das Heim einer anderen Person, in das er aufgenommen zu werden hofft. Die Hütte ist außerdem – als ein von einem Menschen nicht nur besetzter, sondern auch gestalteter Raum – plötzlich kein unbestimmter Raum mehr. Stattdessen entsteht mit ihr so etwas wie ein Ort, nämlich ein definierter, unterscheidbarer, in ein menschliches soziales und dadurch auch räumliches Koordinatensystem eingefügter Ort im sonst unbestimmten Raum. Hier trifft Charlie ein, als Inbegriff eines Tramps und jene Figur mit Frack, die er seit dem Film *The Vagabund*[3] kultiviert hat. Allgemein gesagt ist der Tramp gewissermaßen eine Spezialform des Vagabunden und als Sozialfigur wiederum verwandt mit dem Hobo, einer regionalen, US-amerikanischen Form des Wanderarbeiters und Tagelöhners, der meist heimatlos umherzieht und keine feste Anstellung hat. Das Unterscheidungsmerkmal des Hobo zum Tramp liegt darin, dass Ersterer auf Güterzüge aufspringt, um durch das Land zu reisen, was besonders im 19. und frühen 20. Jahrhundert in Kriegs- und Krisenzeiten geschah.[4] Unter ihnen waren Abenteuersuchende und Personen, die das Anarchische dieses Lebensstils erprobten wie Jack London oder B. Traven. Das Unterwegssein ist ein zentrales Motiv ihrer Texte, die zu den Ideenreservoirs von Western zählen.[5]

3 *The Vagabond* (*Der Vagabund*, US 1916, R: Charles Chaplin).

4 Siehe z. B. Jack Londons *The Road* von 1907.

5 Jack Londons *Burning Daylight* (1910) oder B. Travens *Der Schatz der Sierra Madre* (1927).

Kaum ist Charlie, der Tramp, in das Haus des Fremden, der gerade abwesend ist, eingetreten, beginnt die Funktion des Hauses zu versagen. Gerade hat er sich auf einem Bettgestell, unter dem es sich schon ein kleiner Hund bequem gemacht hat, niedergelassen, als der Wind von außen an der Holzwand rüttelt, so dass sie sich auf Charlie zuneigt. Als sie sich in ihre normale und unbedenkliche Position zurückgebogen hat, macht der Wind der Wand weiterhin derart zu schaffen, dass sich ein notdürftig verstopftes Loch öffnet. Mit einem Plopp schießt der Pfropfen aus der Wand, fegt Charlies Hut vom Kopf, der dann mitten im Zimmer auf einem kleinen Schneehaufen landet. Man erhält Gelegenheit, die Eiszapfen, die von den Deckenbalken hängen, zu betrachten, so dass man gerechterweise bemerken muss, dass die Funktionalität der Hütte auch vor Charlies Eintreffen ein wenig zweifelhaft war. Doch nun kommt der Besitzer der Hütte zurück, ein ungewaschener Halunke namens Black Larsen (Tom Murray), dem Namen nach nordeuropäischer Herkunft. Auch die Frisur und die geometrisch gemusterte Jacke deuten diese an.[6] Das betone ich, da in der Literatur über Western zuweilen von einer nationalen Homogenität der weißen Figuren berichtet wird, durch welche die tatsächliche Vielfalt migrierter Personen während der Besiedlung des Westerns absichtsvoll unterschlagen würde. Bei genauer Betrachtung zeigen sich jedoch viele Abweichungen.

Black Larsen jedenfalls weist den Eindringling entschieden aus dem Haus. Er ist mitleidlos. Dabei weiß er nicht um die Gefahr, die von diesem Tramp ausgeht, der sich bei allen seinen Auftritten unfähig erweist, ein bürgerliches, mit einem Haus verbundenes Leben zu führen. Und so reicht Charlies reine Anwesenheit aus, um die Funktion eines Hauses zu sabotieren. Er bemüht sich aufrichtig, das Haus

6 Hier ein Hinweis auf eine Beobachtung – nicht zu Western, aber zum Selbstverständnis von eingewanderten, speziell aus Schweden stammenden Menschen. Agnieszka Stasiewicz-Bieńkowskas notierte, dass sich diese Personengruppe in den USA keineswegs als fremd empfand, da sie ihre mitgebrachten und als nationale Eigenheit verstandenen Charaktereigenschaften als identisch mit den im Ankunftsland üblichen interpretierten, so dass, paradoxerweise, „their affection for America was to be in fact a measure of their Swedishness". (Agnieszka Stasiewicz-Bieńkowska: Ours Is America. Self and Other Interwoven within the Immigrant Homemaking Myths. In: Dies. / Orla McGarry (Hrsg.): *Landscapes of (Un)Belonging. Reflections on Strangeness and Self.* Oxford: Interdisciplinary 2012, S. 85–96, hier S. 88–89.)

durch die von Larsen geöffnete Tür zu verlassen, aber der stürmische Wind hält ihn drinnen. Weht er ihn einmal hinaus, so erwischt es den Hausherrn Larsen gleichermaßen. Später sitzt Charlie zwar in der Hütte am Tisch, aber seine Hosenbeine flattern trotz geschlossener Türen. Der Wind mag Charlie in unangenehme Situationen bringen, aber als äußerer Anlass fällt er mit der Verfasstheit von Chaplins Tramp-Figur zusammen. Denn dem Wind ist wie Charlie eigen, dass er in geschützte Räume eindringt, ihre Funktion in Frage stellt, stets in Bewegung und fähig ist, Dinge von ihren gewohnten Plätzen zu rücken. So kann – mit dem Wind als Hilfsmittel – Charlies Status als Tramp und Wohnungsloser selbst in einem geschlossenen Haus erhalten bleiben. Er gehört nie ganz in einen festen Raum und findet darum auch keine Ruhe darin.

Im gesamten Film besitzt der Tramp kein eigenes Haus. Stattdessen trifft er, der arme Wanderer, in fremden Häusern ein, festen Gebäuden also, die sich dennoch als weniger festgefügt und zuverlässig erweisen, als sie es gemeinhin sind. So wird das Haus als statisches System einer räumlichen und sozialen Vergewisserung instabil und darum unzuverlässig, und die Immobilie tut das, was sie ihrem Namen nach nicht tun sollte – sie bewegt sich. Nicht nur abgewandelt, sondern radikalisiert wird der verblüffend ungewisse Status eines Hauses, als Black Larsens Hütte in einem weiteren Sturm um die eigene Achse gedreht wird. Sie saust schließlich über den Schnee davon und bleibt halb über einer Felsschlucht hängen. (Abb. 7) Als sich der Tramp und sein aktueller Mitbewohner Big Jim (Mack Swain) drinnen bewegen, noch in der Überzeugung, es mit einem feststehenden Haus zu tun zu haben, müssen sie bemerken, dass der Boden darunter fehlt und schließlich stürzt das Haus, nachdem sich die erschrockenen Bewohner retten konnten, in die Tiefe. Allerdings ist es – und darin liegt die Ausbeute seiner unwahrscheinlichen Beweglichkeit – genau an jenen Ort gerutscht, den die beiden Insassen zu finden gehofft hatten, den sie aber nicht hätten finden können. Alles sprach dagegen, dass sie den von Big Jim gesuchten „Berg aus Gold“ entdecken würden. Das lag nicht nur daran, dass Big Jim von seinem Gedächtnis verlassen worden war, was die Lage seines Schatzes betraf. Es lag auch nicht nur daran, dass er, um diesen Verlust zu kompensieren, jemanden angeheuert hatte, der überhaupt keinen Kontakt zu seinem Gold gehabt hatte, also gar nicht wissen konnte, wo es sich befand. Die Suchrichtung

Abb. 7: *The Goldrush (Goldrausch,* US 1925, R: Charles Chaplin).

musste auch deshalb in die Irre gehen, da weder Jim noch der angeheuerte Charlie wussten, dass ihr früherer finsterer Mitbewohner aus der Hütte im Schnee den Schatz inzwischen abtransportiert hatte. Durch die nicht zu erwartende Beweglichkeit eines gewöhnlich statischen Hauses werden Charlie und Jim jedoch genau an den Ort geführt, den zu finden ebenso wenig zu erwarten war wie die Fahrt in der Hütte. Diese Handlungslösung erschöpft sich nicht darin, ein geglückter Witz zu sein, der, bei ungeschickter Anwendung, wie die plumpe Notfalllösung für eine Geschichte gewirkt hätte, deren Stränge gerade aneinander vorbeilaufen. Stattdessen führt die Sabotage der Statik zu einer konsequenten Ausweitung von Beweglichkeit auf Personen und Dinge aller Art, die am Ende belohnt wird. So treffen Jim und Charlie auf das Gold, welches selbst seinen Wert und seine, zuweilen kriminelle, Wertschätzung nur entfaltet, wenn seine Orts- und Besitzbindung variabel bleibt. Ein Umstand der immer wieder, auch in *The Far Country*, beschrieben wird. Jim und Charlie sind glücklich über den Fund, aber nicht erstaunt, und das müssen sie auch nicht. Denn sie bewegen sich auf einer semantisch korrekten Ebene, auf der es eine gemeinsame Schnittmenge gibt. Sie entsteht aus einer

Anhäufung von Unwahrscheinlichkeiten, welche aber gleichermaßen durch Bewegung verursacht werden. Während auf dieser Ebene mittels Gemeinsamkeit eine konsequente und insofern logische Verbindung hergestellt wird, ist sie auf anderer (physikalischer) Ebene an beeindruckend unwahrscheinliche Aussagen über räumliche Verhältnisse gekoppelt.

Das wiedergefundene Gold bietet Big Jim und Charlie die Möglichkeit, ein reiches bürgerliches Leben zu führen. Sie könnten ein Haus oder auch mehrere Häuser kaufen und müssten nicht mehr, auf der Suche nach einem Auskommen, umherziehen. Charlie wird am Ende mit Pelzmantel, Zigarre und Butler an Deck eines Schiffes gezeigt, aber er erweist sich als äußerst anfällig für die Rückverwandlung in einen Tramp. Zudem bewohnt er eine zwar reich ausgestattete Unterkunft, die als Ort auf einem fahrenden Schiff jedoch beweglich bleibt. Nicht umsonst war Chaplins Tramp-Figur unter anderem Vorbild des europäischen, anarchischen und auch künstlerischen Vagabundentums jener Zeit, mit welchem die Frage verbunden war, ob man überhaupt ein festes Haus, also eine räumlich fixierte Heimat, benötigt. Was zugleich, wendet man die Idee mit einem prophylaktischen Sarkasmus an, bedeutet, dass man nichts verlieren kann, was man nicht besitzt. Diese Schutzformel erhielt nicht nur in der folgenden Zeit, die von faschistischen Herrschaftsformen und Weltkriegen geprägt war, reale Anwendungsmöglichkeiten, sondern kann jederzeit aktiviert werden.

Unrast und Transit

Vagabundieren bedeutet, ohne festgesetztes räumliches Ziel umherzuziehen, während das damit vorstellungsmäßig verbundene Ziel darin zu bestehen scheint, ein Vertrautwerden mit einem bestimmten Ort, eine Art der ‚Verwurzelung', zu vermeiden. Das Umherstreifen konkretisiert die Idee, sich räumlich nicht festlegen zu wollen, zu müssen oder auch zu können.[7] Es verbindet freiwilliges Umherziehen mit dem Verzicht auf ein festes Obdach, was den Unterschied zur Obdachlosigkeit und dem ihr zugehörigen unfreiwilligen Verlust eines Heims

7 Siehe etwa Hans-Richard Brittnacher / Magnus Klaue (Hrsg.): *Unterwegs. Zur Poetik des Vagabundentums*. Köln / Weimar / Wien: Böhlau 2008.

ausmacht. In Anthony Manns *The Far Country* findet man viele Elemente eines vagabundierenden Lebens wieder, denen man auch in *The Goldrush* begegnet. Sie erscheinen allerdings häufig in entgegengesetzter Spielart. Der Hauptheld in *The Far Country* besitzt einen ausgeprägten Orientierungssinn und in seinen Deutungen der Landschaft überbietet er sogar die Einheimischen, als er einen Lawinenabgang vorausahnt. Er weiß, wo sich Gold finden lässt, und beherrscht es, seine Interessen zu verteidigen. Vor allem aber fehlt jenes anarchische Element, das in Chaplins Film latent vorhanden und letztlich gegen jede Art von Gemeinschaft und deren systemimmanente Ordnungsstrukturen gerichtet ist. Dennoch ist auch *The Far Country* ein Film über einen Individualisten. Dessen Alleingänge sind eine Passion ungeklärten Ursprungs. Am Ende des Films werden sie jedoch von der Einsicht in die Verantwortung gegenüber einer Gemeinschaft überlagert werden.

Von Anfang an führt die Hauptfigur Jeff Webster (James Stewart) ein Symbol für ein angestrebtes gemeinschaftliches Leben mit sich, ein akustisches Erkennungssignal in Form eines Glöckchens, das er auch dann bei sich trägt, wenn sein unüberhörbares Läuten ihn zu gefährden droht. (Abb. 8) Das Glöckchen, das ihm von seinem älteren Freund und Begleiter Ben Tatum (Walter Brennan) geschenkt wurde und an das künftige gemeinsame Heim erinnern soll, hängt am seinem Sattelknauf. Sein Klingeln begleitet jede seiner Reisen zu Pferd wie ein Versprechen. Allerdings wirkt der Sattelknauf als zwiespältiger Aufbewahrungsort des Glöckchens, denn obwohl es stets bemerkbar bleibt, dienen doch Sattel und Pferd dazu, das fortwährende Unterwegssein zu bewerkstelligen.

Dabei hat das imaginierte zukünftige Heim bereits einen relativ konkreten Standort. Er soll in Utah liegen. Währenddessen zieht der Protagonist, begleitet von Ben, über den gesamten nordamerikanischen Kontinent: von Mexiko über die Fläche der heutigen USA nach Kanada und schließlich in ein Goldgräberdorf in Alaska. Der Film beginnt auf halber Strecke in Seattle. Es ist das Jahr 1896. Auf der Reise wirkt die Hauptfigur Jeff wie ein ‚Hans im Glück', wenn er das eben Gewonnene stets gegen etwas Anderes eintauscht. Den Gewinn aus einem Viehtransport von Seattle nach Alaska, der eigentlich für den Bau des künftigen Hauses gedacht war, verwendet er für den nächsten Kauf, der sich ihm bietet: hier in Gestalt einer Goldmine und entsprechender Ausrüstung.[8] Jeff macht allerdings bessere Geschäfte als der märchenhafte Hans. Dies liegt an seinem Sinn für Eigentum, welches er zwar bereitwillig tauscht, dafür aber nur gleichwertige Dinge akzeptiert. Und es gibt einen weiteren Unterschied: Während Hans im Märchen zu einem Ziel unterwegs ist, das er am Ende erreicht, wodurch die Temporalität seiner Wanderschaft und die Aufrichtigkeit seiner Bemühungen bestätigt werden, folgt Jeff zwar einem Ziel – dem Häuschen, das er mit Ben bewohnen möchte –, doch unternimmt er nur scheinbar alles, um es zu erreichen, denn letztendlich steuert er es nicht an.

Die Beziehung zwischen dem jüngeren Jeff und dem älteren Ben schwankt dabei zwischen einem Vater-Sohn-Verhältnis und einer Freundschaft, in welcher Ben die Aufgabe zukommt, der lustige Kumpel zu sein, der wegen seines höheren Alters auch eine autoritäre Stellung beanspruchen kann. Er schließt sich dem selbstgewählten Sohn auf dessen Wanderungen an, begleitet und schützt ihn, soweit er es vermag. Als väterlicher Freund deutet er immer wieder auf das anzustrebende Heim als Grundlage eines guten, ruhigen Lebens und das Ende der Wanderschaft, was ihm, je älter er wird, umso wichtiger scheint. So wünscht er sich letztlich, mit Jeff in dem Goldgräberdorf bleiben zu können, trotz all der anderen Pläne, denn er sei alt, meint Ben und könne nicht mehr lange weiterwandern; zudem sei dieser Ort nicht der schlechteste, im Grunde sei er so gut wie jeder andere, nur eben der, an dem er gerade ist, und hier seien nette Menschen. Ben sieht sich also gezwungen, das Unterwegssein aufzugeben und erklärt in diesem Moment das Prinzip eines besonderen, ausgewählten Orts für nichtig, um auf die Möglichkeit zu verweisen, überall heimisch werden zu können. Und das tut er genau an jenem Ort, der dafür am wenigsten prädestiniert erscheint, denn die Goldgräbersiedlung ist, wie auch andere dieser Art, ihrer Anlage nach ein Transitraum.

8 Hier gibt es möglicherweise Einwände zum Ablauf des Geschehens, da es im Film leicht widersprüchlich ist. Darum die folgende Erklärung: Nachdem Jeff und Ben in Skageway ihrer Rinderherde beraubt worden waren, erklären sie, sie würden nun an den Yukon River zum Goldsuchen weiterziehen. Allerdings holt sich Jeff die Rinder zurück. Als er die Tiere dann in ihrem Bestimmungsort Dawson verkauft hat, ist das dafür erhaltene Gold eigentlich für den Bau des Hauses vorgesehen, wie Ben anmerkt. Allerdings kann Ben seine Bemerkung erst anbringen, als Jeff bereits für einen Teil des Gewinns eine Goldmine erstanden hat.

Sie entstand, weil viele Menschen an einem Ort eintrafen, um Gold zu suchen. Haben sie das Gesuchte aber in ausreichender Menge gefunden, wollen sie damit abreisen, denn es soll als Zahlungsmittel eingesetzt werden, um anderswo die Träume von Glück und einem Zuhause zu erfüllen, wie es einige Männer, die mit Beuteln voller Gold davonreiten, den Zurückbleibenden zurufen. Die Goldgräbersiedlung ist eine Siedlung mit nur temporär Anwesenden, mit Menschen, die nur so lange bleiben, bis sie ihr Leben anderswo einrichten können. Dennoch ist sie auch ein Ort, an dem manche bleiben werden, vielleicht weil sie nicht genug Gold finden, vielleicht weil ihre Beziehung zu den Menschen, für deren Wohl sie losgezogen waren, über die Zeit abgebrochen ist, vielleicht weil sie das Gefundene sogleich wieder ausgeben, vielleicht weil sie über dem Suchen alt wurden oder weil sie sich hier eingerichtet haben, um für das Lebensnotwendige der Goldsucher zu sorgen wie die Frauen aus einer rechtschaffend geführten Bar. Einer von ihnen (Kathleen Freeman) kommt die außergewöhnliche Rolle zu, die Bären, die das eintönige Essen liefern, zu erlegen und auf dem Schlitten in die Siedlung zu bringen.[9] Eine andere der Frauen kündigt an, dass man erstmals den Winter statt im schneeferneren Skageway in der Goldgräbersiedlung verbringen will und außerdem plant, eine Straße mit Beleuchtung anzulegen, eine Schule, ein Rathaus und eine Kirche zu bauen. Aus dem Durchgangsraum soll also ein Ort geformt werden, an dem die Menschen ihr Leben dauerhaft einrichten.

Frauen werden in diesem Film nur fünf präsentiert, doch sie alle sind selbstbestimmte Figuren. Tagsüber kleiden sich die meisten von ihnen genauso zweckmäßig wie die Goldsucher selbst. Erst die mit Jeff eingetroffene Ronda Castle (Ruth Roman) verbreitet mit ihrem perfekten Aussehen, ihren stets tief ausgeschnittenen, raschelnden Kleidern, ihrer konkurrierenden Bar, in der sie das von den Goldsuchern heiß ersehnte Rindfleisch anbietet, den Luxus, wählen zu können und sich dadurch freiwillig zu binden. Es sind die negativen Kräfte wie

9 Allerdings erscheint sie, als sie abends die traditionelle weibliche Rolle einer Barsängerin einnimmt, auch als die hässlichste unter den Sängerinnen, so dass ihre gewöhnlich als unweiblich betrachtete Tätigkeit als Bärenjägerin mit ihrer wenig hübschen Erscheinung kommentiert wird. Man könnte jedoch auch meinen, dass diese Frau, eben weil sie nicht hübsch ist, sich niemals störungsfrei in das gebotene weibliche Schema von Schönheit integrieren konnte, weshalb sie, bereits an den Rand der weiblichen Gruppe gedrängt, andersartige, als unweiblich geltende Tätigkeiten aufnehmen kann, ohne übermäßigen Widerstand zu erregen.

Abb. 8–9: *The Far Country* (*Über den Todespass*, US 1954, R: Anthony Mann).

die schillernde Barbesitzerin Ronda oder der eigennützige, sein Amt missbrauchende Sheriff, Richter und Geschäftemacher Gannon (John McIntire), die den Transitraum schädigen. Dafür üben beide weniger physische als taktische Gewalt aus, wobei Gannon jedoch auch Männer anheuert, welche die Goldsucher einschüchtern, bestehlen oder ermorden. Diese Kräfte machen den Raum zu dem ihren, indem sie sich fremde Claims aneignen und den Zugang wie den Ausgang des Goldgräberdorfs kontrollieren.

Die Siedlung ist, zusammengefasst, also eine Ansammlung von denen, die gekommen sind, um weiterzuziehen, und solchen, die nicht weiter wollen oder weiter können. Sie ist ein Raum der Durchreise, ein

Transitraum, der dennoch zu einem bleibenden Aufenthaltsort werden kann. Eine nachhaltige Gestaltung der Siedlungsgemeinschaft ist geplant, doch noch weitgehend ausgeschlossen. Dieser Charakter der Siedlung ist deckungsgleich zu Jeffs Lebenseinstellung, der wie niemand sonst unter den Glückssuchenden ein egoistisches Verhalten zeigt. Es ist auf das effiziente Erreichen eigener Ziele innerhalb dieses Raums angelegt, den er daraufhin zu verlassen plant. Gerade deshalb meint der Tyrann Gannon mehrfach, dass Jeff ihm gefalle, und zwar nicht nur, weil er in ihm seinen eigenen Egoismus wiedererkennt, sondern auch, weil er dadurch sicher ist, dass Jeff, den er längst als gleichwertigen Gegner erkannt hat, nicht gegen ihn agieren wird.

Für den rastlosen Jeff dienen im Grunde alle Räume dem Transit. Auch im Goldgräberdorf hält er an der Idee fest weiterzuziehen, dabei auf das imaginäre Heim verweisend, das Ben ja selbst heraufbeschworen hatte. Jeff nutzt die Vision dieses Heims in der doppelten Konstellation als guter Sohn, der dem adoptierten Vater einen Wunsch erfüllen möchte und als selbstsüchtiger Sohn, der diese Imagination benutzt, um weiterziehen zu können. (Abb. 9) Hier überkreuzen sich mehrfach Jeffs und Bens Intentionen, denn Ben, der die Beweggründe des Jüngeren durchschaut, ist als guter und verzeihender Vater bereit, sich Jeff anzuschließen, da er ihn nicht missen und verlieren möchte. In diesem Sinn veranschlagt er das Zusammensein mit dem selbstgewählten Sohn höher als ein physisches Zuhause. Weil er alt ist, riskiert er damit, auf der Wanderschaft zu sterben.

Währenddessen plant Jeff bereits umsichtig die Flucht aus der räumlichen Falle, die das Goldgräberdorf und die am scheinbar einzigen Fluchtweg lauernden Golddiebe bilden, angeblich, um endlich zu dem künftigen, anvisierten Heim zu gelangen. Allerdings sorgt Ben, wenn auch unwillentlich, dafür, dass dieser Plan vereitelt wird, da er naiv und arglos den anderen zu erkennen gibt, dass eine Flucht versucht werden soll. Dadurch werden die misstrauisch gewordenen Golddiebe auf ihre Fährte gelockt. Sie erschießen Ben und verletzen Jeff, gerade als die beiden dabei sind, ihre Habe auf ein Floß zu laden.

So führt Ben noch während des Aufbruchs zum erhofften Ziel indirekt seinen Tod herbei. Doch Jeff hatte bereits zuvor den Tod des Freunds durch die fortgesetzte Wanderschaft riskiert. Er wollte nicht wahrhaben, dass Ben nicht weiterziehen kann und verleugnete dessen Alter zugunsten des eingeübten Verhaltensmusters, das er nicht

ändern wollte. Nun, als Ben selbst die Gefahr heraufbeschworen hat, trifft auch verfrüht ein, was er vorausgesagt hatte – dass er die Reise nicht überstehen würde. Obwohl also nicht unmittelbar schuldig, wird Jeff sich vorhalten, dass er Mitverantwortung an Bens Tod trägt, da er ihn zur Reise überredet und den sie bedrohenden Golddieben nicht die Stirn geboten hatte, obwohl er dazu in der Lage gewesen wäre.
Denn vor allem wollte Jeff den Dienst an der Gemeinschaft vermeiden, weil dieser bedeutet hätte, auf eine, wenn auch nur rudimentäre Art heimisch zu werden. Er war der offenen Konfrontation nicht aus Furcht ausgewichen, sondern weil sein Engagement auch bedeutet hätte, etwas für die anderen Siedelnden zu tun, denen die Diebe ebenfalls zugesetzt hatten. Jeffs unausgelebte Zuneigung zur Barbesitzerin Ronda, die mit den Dieben paktiert, bleibt in dieser Hinsicht irrelevant, denn Jeff war ohne Weiteres bereit von ihr fortzuziehen. Erst als sein Begleiter Ben erschossen wird, ist die wütende Trauer der Ausgangspunkt, seine Unrast zu zügeln. Er bestraft die Täter zwar vorrangig aufgrund seiner eigenen Rachegefühle, doch unausweichlich auch für das Unrecht, welches diese zuvor den anderen Glückssuchenden angetan und damit deren Träume von einem lebenswerten Zuhause vereitelt hatten. Als er sich dieser Rache hingibt, legt Jeff den Grundstein für sein eigenes Heimischwerden. Zugleich eröffnet seine Handlung zwei Optionen für das Leben im Goldgräberdorf, denn zum einen ist dieser Raum nun wieder dem Transit geöffnet, den die Golddiebe zuvor blockiert hatten. Zum anderen aber ist er ohne die Bedrohung durch deren kriminelle Ansprüche zu einem lebenswerten Raum geworden, der darum nicht notwendigerweise verlassen werden muss.

Freiheit und Milieu

Das zeitgenössische Nomadentum wurde etwa ab den 1990er Jahren zu einem Leitbegriff einer neuartig beweglichen, westlichen, erfolgreichen Lebensgestaltung. Diejenigen, die damals jung und bereit waren, ein ortsungebundenes Leben zu führen, sind inzwischen in ihrem mittleren Lebensalter angekommen. Nun muss möglicherweise neu bestimmt werden, inwieweit der nomadische Lebensstil als biografisch erfolgreicher beibehalten werden kann. Denn hier stößt man auf zwei Milieus – Arbeitsmilieu und Altersmilieu –, die im Lebenslauf sowohl eine zeitweilige Einheit bilden, sich zu einer anderen Zeit aber ebenso ausschließen können. Das Altersmilieu wird durch die körperliche und geistige Verfasstheit, die mit einem Lebensalter einhergeht, bestimmt und die ihm angehörenden Individuen bilden eine als solche wahrnehmbare Gruppe. *Milieu* wird hier nicht nur als eine Umgebung (aus Menschen und Dingen) verstanden, durch die ein Individuum, das darin lebt, geformt wird, sondern es trägt selbst zu ihrer Gestaltung bei. Es bedeutet ebenso, dass sich ein Individuum aufgrund von Veränderungen, wie sie in seiner Lebenszeit eintreten, verschiedenen Milieus zuwenden wird. Dazu muss es sich nicht unbedingt aus einer gegebenen Umgebung fortbewegen, sondern nur neue Kopplungen vornehmen.

Wenn nun das Motiv des Umherziehens und Unterwegsseins an einen bestimmten Freiheitsbegriff gekoppelt ist und wenn dieser Freiheitsbegriff innerhalb bestimmter Milieus – den Bedingungen derer, die umherziehen – definiert wird, was geschieht dann, wenn dieser Freiheitsbegriff durch das Altersmilieu der Beteiligten gefährdet ist? Das kombinierte Motiv aus Alter und Wanderschaft war schon in *The Far Country* erkennbar. Es besitzt andere Lösungsvarianten in Western wie *The Shootist*[10] und *Will Penny*[11]. In *The Shootist* spielt der 69-jährige John Wayne neben dem etwa gleichaltrigen James Stewart und der etwas jüngeren Lauren Bacall einen alten, kranken Revolverhelden und Wanderer, der nirgends zu Hause ist. Er besucht den ortsansässigen Arzt und erfährt von ihm, dass er an Krebs erkrankt ist und nicht mehr lange leben wird. Daraufhin mietet er sich in einem Hotel ein, übernimmt also für sein privates Leben einen von fremder Hand vorgefertigten Raum, den er bis zu seinem Tod zu bewohnen gedenkt. Das sind gebündelte Argumente für ein schmachvolles Ende, das aber umgewandelt wird in die Möglichkeit, selbstbestimmt zu sterben, wobei er durch seinen Lebenslauf als Revolverheld genügend Personen auf sich ziehen kann, die ihm nach dem Leben trachten, so dass er eines Selbstmords enthoben ist. Er kämpft, obwohl von seiner Krankheit gezeichnet, so präzise und erfahren gegen seine Herausforderer, dass sein Plan, im Kampf zu

10 *The Shootist* (*Der letzte Scharfschütze*, US 1976, R: Don Siegel).

11 *Will Penny* (*Der Verwegene*, US 1968, R: Tom Gries).

sterben, beinahe misslingt. Dennoch wird er nicht scheitern, wo das Scheitern eingeplant war. Und mehr noch: Er kann mit einem letzten, zufriedenen Blick auf einen jugendlichen Bewunderer feststellen, dass der junge Mann erkannt hat, dass der Lebenslauf des Älteren nicht nachahmenswert ist.

Die Filme zeigen verschiedene Möglichkeiten, die Frage nach dem Alter der Umherschweifenden zufriedenstellend zu lösen; zufriedenstellend heißt hier, den Protagonisten nicht der Demütigung des Alters auszusetzen und ihn nicht zu einer Figur zu machen, die er der Anlage nach werden könnte, nämlich ein obdachloser Versager. Denn wenn nomadisches Wandern, Migration und sogar Exil in der Jugend als Abenteuer, Erkenne-dich-selbst-Trip und Herausforderung wirken können, erscheinen sie mit fortschreitendem Alter als Versagen, Verlust und Nicht-Erreichen eines Lebensziels.[12]

The Shootist stammt wie *Will Penny* aus einer Zeit, in welcher der Niedergang der klassischen Western mit der Umstrukturierung des Hollywoodsystems und der massiven Konkurrenz durch das Fernsehen zusammenfällt. Die 1960er Jahre gelten als das Jahrzehnt, in dem die Blütezeit des Westerngenres zu Ende ging, und die 1970er Jahre als die Zeit, ab der sogenannte Spätwestern gedreht wurden. Der Abgesang auf das Genre fiel also mit dem fortgeschrittenen Lebensalter seiner bisher auffälligen männlichen Stars wie John Wayne, Gary Cooper, James Stewart und Kirk Douglas zusammen.

1968 drehte der bisher vor allem mit Fernseharbeiten beschäftigte Tom Gries mit *Will Penny* einen Western, in dem der damals 45-jährige Charlton Heston die Titelrolle übernahm und den er später als seinen liebsten Western bezeichnete, weil darin schonungslos

12 Der niederländische Künstler Koen Vermeule malt Bilder von zeitgenössischen jugendlichen Stadtnomaden und ihren temporären Besetzungen des öffentlichen Raums. Dass es sich tatsächlich um temporäre Inbesitznahmen handelt, ist nicht unwichtig. Denn was würde geschehen, entstünde der Eindruck, dass die Figuren ihr Heim dauerhaft auf öffentliche Straßen und Plätze verlegt hätten? Aus den zeitgenössischen Nomaden, die in öffentlicher Umgebung den Zustand ihres Unterwegsseins unterbrechen und kleine Reiseetappen definieren, würden Obdachlose. Deren Fähigkeit, allerorten eine Art von Zuhause einzurichten, verweist auf den Verlust ihres ursprünglichen Heims – während hier nur die zeitweise Abwesenheit von diesen vertrauten und geschützten Orten angenommen werden muss. (Siehe Heike Endter: Eine unvollendete Reise. In: Dies. / Eckhard Hollmann / Christoph Tannert: *Koen Vermeule*. Berlin: Jovis 2012, S. 50–57, hier S. 54.)

das harte Leben der Cowboys dargestellt sei. Von Anfang an kreist die Erzählung um das Thema des Alters und die Frage, ab wann die fortgesetzte Wanderschaft unerträglich oder auch nicht mehr durchzuhalten sei. Der titelgebende Held erscheint mit dem ersten Bild des Films, anfangs noch als sehr kleine Gestalt, die sich über gleichförmiges, uneingehegtes Land bewegt, dessen nackter Boden von niedrigen, harten Sträuchern bestanden ist. Der Horizont wird von einer felsigen, verschneiten Bergkette gesäumt. Will Penny hält, auf seinem Pferd reitend, Rinder zusammen, die sich in einer strudelnden Form durch das Bild bewegen. Zu den Tieren der Ruhelosen gehören in Western nicht nur die Reitpferde, sondern vor allem auch die Rinder. (Lässt sich ahnen, dass der zuletzt begangene Weg doch zu gewagt war, kommen die Geier hinzu.)
Will reitet dann zum Lager der anderen Cowboys, die noch auf dem kahlen Boden schlafen, gerade dort, wo sie zwischen den kleinen Büschen Platz gefunden haben. Um die letzte Romantik aus den Bildern zu treiben, brüllt ihnen frühmorgens der Koch, der draußen direkt neben ihnen an einer Feuerstelle das Frühstück vorbereitet hat, zu, sie sollten jetzt aufstehen, wobei sein Geschrei der Ausdruck eines unwillig temperierten Angebotes an warmem Essen und damit auftragsgemäß erfüllter Fürsorge ist, dem die Männer, die sich langsam aus ihren Deckenkokons wickeln, nachkommen. Das scheint allen gleichermaßen schwer zu fallen, doch noch beim Frühstück versucht einer der Cowboys mit Will Streit anzuzetteln, indem er behauptet, Will sei zu alt, um seine Aufgaben zu erledigen. Man braucht nur Wills Wolldecke, die er wie einen Poncho um die Schultern trägt, anzuschauen, um auf den Gedanken zu kommen, dass der Unruhestifter recht haben könnte. Die Decke wirkt wie ihr Besitzer alt und strapaziert. (Abb. 10)
Die Filmleute verwendeten einige Mühe darauf, die Kleidung im gesamten Film ramponiert aussehen zu lassen. Sie verschmähten nagelneu aussehende Filmaccessoires. Mit ihnen hätte die Vergangenheit zur wiedererstandenen Jetztzeit erklärt und auf diese Art aktualisiert werden können.[13] Allerdings ist dies nicht die einzig mögliche Funktion neuer Accessoires. Die schöne, saubere Kleidung, die

13 Die Aktualisierung der Vergangenheit durch neue Filmaccessoires konstatiert Gilles Deleuze an historisierenden Monumentalfilmen Hollywoods (ders.: *Das Bewegungs-Bild. Kino I* (1983). Frankfurt am Main: Suhrkamp 1997, S. 205).

Abb. 10–12: *Will Penny* (*Der Verwegene*, US 1968, R: Tom Gries).

in anderen, vor allem frühen Western wie *Dodge City* getragen wird, dient auch dazu, die außerordentliche Fähigkeit zu belegen, sich in jeder Weise gegenüber den Unbilden des Landes durchzusetzen, sowohl gegen landschaftliche wie staubige Wege als auch gegen soziale Misshelligkeiten in Gestalt von Räuberbanden und Tyrannen. Darum tragen die Hauptfiguren immer schöne, saubere Kleidung, selbst wenn sie wochenlang mit einem Treck im Planwagen gereist oder in eine Auseinandersetzung geraten sind. Auch das Kostümkonzept von *The Big Trail* präsentiert in dieser Weise die positiven Hauptfiguren in tadelloser Kleidung. Ihnen wiederum stehen Halunken gegenüber, denen nur schäbige, zerlöcherte Jacken gegönnt wurden.

Will Penny muss in diesem Sinn beweisen, dass er nicht der Typ des zerlumpten Halunken ist und dass er, auch ohne mit dem Zeichen einer unantastbar schönen Kleidung versorgt zu sein, das Leben in der rauen Landschaft beherrscht. In seinem Fall dienen löchrige Kleidung und abgenutzte Utensilien dazu, eine vergangene Epoche möglichst realistisch wiederaufleben zu lassen. Außerdem aber sind das sonnenverbrannte Gesicht, die aufgesprungenen Lippen, staubigen Haare, speckigen Hüte, verschwitzen Hemden vor allem auch Zeichen der zurückgelegten und somit bewältigten Wege.

Die äußeren, zeichenreichen Hüllen werden zuweilen abgelegt, und in zwei Szenen müssen Will bzw. zwei mit ihm befreundete Cowboys in den immer etwas kurios wirkenden rosafarbenen Unterwäscheanzügen auftreten. In deutschen Wäschekatalogen um 1900 bezeichnete man sie als „Hemdbeinkleider“, im Volksmund hießen sie „Hampelmann“, was schon das Risiko benennt, sich in diesen Anzügen zu zeigen, da man sich mit ihnen am Rand der Parodie aufhält. In einer diesem Aufzug angemessenen, clownesk beginnenden Szene erwachen zwei Cowboys draußen neben ihrem Lagerfeuer. Einer (Lee Majors) entdeckt einen vorbeikommenden Elch und beschließt, ihn sofort zu erlegen. Begeistert, bewaffnet und im langen rosa Anzug stolpert er auf Socken durch das harte Gestrüpp. Sein Untergewand täuscht dabei eine Art ungeschützte, rosafarbene Haut vor und erinnert darüber hinaus an einen Babystrampelanzug, der das Motiv der weichen, empfindsamen, rosa Haut verstärkt. Zugleich wird das Ungezwungene geschildert, sich frei und darum selbst in einem lächerlichen Aufzug durch die Landschaft zu bewegen und einige Schmisse durch borstige Zweige hinzunehmen, auf der fröhlichen und vielversprechenden Jagd nach einem Elch.

Die leichtfüßig begonnene Szene wird bald überschattet, als es zum Streit über das erlegte Wild kommt. Denn in einer Überbietung der ohnehin abgewetzten, verblichenen, schmutzigen Kleiderordnung des Films taucht ein Antagonist in Gestalt eines Wanderpredigers gemeinsam mit seinen drei Söhnen und seiner Frau auf. Diese Gruppe führt das wahrscheinlich struppigste Zugtier überhaupt mit sich, das vor den mit einer lumpigen Plane bedeckten Wagen gespannt ist. Der Prediger erweist sich als ein überaus heikler Störenfried, als das hierarchische Zentrum einer ortsungebundenen, aber festen Gemeinschaft, die durch seine negative, sadistische Kraft geleitet wird. Er, der selbst eine Lebensform ständigen Umherziehens repräsentiert, wird zu einem wiederkehrenden Prüfstein für Will: für seine Fähigkeiten, sich und andere zu schützen und sich zu entscheiden, ob er die Chance auf einen anderen Lebensstil ergreifen möchte, die sich für ihn unerwartet auftut.
Eine Weile nach der beschriebenen Jagdszene heuert Will für den Winter bei einem Rancher an. Mit dem Auftrag, die Grenzen von dessen Besitz zu kontrollieren und Fremde zu vertreiben, reitet er allein in ein abgelegenes, bergiges Gebiet. Dort steht ihm eine kleine Hütte zur Verfügung. Aber als er eintrifft, sieht er Rauch aus dem Schornstein aufsteigen. Eine Frau namens Catherine und deren etwa 10-jähriger Sohn Horace, die allein nach Kalifornien unterwegs sind, hatten die Blockhütte zuvor entdeckt und planen nun, darin zu überwintern. Will hat Mitgefühl mit den beiden und erlaubt ihnen zu bleiben, solange er seinen Kontrollritt unternimmt.
Bei diesem Ritt stößt Will wieder auf den Prediger, der mitsamt seiner Familie ungebunden und zugleich ungebändigt unterwegs ist, wobei er einen perfiden Freiheitsbegriff verkörpert. Sich selbst alle Freiheiten nehmend, setzt er sich anderen gegenüber als ausschließendes autoritäres Wesen ein. Er verweist zwar auf ein mögliches gemeinsames Kommunikationssystem in Form der christlichen Religion, als deren offiziell bestellter Verkünder mit weißem Krägelchen er auftritt. Allerdings nutzt er sie nur, um von anderen eine scheinbar von höherer Stelle beglaubigte Unterwerfung zu fordern. Mit alttestamentarisch begründeter Grausamkeit verfolgt er Will voller Rachegefühle, lässt ihn von seinen Söhnen angreifen und verletzen, vergrößert die beigebrachte Wunde und lässt das Opfer zum Sterben in der winterlichen Berglandschaft liegen.
Will schafft den Weg zurück zur Hütte. Catherine pflegt ihn dort und sie gestatten sich, wie eine Familie zu leben. Will muss nun

entscheiden, ob sein nomadisches Cowboyleben ein Lebensentwurf ist oder auch nur temporärer Lebensstil sein kann. So steuert die Geschichte auf das Weihnachtsfest als einem Fest der Familie zu, bei dem sich die kleine, zufällig gebildete Gemeinschaft feiert und auch der weiteren Familie und deren nicht anwesenden Mitgliedern gedenkt. Dadurch wird jetzt die prägende Herkunft der Filmfiguren thematisiert, aus der heraus die weiteren Möglichkeiten in ihrem Leben bestimmt werden sollen.

Catherine möchte als Farmerin leben. Ohne genauer zu erklären, wen sie mit ihrer Aussage, „wir sind Farmer", meint, ist es für sie das offenbar Bekannte und bereits Erprobte, das sie fortführen will. Und schon tut sich zwischen ihr und Will eine Kluft auf. Einen Signalton in dieser Hinsicht bildet das wütend und abschätzig hervorgespuckte Wort *Farmer* in einem anderen Western. Horst Buchholz packt als Chico die verabscheute Sesshaftigkeit, Genügsamkeit und mangelnde Angriffslust der Bauern aus *The Magnificent Seven*[14] in dieses eine Wort. Farmer sind in Western diejenigen, die ein Stück Land besitzen, auf dem sie Pflanzenbau und ein wenig Tierhaltung betreiben. Im Gegensatz und in Rivalität[15] dazu verläuft jedoch die ausgedehnte Rinderhaltung, an der Cowboys und sogenannte Rinderbarone beteiligt sind. So betrachtet vertreten Catherine und Will rivalisierende Lebenskonzepte, was an Wills Umgang mit einem Eimer voll Milch ablesbar wird. Er lässt den Eimer, den er in einer Hand hält, derart achtlos schaukeln, dass die Milch darin hohe Wellen schlägt und teilweise auf den Boden schwappt. (Abb. 11) Will erklärt seinen rüden Auftritt halb verlegen damit, dass ihn seine Cowboy-Kollegen auslachen würden, wenn sie wüssten, dass er eine Kuh gemolken habe.

Die Demütigung seiner männlichen Berufsehre kollidiert mit der aufrichtigen Liebe zu Catherine, vor allem aber mit einem für ihn unakzeptablen Lebensstil, den sie verkörpert. Bereits am Anfang des Films waren sich Will und seine Freunde einig, dass ihr Leben als Cowboys zwar schwer, aber besser sei als eines, in dem sie hinter dem Pflug zu gehen hätten. Zu Pferd von einem felsigen Vorsprung hinabblickend – also von einem doppelt erhöhten Blickpunkt aus – schauten sie dabei

14 *The Magnificent Seven* (*Die glorreichen Sieben*, US 1960, R: John Sturges).

15 Siehe z. B. Kiefer / Grob: Einleitung. In: Dies. (Hrsg.): *Filmgenres. Western*, S. 12 –40, hier S. 12.

auf eine wandernde Rinderherde. Die Herde bildete eine Art Fluss, dessen Bewegung sie zwar teilweise steuern, doch zugleich nicht überschauen konnten. Trotz der erkannten eigenen Mühsal und der registrierten Beschränkung, die unter anderem darin liegt, den Zielort der Tiere nicht zu kennen – was übertragen heißt, das eigene Schicksal nicht lenken zu können und im Unbestimmten umherzujagen –, erfüllte die Cowboys eine Vorstellung gelebter Freiheit. Von dieser Position aus wiesen sie mit dem abgelehnten Hinter-dem-Pflug-gehen eine Chiffre von sich, die für extreme Bindung und Mühsal steht und die nur noch übertroffen werden kann, wenn die Zugtiere fehlen und darum ein Mensch *vor* dem Pflug geht, somit also selbst das sprichwörtliche Joch tragen muss.

Dennoch suchen Will und Catherine nach Übergängen zwischen ihren Milieus, und dazu wird die prägende Herkunft der beiden beschrieben. Catherines Sohn Horace freut sich auf das bevorstehende Fest und beginnt beim Anblick des Weihnachtsbäumchens, das er gemeinsam mit Will geschlagen hat, zu singen, und zwar auf Deutsch: „Oh Tannenbaum, oh Tannenbaum, wie treu sind deine Blätter". Die Mutter fällt in den Gesang ein, wobei ihr Deutsch weniger Akzent aufweist als das ihres Sohnes, und am Ende der Strophe lobt sie ihn dafür, dass er die Worte, die ihn der Großvater gelehrt hat, behalten habe. Die Sprache und das Lied erweisen sich als transportable Erinnerung an die Herkunft, welche sich allerdings über die Generationen hinweg verschleift. Catherine und Horace kommen aus einer Stadt im Osten, aus St. Louis, die zu jener Zeit wichtiger Ausgangsort für den Aufbruch nach Westen und bekannter Anlaufpunkt für deutsche Immigrantinnen und Immigranten war. Catherine macht gegenüber Will deutlich, dass es für sie keinen Weg dorthin zurück gibt, auch wenn sie momentan in einem Landstrich unterwegs ist, den sie hasst. Ihre Reise versteht sie als den Weg zu einem neuen Zuhause, in dem ihr Sohn und sie das nächste Weihnachtsfest feiern möchten. Sie umreißt also eine familiär angelegte Migrationsbiografie, die auf temporäre Wanderungsbewegungen und das Erreichen eines Heims zielt, wobei Catherine gerade im unbequemen Durchgangsraum zu ihrem Ziel jenem Mann begegnet, den sie lieben möchte und der ihr familiäres Glück komplettieren würde.

Als Horace im Bett hinter einem Vorhang aus Fell verschwunden ist, bewegen sich Will und Catherine dicht nebeneinander in dem geschlossenen Raum der kleinen Hütte. Während sie sich vorsichtig gestehen, einander zu lieben, berühren sich ihre Hände. Gemeinsam stampfen sie die Milch in einem Butterfass und suchen dabei den passenden Rhythmus zwischen Arbeit und körperlicher Annäherung. (Abb. 12) Nachdem die liebevolle Anziehung als möglicher Übergang zwischen den Milieus installiert ist, möchte sich nun in dieser präzise und vielschichtig ausgearbeiteten Szene auch Will erklären. Er beginnt mit einem Abriss seiner Kindheit. Schon als Junge sei er immer allein gewesen und habe so etwas wie eine Familie nicht gekannt. Statt versorgt zu werden, habe er für sich allein gesorgt. Er habe in Kneipen ausgeholfen, habe Frauen gehabt, *wollte frei sein* und habe auch nie etwas anderes gekannt. Darum meinte er, es müsse so sein. Er verbindet also den Begriff von Freiheit, der sich positiv im Sinn eines selbstbestimmten Lebensentwurfs verstehen lässt, zunächst mit dem Milieu, in das er seit seiner Kindheit hineingewachsen ist und in dem er überlebte, weil er für sich selbst zu sorgen wusste. Seine Freiheit besteht also seit jeher außerhalb familiärer Fürsorge und damit außerhalb jeglicher, gegenseitiger Pflichterfüllung. Er verbindet diese Freiheit rückblickend mit einem sexuellen Motiv, nämlich sich wechselnde Frauen wählen zu können. Am Ende aber begründet er seinen freiheitlichen Lebensentwurf mit einer Gewohnheit, die letztlich, wie er selbst resümiert, nichts anderes ist als ein offensichtlicher Mangel, nämlich der Mangel, um andere Möglichkeiten überhaupt zu wissen. Will erhält mit Catherine und Horace nicht nur die Chance, anders leben zu können, sondern es auch vorsichtig zu wollen. Dass er am Ende dennoch nicht mit ihnen geht, liegt an der dafür sorgfältig konstruierten Biografie der männlichen Hauptfigur und an den Bedingungen des Genres Western selbst.

Auch wenn der Begriff *nomadisch* heute noch partiell für ein ethnografisches Milieu reserviert ist, in welchem auch sein Ursprung liegt, so ist es doch im aktuellen Sprachgebrauch bedeutsamer, welche besondere Karriere er als Bezeichnung für einen beweglichen, unsteten, globalisierten Lebensstil gemacht hat. Cowboys gehören weder zu einer ethnisch zu fassenden Gruppe, die man als Hirten*volk* bezeichnet, noch zur Gruppe zeitgenössischer Globalisierungsnomaden – also weder zu den traditionell so bezeichneten Nomaden noch zu jener sozial kodifizierten Gruppe, deren unsteter Lebensstil durch verschiedene Arbeitsangebote hervorgerufen wird. Dennoch verschmelzen in der Figur des Cowboys Aspekte beider nomadischer Lebensformen. Cowboys sind nicht Angehörige eines Hirtenvolkes und doch sind sie im Grunde nichts anderes als Hirten. Ihr Lebensstil ist an die Beweglichkeit ihres Arbeitsmaterials – die gehüteten Tiere – gebunden und darum müssen sie an wechselnden Orten arbeiten.

Zu den Lebewesen, aus denen existentiell notwendige Lebensgüter der Menschen gewonnen werden, gehören sowohl die beweglichen Tiere wie Rinder als auch die unbeweglichen Pflanzen. In Western jedoch stehen die Rinder nicht nur in Konkurrenz zum Ackerbau, der mit einer präzisen Ortsbindung verbunden ist, sondern sie stehen im Vordergrund. Denn der Western als Genre derjenigen, die das Land durchmessen, um es zu ihrem zu machen, braucht den Cowboy als jemanden, der umherschweift. Darum werden in diesem Genre der Zurschaustellung menschlicher Mobilität vor allem jene gezeigt, die Viehzucht betreiben, die sich nicht dem Wachstum der sessilen, ortsgebundenen Pflanzen, sondern der Zucht vagiler Tiere widmen. Die sich aktiv fortbewegenden Tiere bilden zwar auch einen Grund für räumliche Abgrenzung mittels Stacheldraht und Schusswaffen, für eine wegeverwehrende Aufteilung des Raums also, mit der die unbegrenzte Bewegung unmöglich gemacht und die folgende Sesshaftigkeit eingeleitet wird. Doch das Weiden der Tiere fernab der Wohnhäuser und vor allem die langen Viehtriebe verlangen eben jene weitschweifende Haltung, die auch den sie begleitenden Menschen ein äußerstes Maß an Mobilität abnötigt. Diese Menschen reiten auf schnellen Pferden neben den Rindern und geleiten sie über Wochen wie in *Red River*[16] oder *Will Penny* über die wegelose – und doch nicht unwegsame – Prärie hinweg. Die dabei zuweilen losbrechende Stampede ist nicht nur eine halsbrecherische Zuspitzung des Motivs, sondern auch ein Moment, um in der Bewegung der tierlichen wie menschlichen Körper zu schwelgen.

In *Will Penny* ist der selbstgewählte nomadische Lebensstil mit diesen zentralen Motiven von Western verbunden. Zwar wird die Möglichkeit eines gegensätzlichen, alternativen Lebensentwurfs vorgestellt, und es wird abgeklopft, in welcher Reichweite er für einen Cowboy wie Will liegt. Will lehnt aber die Alternative ab, wenn er sagt, er sei kein Farmer. Er beschwört die Vorstellung eines armseligen Lebens

16 *Red River* (*Panik am roten Fluss*, US 1948, R: Howard Hawks).

herauf, belastet von Krankheit, Hunger und Alter und der damit einhergehenden Unfähigkeit, der Verantwortung für eine Familie gerecht zu werden. Der einzige Übergang, der zwischen Catherines und Wills Lebensweise zu existieren scheint, nämlich die liebevolle Anziehung zwischen beiden, wird schließlich gestört durch die gewaltsam in die Hütte eindringende Predigerfamilie. Will reagiert erfolgreich auf diese Bedrohung. Doch die damit geweckte Hoffnung, dass die sich abzeichnende Trennung nur etwas Fremdbestimmtes ist, das, ist es einmal überwältigt, auch verschwindet, erfüllt sich nicht. Weitaus schmerzlicher erscheint hier die Erkenntnis, wie sie vor allem durch Will vermittelt wird: Es existiert kein Übergang zwischen den beiden Milieus. Er reitet mit zwei befreundeten, deutlich jüngeren Cowboys davon und lässt Catherine und Horace zurück. Dadurch macht er die nomadische Lebensweise, gerade nachdem er sein Alter gegenüber Catherine als Hindernis für ihr Zusammenleben angegeben hatte, von seinem Alter unabhängig, so dass, verallgemeinert, weniger das Alter an sich bedeutsam ist, als die bewährte Erfahrung eines gewohnten Tuns.

Das Motiv des Umherziehens und Unterwegsseins wird in diesem wie in anderen Western grundiert von einem Freiheitsbegriff, der innerhalb des Milieus nomadisch lebender Cowboys realisierbar ist. Diese Art der Freiheit ist offensichtlich mängelbehaftet, aber eine frei wählbare Option auf ein selbstbestimmtes Leben. Doch umgekehrt wird, denkt man an Catherine und Horace, kein Freiheitsbegriff für das Farmerleben, für die Frau und das Kind gesetzt. Freiheit existiert in diesem Sinn nur im Unterwegssein und in der persönlichen Ungebundenheit. Und hier liegt der blinde Fleck der Western und dem durch sie transportierten Freiheitsbegriff.

Stationäre Nomaden

Deshalb wiegt es auch überaus schwer, wenn anderen das Recht umherzuschweifen genommen wird. Während in Western vor allem den weißen, männlichen Nomaden das selbstgewählte, unbegrenzte, nicht überwachte Umherstreifen möglich ist und durch die Anlage der Figuren forciert wird, werden die zuvor in dieser weiten Landschaft beheimateten ethnischen Nomaden an feste Aufenthaltsorte gezwungen. Als *ethnische Nomaden* bezeichne ich die Angehörigen der Stämme von Prärieindianern und setze sie damit ab von den zuvor beschriebenen beruflich nomadisierenden Menschen wie Will Penny.

Im Verlauf der sogenannten Indianerkriege[17] wurden Indianer und Indianerinnen aus der offenen Landschaft in umgrenzte Reservate gezwungen. Danach waren diejenigen, die ein ethnisch formiertes, nomadisches Dasein verkörperten, festgesetzt, während die neu dorthin Gekommenen (Weißen), obwohl dem Ideal des Sesshaftwerdens, des festgefügten Heims verpflichtet, nun unbeschadet die Möglichkeit nutzen konnten, frei umherzuschweifen, und dieses Recht auf unbegrenzte Bewegung so sehr für sich reklamierten, dass daraus bis heute ein Großteil des nationalen Selbstverständnisses bezogen wird.

Da kein anderer Freiheitsbegriff als jener der Bewegungsfreiheit in Aussicht gestellt wird, kreist im Film *Apache*[18] die Frage darum, inwieweit ein Leben als Pflanzenbauer von einem indianischen Krieger dennoch als freiheitlicher Lebensentwurf gedeutet werden kann. Burt Lancaster trat 1954 unter der Regie von Robert Aldrich in diesem Western als kriegerischer Indianer namens Massai auf, der das selbstbestimmte Leben seines Stammes und seine persönliche Freiheit verteidigt. Dem stehen bereits mehrere Möglichkeiten eines fremdbestimmten, stationären Lebens entgegen. Da ist die Aussicht auf das künftige Leben in einem Reservat in Florida, wohin Massai gemeinsam mit dem Häuptling Geronimo und anderen unterlegenen Kriegern deportiert wird. Da ist die unter weißer Vormundschaft entwickelte Selbstaufgabe und Trunksucht eines anderen Häuptlings. Da ist das Leben als indianischer Farmer auf eigenem Land. Es ist der einzige positive Ausweg. Nach seiner Flucht aus dem Deportationszug

17 Mit dem Wort *Indianerkriege* (engl. American Indian Wars und auch Indian Wars) werden vor allem kriegerische Auseinandersetzungen zwischen ansässiger indigener und einwandernder Bevölkerung im Gebiet der heutigen USA bezeichnet. Die Bezeichnung wird zumeist auf entsprechende Kämpfe zwischen dem Beginn des 17. und dem Ende des 19. Jahrhunderts angewendet. Bekannte Einzelereignisse sind die Schlacht am Little Big Horn (1876) und das Massaker von Wounded Knee (1890), wobei Letzteres als Endpunkt der sogenannten Indianerkriege gilt.

18 *Apache* (*Massai, der große Apache*, US 1954, R: Robert Aldrich). Aldrich drehte fast zwanzig Jahre später – wieder mit Burt Lancaster in einer Hauptrolle – *Ulzana's Raid* (*Keine Gnade für Ulzana*, US 1972). Es ist ein thematisch ähnlicher Film über Krieger, die aus einem Indianerreservat ausgebrochen sind.

begegnet Massai einem solchen Bauern, der gemeinsam mit seiner Frau in einem Haus mit Stallungen lebt und Mais anbaut. Der Bauer gibt Massai Saatkörner mit auf den Weg, da sie die Chance bedeuten, als Indianer innerhalb oder auch parallel zu einem von Weißen geformten gesellschaftlichen Gefüge selbstbestimmt zu leben.
Es gelingt Massai, in das Gebiet seines Stammes zurückzukehren.[19] Stumm begrüßt er den auffallenden Berg, dem sein letzter Blick vor der Deportation gegolten hatte, wodurch der Berg zu einer Signatur wird, die sowohl das Abschiednehmen als auch das Heimfinden markiert. Der frühere Verlust der Heimat kann als umkehrbar erfahren werden, doch wird dieser Ausgleich immer unter den Zeichen einer eingebrochenen Veränderung stehen. Im heimatlichen Dorf löst Massai mit den Saatkörnern Erstaunen aus, da sich der dortige Häuptling (Paul Guilfoyle) und dessen Tochter Nalinle (Jean Peters) schwer vorstellen können, er sei bereit, sein Leben als Krieger aufzugeben und stattdessen Farmer zu werden. Nalinle prüft ihn darum mit der Frage, ob das nicht Frauenarbeit sei. Um sein Konzept und auch seine Selbstbestimmung zu verteidigen, erklärt Massai in einer denkwürdigen Bemerkung, dass er ein Krieger sei, weshalb das, was er tue, niemals Frauenarbeit sein könne. Seine Antwort setzt sich über die offenbar bestehende semantische Kopplung von Pflanzenzucht und Frauenarbeit hinweg, was ihm die zufrieden blitzenden Augen von Nalinle einträgt. Kriegersein – und das scheint auch Nalinle zu schätzen – bedeutet in dieser Situation, den Mut und das verbale Geschick, sich über Zuschreibungen hinwegzusetzen, die sowohl den geschlechtlichen als auch den daran gekoppelten hierarchisch gesetzten Status betreffen. Man kann seine Behauptung zudem so verstehen, dass Massai meint, auch die Arbeit eines Pflanzenbauers sei kriegerisch, so dass er gewissermaßen das Repertoire des Kriegers erweitert. Dies wäre dann präziser im Sinn von *politisch* zu denken. Denn tatsächlich handelt es sich bei seinem Plan, Mais zu säen, nicht um einen individuellen Entwurf, sondern um den Versuch, sich und seinem Stamm eine alternative Lebensweise zu eröffnen, was für Massai bedeutet, seine bisherige militante Politik gegen eine bäuerliche Politik zu tauschen.

19 Soweit beruht die Erzählung auf einer historischen Überlieferung, nach welcher Massai – allerdings gemeinsam mit einem zweiten Flüchtigen – etwa 1.200 Meilen zu Fuß zurücklegte.

Vor allem aber beinhaltet Massais Aussage, nichts was ein Krieger tue, könne Frauenarbeit sein, die Meinung, dass er sein Leben ändern könne, ohne seine für ihn eigentliche, nicht anzuzweifelnde Identifikation aufgeben zu müssen. Bei dieser Identifikation handelt es sich zugleich um Massais Selbstwahrnehmung und seine Fremdwahrnehmung, wie die Reaktionen des Häuptlings, der Tochter und der Verfolger Massais – unter ihnen Al Sieber[20] – belegen. Sieber meint, aus einem Apachen und Krieger würde niemals ein Farmer. Auch er fasst den unveränderlichen Kern der Selbstidentifizierung Massais eng und weit zugleich, indem er spezielle und allgemeinere Identifikationskategorien als gleichwertig setzt (Apache = Krieger = freier Mensch). Damit aktiviert er (auch stellvertretend für andere) den inneren und äußeren Zwang, die bisherige Identifikation aufrechtzuerhalten, wodurch eine absolute Alternativlosigkeit erzeugt wird, die eine andersartige, moralisch gleichberechtigte, würdevolle Lebensweise unmöglich macht. Doch hat Massai in seinem Sprechakt zuvor dieselbe Argumentationsweise benutzt, um sich von eben diesem Zwang zu befreien. Indem er behauptet, sein Status als Krieger sei unabhängig von seinen tatsächlichen Tätigkeiten, überhöht er den untergeordneten Begriff (*Krieger*) und setzt ihn dem allgemeineren Mannsein, im weiteren Sinn aber auch dem Freisein und dem Menschsein gleich. Was hier noch als positive (in die Zukunft gerichtete) Wendung möglich scheint, kehrt sich bald in ein negatives (die Zukunft ausschließendes) Schicksal. Massai kommt wegen eines Verrats von seinem Plan ab, und nun nimmt das seinen Lauf, was er ursprünglich wollte: Er stürzt sich in einen einsamen Guerillakampf, um durch seine Angriffe genügend Zerstörung anzurichten, bevor er, was wahrscheinlich ist, selbst getötet wird. Im Grunde verhält sich Massai terroristisch. Während Terrorismus auf politischer Ebene den Versuch bedeutet, politische Ziele durch das Verbreiten von Angst (Terror) durchzusetzen, handelt es sich auf einer zweiten Ebene um eine gezielte Provokation kultureller Ordnungen. Insofern lässt sich im Terrorismus ein kulturelles Phänomen erkennen, mit dem ein Verlust von Sicherheit ausgedrückt wird, denn aus dem Fremdwerden oder Fremdgewordensein heraus wird eine Störung der Sicherheiten anderer organisiert.

20 Mit Al Sieber, hier gespielt von John McIntire, ist die historische Person mit dem Geburtsnamen Albert Sieber gemeint, geboren 1843 in Mingolsheim (Baden). Er war u. a. Chefscout in den Apachenkriegen.

Ursprünglich sollte Massai laut Drehbuch erschossen werden, doch das Studio United Artists verlangte von Aldrich und Co-Produzent Lancaster ein Finale, in dem Massai zum ersten Farmer seines Stammes wird. Bei diesem Wunsch könnte man argwöhnen, dass sich darin eine moralisch unzulässige Rechtfertigung der kolonialen Siedlungspolitik verbirgt, so als würde man sie verteidigen, indem gezeigt wird, dass ein positiver Ausweg, anstelle ausnahmslos verzweifelter Selbstentfremdung, offensteht.

Demgegenüber favorisierten die Filmemacher einen selbst provozierten, doch fremd verschuldeten Tod, also eine erweiterte Form der Selbstzerstörung als jene Variante, einen unmöglich gewordenen Lebensstil zu verteidigen – ähnlich wie in *The Shootist* oder *The Wild Bunch*[21]. Es wäre für Massai ein Ende wie das vieler männlicher, weißer Westernhelden, die auf genau diese Art einen Begriff von Freiheit verteidigen. In diesem Sinn käme das selbst provozierte Ende einer Wertschätzung der indianischen Figur gleich, da man ihr dasselbe bittere und dennoch heldenhaft unbeugsame Schicksal gönnt, wie es für die großen weißen Rebellen vorgesehen ist. Andererseits ist dies auch das Schicksal derer, die unfähig sind, sich zu ändern und einen neuen, vom bisherigen Leben abweichenden Lebensstil anzunehmen.

Doch Massai wird am Ende mit Nalinle und für das gemeinsame, neugeborene Kind ein Leben als Farmer versuchen. Insofern ist der Film eine Ausnahme. Denn wenn in den Western, Post-Western und Neo-Western[22] von der Zeit nach den Indianerkriegen berichtet wird, gilt die weitaus größere Zahl der erzählten indianischen Biografien jenen Menschen, die in Reservaten lebten. Damit spielt die Handlung dort, wo durch eine spezifisch determinierte Raumbindung die

21 *The Wild Bunch* (*The Wild Bunch – Sie kannten kein Gesetz*, US 1969, R: Sam Peckinpah).

22 Nur als Western werden solche Westernfilme bezeichnet, die im klassischen Hollywood, also bis etwa Mitte/Ende der 1960er Jahre gedreht wurden, bzw. solche, die deren Regeln übernehmen. Post-Western werden jene kritischen Western genannt, die ab Ende der 1960er Jahre und vor allem in den 1970er Jahren gedreht wurden. Kennzeichen sind eine düstere Geschichte, dekonstruierte Helden und ein gesellschaftskritischer Grundton. Auch spätere kritische Western wie die von Clint Eastwood werden zu den Post-Western gezählt. Als Neo-Western hingegen gelten jene Filme, die in der Gegenwart spielen, dabei jedoch direkt auf Western Bezug nehmen, zum Beispiel durch das Figurenpersonal, den angelegten Grundkonflikt und die regionale Verortung.

zuvor nomadisch lebenden Indianerinnen und Indianer zu stationären Nomaden wurden, bei denen das Nicht-mehr-umherziehen-Können den Kern ihrer Darstellung bildet. Aus einem früheren Verbot wird dabei eine erworbene Unfähigkeit. Als in dem Neo-Western *Smoke Signals*[23] zwei junge Indianer das Reservat verlassen, fragt ein Mädchen, dem sie begegnen, ob sie denn geimpft seien, da sie quasi aus der eigenen Welt, die als umfassende Schutzzone empfunden wird, in die Fremde hinausziehen. Obwohl lachend vorgebracht ist der abgefragte Impfschutz der Maßstab für das Befremden, das gegenüber dem Außen herrscht, welches immerhin innerhalb desselben Nationalstaates wie das Reservat liegt.

Es gibt wenige Filme, in denen indianische Figuren sich frei außerhalb von Reservaten und innerhalb von Rollenmustern bewegen, die ebenso von weißen Figuren eingenommen werden können. In *Killshot*[24] spielt Mickey Rourke den Profikiller Blackbird, einen ‚Halbindianer', der seinen Opfern durch verschiedene Regionen und in unterschiedliche Milieus folgt. Das Drehbuch stammt von Elmore Leonard, dessen Figuren ebenso häufig zwischen den Milieus wie zwischen ethnischen Formationen agieren, was unter anderem an seinen ebenfalls verfilmten Westernromanen *Hombre* oder *Valdez Is Coming*[25] erkennbar ist. Eine andere Ausnahme in der Darstellung nicht-indianertypischer Rollenmuster ist der ältere Film *Jim Thorpe – Al-American*[26], welcher der Karriere eines indianischen Sportlers folgt.

Mit dem Vokabular Etienne Souriaus kann man Darsteller und Darstellerinnen in mehrere Kategorien, deren Vermengung entscheidend ist, einordnen. *Profilmisch* ist zum Beispiel ein Mann, der eine Rolle spielt und mit seiner reinen Anwesenheit bereits eine der Bedingungen erfüllt, damit ein Film entstehen kann. *Afilmisch* hingegen ist er als der dafür notwendigerweise real existierende Mensch, der auch außerhalb eines Films lebt, der natürlich außerhalb von filmischen Bedingungen gezeugt und geboren wurde und darum seine eigene Biografie besitzt. Doch zugleich lassen sich – das geschieht immer wieder und besonders im Fall bekannter Stars – die innerfilmische (*diegetische*)

23 *Smoke Signals* (US 1998, R: Chris Eyre).
24 *Killshot* (*Killshot – Gnadenlose Jagd*, US 2008, R: John Madden).
25 *Valdez Is Coming* (*Valdez*, US 1971, R: Edwin Sherin).
26 *Jim Thorpe – All-American* (US 1951, R: Michael Curtiz).

Biografie und die außerfilmische Biografie vermengen, wenn man sie, sobald man davon weiß, gewissermaßen übereinander legt und der somit erzeugten Vermengung eine Bedeutung zumisst. Wenn Souriau das oben beschriebene, recht häufig zu beobachtende Phänomen in seinem Begriffskatalog nicht anführt, kommt diesem doch seine Erklärung zum Wort *parafilmisch* am nächsten. Er benutzt das Wort *parafilmisch* für Zielsetzungen, die „nebenbei in bestimmten Aspekten einiger Filme zutage treten", wobei er an das Lancieren eines Stars oder eines Filmlieds denkt.[27] In *Apache* spielte nun der nicht-indianische, weiße Star Burt Lancester den Massai und Monte Blue stellte den gealterten Geronimo dar. Monte Blue, dessen Vater halb französischer, halb indianischer (Cherokee oder Osage) Herkunft war, spielte in der Stummfilmzeit erfolgreich romantische Männerfiguren. Dass seine Karriere eher zu den filmhistorischen Interna gehört, bildet auch jene Situation ab, aus der heraus indianische Biografien, die nicht über ein freies Leben in der Prärie oder das anschließende Weiterleben in Reservaten berichten, gemieden werden.

Im Film wird der gealterte Geronimo ins Reservat deportiert und gelangt so in jene Sphäre, die mit ausgeprägter Immobilität einhergeht. Genau diese Dialektik aus dem ortsgebundenen Dasein im Reservat und einem früheren nomadischen Leben bildet den Ausgangspunkt von *Powwow Highway*[28], einem Film, der zu den Neo-Western gezählt werden kann. Er beginnt mit einer goldgelb eingefärbten Sequenz, in der ein junger Indianer auf einem gescheckten Pferd durch eine grasige Hügellandschaft reitet. Man sieht Pferd und Reiter, die sich in einem schönen Bogen durchs Bild bewegen. Die Kamera filmt das in einer leichten Zeitlupe, die es erlaubt, die Einzelheiten und deren Rhythmus aufzunehmen, bis die beiden das Bild verlassen. Nachdem diese Ikonen eines freiheitlichen, historisch gewordenen Lebens in der Prärie aus dem Bild verschwunden sind, zieht nun, aus der Richtung der

27 Etienne Souriau: Die Struktur des filmischen Universums und das Vokabular der Filmologie [1951], aus d. Franz. v. Frank Kessler. In: *montage/AV* 6,2 (1997), S. 140–157, hier S. 155. Zur parafilmischen Deutung siehe auch die Essays „Heimatbindung" und „Ichbewusstsein". Hier wird wiederholt nach den Möglichkeiten von Identifikation und dem Verlangen nach Authentifikation gefragt. Denn eben diese sind im Umfeld migratorischer Prozesse, der dabei erstrebten Selbstbehauptung oder des erlebten Selbstverlusts so überaus bedeutsam.

28 *Powwow Highway* (*Zwei Cheyenne auf dem Highway*, GB 1989, R: Jonathan Wacks).

Verschwundenen kommend, die zeitgenössische Realität (von 1989) in das Bild ein. Die dazwischenliegende Zeit ist radikal gerafft; irgendwo und irgendwann außerhalb des Filmraums haben sich entscheidende Veränderungen ereignet. Und nun führt die Kamera, unter demselben Titelschriftzug und derselben Melodie stehend, unter denen der Reiter verschwand, in umgekehrter Richtung in den Filmraum hinein. Diesmal gleitet der Blick wie von einem fahrenden Auto aus an der Landschaft vorbei, immer in der gleichen Distanz bleibend, gleichmäßig von außen registrierend, was vor ihm ausgebreitet liegt. Zwischen dem hohen Gras, durch das zuvor Pferd und Reiter kamen, verrotten nun Autowracks. Kleine, hüttenartige Wohnhäuser stehen unregelmäßig in der Landschaft verteilt. Dazwischen eine im Rohbau gebliebene Ruine. Als sich die Kamera nähert, sieht man Dinge, die vor die Häuser geworfen wurden. Kinder klettern darauf herum. Eine Hundemeute stromert umher und zwei Jungen werfen lange Schatten auf die kaum befahrene Straße, welche sie langsam entlang gehen.

Während die bevorzugte Vorstellung indianischen Lebens in früheren Western jene von einem nomadischen, jägerischen und kriegerischen Dasein war, für dessen Beweglichkeit mittels schneller Ponys gesorgt wurde, dann ist es in der späteren Darstellung (und Vorstellung) das stationäre und armselige Dasein in schlecht ausgestatteten Reservaten voller Diziplinierungsregeln, die weniger schützend als diskriminierend wirken. Julie Tharp schrieb einen Essay über die Autos und die Autowracks in den Reservaten, welche, wie sie erkannte, in indianischen Filmen oder indianischer Literatur Metaphern einer interkulturellen Unstimmigkeit sind.[29] Im Umfeld der Reservate symbolisieren Autowracks in den 1970er bis 1990er Jahren eine trotzige Ablehnung der weißen Leitkultur, während neue Autos und Sportwagen für Reichtum und Fülle stehen, die entweder nur die weißen Anderen genießen oder die nur durch Opportunismus und verräterische Anschmeichelung erlangt werden. Insofern ist die Immobilität in den Reservaten verbunden mit der Treue gegenüber der eigenen Tradition und der Gruppenidentität.

In diesem Film nun kombiniert bereits der Titel *Powwow Highway* das zeitgenössische Unterwegssein und die indianische Kultur. Jene

29 Julie Tharp: 'Fine Ponies'. Cars in American Indian Film and Literature. In: *American Indian Culture and Research Journal* 24,3 (2000), S. 77–91.

Wegeart, die für das schnelle Durchqueren des Landes steht, da ein Highway eine Fernverkehrsstraße ist, wird mit einem indianischen Wort für ein festliches Treffen verbunden. Um das Versprechen des Titels einzulösen, muss zunächst das passende Transportmittel gefunden werden. Seine Auswahl wie auch seine Benutzung stehen unter den oben genannten Vorzeichen. Der junge Indianer Philbert Bono (Gary Farmer) erwählt bewusst, und absurderweise zugleich, ein lausiges Auto zu seinem Kriegspony. Dennoch taugt es als Mittel, die stationären Nomaden zu mobilisieren, sie beweglich zu machen in einem Ritus, der im Grunde über die weißen Männernomaden der Western führt und anschließend das Roadmovie zum zeitgenössischen Nachfolger der Western machte. Hier wirkt derselbe Impetus, nämlich das Unterwegssein zu feiern als jederzeit offenstehenden Weg der Selbstbestimmung und als das ultimative Mittel zur Freiheit.
Philbert ist dick und er wirkt recht einfältig. Äußerst gutmütig und in Gedanken an alte indianische Mythen versunken scheint er der aktuellen Realität gegenüber fremd. Als er meint, es sei für ihn an der Zeit, ein Krieger zu werden, sieht er im Fernsehen einen Werbespot: Ein Autoverkäufer mit einer Federkrone auf dem Kopf preist seine neuen, blanken Autos an, springt rückwärts auf eines drauf, so dass er auf die Motorhaube gelangt. Von diesem glänzenden Sitz herab ruft er: „Häuptling, hol sie dir". Sein euphorischer Ruf, der positiv darauf anspielen soll, dass man sich in einem solchen Transportmittel spielerisch großartig und wie ein federgeschmückter Anführer fühlen könne, ist zugleich eine lächerlich machende Verallgemeinerung. Allerdings besitzt Philbert die Fähigkeit, die negativen Implikationen auszublenden, was einerseits dumm wirkt, da er die bekannten Zeichensysteme nicht zu verstehen scheint, andererseits aber anarchisch ist, da er, wenn er die anerkannten Zeichen nicht versteht, sie auch nicht einhalten wird. Der junge Mann macht sich sogleich auf den Weg und sucht einen Autohändler auf, der sich allerdings völlig von jenem zuvor im Fernsehen erlebten unterscheidet. Philberts Autohändler residiert auf einem Hügel, in einer Holzhütte mit staubigen kleinen Fenstern, hat die Füße auf den Tisch gelegt, um entspannt ein Magazin mit den Bildern fast nackter Frauen zu genießen. Alte Nummernschilder hängen an der Wand wie Gedenkplatten vermutlich dahingeschiedener Automobile. Vor der Hütte, auf einem Abhang im hochgewachsenen Gras stehen Autos, weitab von einer Straße oder

einem geeigneten Fahrweg und so erscheinen sie tatsächlich wie grasende Ponys. Nur ist es für Autos ein schlechtes Zeichen, wenn sie so fern von geteerten, glatten Straßen existieren, und tatsächlich sind sie in einem bedenklichen Zustand.

War die vorherige Werbesequenz ganz offenbar als Inszenierung angelegt – für das Publikum, wenn es den Werbeclip sieht, und als Mittel der Selbstinszenierung, wenn das inszenatorische Angebot angenommen und ein Auto gekauft wird –, dann scheint mit Philberts Gang zum Händler auf dem Berg die Realität rostiger Autos einzubrechen. Doch entfaltet sich gerade hier Philberts magische Fähigkeit der Imagination, die sich gegenteiligen Eindrücken widersetzt. Der junge Mann eröffnet dem Händler, dass er eines von dessen tollen Ponys zu kaufen wünsche, was sich hier noch als irre Verschiebung und Verkennen der Wirklichkeit anhört, sich aber später, in der entwickelten Filmhandlung als erfolgreiche Strategie bewährt. Denn Philberts absurde Verwechslungen erweisen sich auf der Metaebene des Films als eine vortreffliche Verwechslungs*kampagne*.

Mit ihr kann er die eigene Historie und das indianische Legendenrepertoire in die Jetztzeit transformieren als auch die von einer weißen Bevölkerung vorgegebenen Dinge in ihrer Zeichenhaftigkeit umdeuten und für sich nutzen. Während er in der Hütte des Autohändlers steht und auf die alten Autos schaut, sieht Philbert vor seinem inneren Auge, so legt es die eingeschnittene Sequenz nahe, wilde Ponys über die Prärie galoppieren, von denen er nur eines auswählen muss. Er entscheidet sich für das, wie er sagt, braune Pony. Bei seinem geplanten Autokauf müsste er nun in ein anderes Zeichensystem wechseln, das abseits seiner historisierenden Vision gültig ist. Er müsste Geld benutzen, um ein in einer Fabrik hergestelltes Objekt zu erwerben, das insofern zweifach in die weiße Leitkultur eingebunden ist. Indirekt aber gelingt es ihm, all das zu unterlaufen. Das Auto selbst ist nicht fabrikneu, sondern stand längere Zeit auf dem Refugium des indianischen Autohändlers, wodurch es in die Zeichenbeziehungen der Reservate übergegangen ist. Und Philbert zahlt für das Auto mit einem abweichenden, im Reservat jedoch scheinbar gebräuchlichen Mittel, nämlich mit Marihuana, worüber er später berichtet, er habe sein Auto-Pony eingetauscht, so wie in früheren Zeiten üblich.

Als Philbert auf den Wagen zugeht (was ist es für eine Automarke – ein *Mustang* vielleicht? – nein! – ein *Buick Wildcat*), wirkt das nun

Abb. 13: *Powwow Highway* (*Zwei Cheyenne auf dem Highway*, GB 1989, R: Jonathan Wacks).

nah besehene Dach, als sei es dabei, sich aufzulösen, um bald darauf in der Form von großen, braunen Schuppen davonzufliegen. (Abb. 13) Die Tür ist von anderer Farbe, mehr grünlich, ohne vereinheitlichenden oder gar glänzenden Lack, mit einer weißen, wolkenförmigen Reparaturhinterlassenschaft. So geschieht etwas, was auch in der Kunst funktioniert, dass nämlich die Farbe nicht als glänzende Haut des Objekts und insofern lediglich als dessen Determinante zu begreifen ist. Fungiert sie als Determinante, dann besteht Farbe nicht als etwas Eigenes, sondern ist etwas, das nur in kausaler Beziehung zu etwas Anderem existiert. Wird sie jedoch als Farbe an sich wahrnehmbar, wirkt die mit ihr versehene Tür malerisch und darum nicht wie eine stringente, funktionale Form. Sie ist eine Tür voller luftiger Gefühls- und Gedankenfussel, die, ebenso wie Philbert, außerhalb einer klar vorherbestimmten Zeichenfunktion steht.

Als sich Philbert in das Auto setzt, muss man daran zweifeln, es könnte jemals wieder anspringen. Dass man aber, entgegen aller äußerlich einzuschätzenden Wahrscheinlichkeit, hofft, es möge dennoch starten, hat weniger damit zu tun, Philbert ein fahrendes Auto zu wünschen, als damit, dass die Verwechslung intakt bleiben möge und dieses Vehikel sich tatsächlich als eine Art Pony erweist, auf dem er davonreiten kann. Denn was dieses Vehikel so bedeutsam macht, ist sein doppelter Sinn: Es ist sowohl ein altersschwaches Fahrzeug, mit dem Philbert seine redliche Bindung an die Metaphorik des Reservats bezeugt, wie auch ein Hilfsmittel, das dazu dient, etwas anderes zu ermöglichen. Die Verwechslung des Autos mit einem Pony bedeutet nichts anderes, als dass Philberts verschobenes Realitätsempfinden quasi den Riss – nicht in der Zeit, sondern in der Tradition – kitten könnte, der mit der anfänglichen Sequenz des Reiters gegenüber der jetzigen Situation im Reservat angedeutet wurde.

Das Auto springt an und bei seiner Abfahrt wirft Philbert das letzte Zeichen einer dominanten weißen Kultur kurzerhand zum Fenster hinaus; so landet eine kleine Madonnenfigur, die zuvor auf dem Armaturenbrett stehend ihren Schutzaufgaben gerecht werden sollte, im hohen gelben Gras.

IV. Statik

The Trap +++ *Jeremiah Johnson* +++ *The Big Trail* +++
Der Kaiser von Kalifornien +++ *The Three Burials of Melquiades Estrada* +++
Deadwood +++ *Django Unchained*

Naturraum als reale und symbolische Heimat +++ Verwurzelung und Auffindbarkeit +++ verweigerte Melancholie und die Politik des Trauerns

Am Ufer

Ein Ufer ist jener reale und symbolische Raum, in dem Statik und Bewegung aneinander grenzen. Als *Ufer* wird ein Ort bezeichnet, dessen physikalische Qualitäten einerseits erlebt, andererseits symbolisch gedeutet werden, wobei die Inhalte des Erlebens und der symbolischen Deutung zwar auseinander abgeleitet sind, doch nicht übereinstimmen müssen. Im physikalischen Erleben sind Ufer wie Wasser Räume, durch welche man sich auf verschiedene Art bewegt. In der Symbolik jedoch ist das Ufer ein Ort des Statischen: Es ist der feste, sichere Ort, den man erreicht, vielleicht nach langer gefahrvoller Reise, oder es ist der feste, sichere Ort, von dem man aufbricht. Es ist der Ort, zu dem eine Bewegung hin- oder von dem sie wegführt. Symbolisch ist das Ufer also ein Ort der Ankunft wie es auch ein Ort der Abreise sein kann, während man physikalisch gesehen gegenüber dem Wasser lediglich in eine andere Bewegungsrichtung oder eine andere Bewegungsart wechselt. Vor allem aber symbolisiert das Ufer einen Zustand der Ruhe, wobei der emotionale Zustand mit dem Ort zusammenfällt. So ist in der Redensart, „zu neuen Ufern aufbrechen" zu wollen, immer das Ankommen mitgedacht und damit jener neue materielle oder soziale Raum, an dem man später verweilen möchte, nachdem – was nur indirekt ausgesprochen wird – das alte Ufer als unbefriedigend gewordener Raum verlassen wurde, so dass eine zeitweise Bewegung zwischen zwei als statisch imaginierten Punkten angestrebt wird.

In *Jeremiah Johnson*[1] führt die erste Szene an ein Ufer. Auf einem von Indianern geruderten Floß (genau genommen sind es zwei lange Kajaks mit einem Aufbau dazwischen) gelangt Jeremiah (Robert Redford) an Land. Er wechselt quasi die doppelt fremdbestimmte Bewegungsart, wie sie der Fluss und das von anderen Menschen geführte Floß bieten, um an einem Ufer anzukommen. Doch von hier bricht er unverzüglich wieder auf. Das Ufer als Ort der Ankunft besitzt für ihn keinen Reiz. Bis zum Ende des Films wird nun von einem ruhelosen Menschen erzählt, der im Zustand des Unterwegsseins bleibt, wobei er jedoch auf verschiedene ortsgebundene Lebensweisen trifft, die er entweder nur wahrnimmt, die er erprobt oder schließlich schmerzlich verwirft.

Auch der Western *The Trap*[2] zeigt kurz nach seinem Beginn ein Ufer. Ein Mann fährt im Kanu einen wild schäumenden Fluss hinab und gelangt an dasselbe Ufer wie ein Schiff, das über die ruhige Fläche eines Sees dampft. An diesem Ufer, welches vom Wasser zur einen und von dichtem Wald zur anderen Seite begrenzt ist, liegt eine Siedlung. Sogleich wird der Blick in eines der dortigen Häuser gelenkt. Es bildet den Raum, in dem über die weiteren Bewegungen im Film entschieden wird. Diese werden zu einem anderen, weit abgelegenen Häuschen führen, das einsam unter Bäumen, doch ebenso an einem Ufer steht.

Statik, also das Unbewegte oder auch das Zum-Stillstand-Gebrachte, gehört zur Vorstellung des Ufers und zu der eines festen, über lange Zeit bewohnten, immer wieder aufgesuchten Hauses. Das Ufer wie das Haus können Ausgangspunkt wie auch End- und Zielpunkt migratorischer Bewegungen sein. Als Ort, von dem die Bewegung weg oder auch hinführt, ist das festgefügte Haus immer Teil einer Betrachtung von Migration, so wie auch Statik und Bewegung nicht einfach Gegensätze, sondern sich einander bedingende Gegensätze sind.

Haus und Zuhause wiederum erscheinen oft weiblich kodiert, denn traditionell gilt das Haus als bevorzugter Aufenthaltsort, Arbeitsort und Gestaltungsraum von Frauen. Als sich Martina Löw dem Zusammenhang von räumlichem Vorstellungsvermögen und

1 *Jeremiah Johnson* (US 1972, R: Sydney Pollack).
2 *The Trap* (*Wie ein Schrei im Wind*, GB/CDN 1966, R: Sidney Hayers).

Geschlecht widmete,[3] kam sie zu dem Schluss, dass einige dazu ausgeführte experimentelle Untersuchungen bereits geschlechtsspezifisch angelegt waren und somit einen bestimmten Ausgang förderten. Dadurch, so schloss sie, ließ sich das untersuchte, geschlechtlich markierte Vorurteil, Jungen besäßen ein besseres räumliches Vorstellungsvermögen als Mädchen, schließlich nur wiederholen. Zudem, und dieser Gedanke wird hier wichtig, verweist Löw auf eine geschlechtsspezifische Sozialisation, durch die Mädchen gegenüber Jungen ein deutlich reduziertes räumliches Handeln erlernen. Den Mädchen wird geboten, sich seltener allein durch den offenen, fremden Raum zu bewegen, oder, falls sie es doch tun, sich kürzer darin aufzuhalten. Die Warnung vor dem in diesem Sinn immer bedrohlichen, meist männlich besetzten Fremden und der eingeschlossene Zweifel (oder früher das Verbot), sich diesem erfolgreich zu widersetzen (hätte sich das Mädchen erfolgreich widersetzt, wäre seine geschlechtliche Kodierung geschädigt worden), schließt das Gefühl ein, den eigenen Körper ‚nicht selbst zu besitzen'. Im Grunde ist die Formulierung, man würde den eigenen Körper nicht selbst besitzen, unsinnig, denn man ist der eigene Körper. Doch der von außen vorgetragene Anspruch, den eigenen (weiblichen) Körper nur eingeschränkt bewegen und darum nur in bestimmten, abgemessenen, bewachten Räumen agieren zu dürfen, formuliert einen Fremdbesitz des in Frage stehenden Körpers, wodurch sich eben auch ein Nichtbesitz benennen und empfinden lässt.

Nun gilt das Westerngenre als von männlichen Idealen dominiert, so dass zwar weibliche Ideale dargestellt werden, aber nur in Abhängigkeit von den an erste Stelle gesetzten männlichen. In dieser Tradition steht ein Film wie *Jeremiah Johnson*. Jeremiah ist stets der alleinige Mittelpunkt der Erzählung; keine Szene ohne ihn; jede Blickrichtung ist durch seinen Wahrnehmungshorizont begründet und jede Begebenheit durch seine Anwesenheit geformt. Während sich hier die Dominanz männlicher Ideale mit der Erzählperspektive doppelt, funktioniert der Film *The Trap* geradezu entgegengesetzt. In einer multiperspektivischen Erzählweise, die zugleich die Sicht von Nebenfiguren und jene der zwei Hauptpersonen einbezieht, wird von den Erlebnissen einer Frau berichtet, die – und das ist im Westerngenre

3 Löw: *Raumsoziologie*, S. 89–93.

bemerkenswert – gleichberechtigt neben denen des Mannes stehen. Sie wird aus einem Haus in eine fremde, feindliche Umwelt hinausgeführt und einem Mann übergeben. Dieser aber erwartet, dass sie das selbstständige Unterwegssein erlernt, was sie schließlich auch beweist. Dieser Film stammt, das möchte ich hier betonen, da für geschlechtsspezifische Lesarten eine sowohl mit Fakten als auch Vorurteilen durchsetzte historische Entwicklung veranschlagt wird, aus dem Jahr 1966.

Demgegenüber ist die zeitgenössische Westernserie *Deadwood*[4], was die Frauenfiguren betrifft, bis zum Äußersten von einem statischen Personal angefüllt. Die reiche, morphiumsüchtige Frau aus New York, deren naiver Mann beim Besichtigen seiner Goldmine ermordet wird, hält sich nahezu ausschließlich innerhalb ihres kleinen Hotelzimmers auf. Später nimmt sie ein Mädchen, dessen Familie getötet wurde, bei sich auf. Dieses Mädchen ist nicht nur wie die Pflegemutter an das Zimmer gebunden, sondern in diesem winzigen Raum noch weiter eingeschränkt, denn zumeist sitzt sie auf einem Bett oder Sofa, auch dann, als sie soweit gesundet ist, dass dies nicht der alleinige Aufenthaltsort sein müsste. Die Prostituierten des gegenüberliegenden Saloons sind stets dort, wo sie auch arbeiten, also im Saloon. Eine von ihnen, die sich innerhalb des kleinen Ortes zwischen den Häusern bewegt, darf dies nur tun, weil sie von ihrem Dienstherrn dazu beauftragt wurde. Die in seinem Saloon angestellte Putzfrau hat ein schwerwiegendes Gehproblem, welches ihr größte Mühsal verursacht und sie zwingt, ihr Dasein auf engstem Raum zu absolvieren. Und jene Frau, von der eine gewisse Selbstständigkeit und damit einhergehende Bewegungsfreiheit erwartet werden könnte, nämlich die – so ist es historisch belegt – auf der Suche nach einem Auskommen umherziehende Calamity Jane, ist in der Westernserie entweder aufgrund ihrer Alkoholsucht nahezu bewegungsunfähig oder sie folgt dem Revolverhelden Wild Bill Hickok, den sie aufgrund ihres mangelhaften Selbstbewusstseins anbetet, oder sie offenbart ihre Begabung in der stationären Krankenpflege. Allesamt Dinge, die eine selbstbestimmte Bewegungsfreiheit einschränken. Und neben all dem stellt sich heraus, dass sie kurzsichtig ist, also den umgebenden Raum nur mangelhaft wahrnehmen und auch insofern nur bedingt beherrschen

4 *Deadwood* (US 2004–2006, HBO), S01.

kann. Gerechterweise muss gesagt werden, dass allen Figuren der Serie ein äußerst begrenztes Repertoire an Verhaltensweisen zugestanden ist, so dass auch die männlichen Figuren extrem stereotyp sind, nur ist es ihnen eben möglich, selbstständig irgendwohin zu gehen oder zu reiten, ob nun innerhalb oder außerhalb des Ortes Deadwood, wo der größte Teil der Serie spielt. Wie das Wechselspiel von Bewegung und Statik ist hier, wie möglicherweise in anderen Western, ein nahezu paralleles Wechselspiel zwischen männlich und weiblich etabliert. Drei Grundthemen werden also diesen Essay begleiten: das Statische, geschlechtliche Zuordnungen und die Frage danach, ob diese wirklich exklusiv sind.

Das Haus im Wald

Bereits mit einem der berühmtesten und kulturell nachhaltigsten Wohnexperimente lässt sich einer scheinbar exklusiven Verbindung von Frau und Haus widersprechen. Denn es wurde von einem Mann ausgeführt. Der viel gelesene Henry David Thoreau baute sein Haus im Wald nicht nur selbst, er bewohnte es auch allein. In *Walden oder Leben in den Wäldern*[5] kritisiert er die Last ererbten Besitzes, die vollgestopften bürgerlichen Häuser, die er aus dem fortgeschrittenen Osten der USA um 1840 kannte. Er erwähnt auch den unnötigen Nippes auf den Kaminsimsen[6], für deren Anziehungskraft er nicht die hausbewohnenden Frauen anfällig findet. Vielmehr lastet er es – in seiner verallgemeinernden, nahezu ausschließlich auf männliche Akteure zugeschnittenen Schreibweise – den Männern an, unnütze Brilliergegenstände zu bewundern. Doch ebenso gilt ihm Nichtbesitz[7] als Last.

Um sich von allen, als falsch deklarierten Voraussetzungen gewöhnlich praktizierter Lebensformen zu entfernen, zieht auch er an das Ufer eines Sees in einem Wald, den Pond Walden in Massachusetts. Hier will er in Reichweite der Gesellschaft, die sich entweder auf die bürgerlich etablierte Weise oder die übelgeplagte Art der Bauern und

5 Henry David Thoreau: *Walden oder Leben in den Wäldern* [1854], aus d. Amerik. v. Anneliese Dangel. Köln: Anaconda 2009.

6 Ebd., S. 37–38.

7 Ebd., S. 9–11.

der Armen eingerichtet hat, einen alternativen Lebensstil erproben. Und so baut er für sich einen Wohnraum aus selbst geschlagenen Tannen und den Brettern einer zuvor von einer irischen Einwandererfamilie bewohnten Hütte. Er kreiert also sein vorbildliches Waldleben nicht nur aus dem in der Natur Vorgefundenem, sondern auch mit Hilfe einer Umwandlungslogik, die Teil seiner Gesellschaftskritik ist. Denn das Häuschen der irischen Familie, das ihm seine benötigten Bretter liefern soll, ist zunächst von Schmutz umgeben und düster.[8] Als er es für den Kauf besichtigt, besichtigt er zugleich das ungesunde und scheinbar unbeholfene, arme Leben der bisher darin Wohnenden, die nun weiterziehen werden, vermutlich, um sich in kaum bessere Wohnräume zu begeben. Er aber verwandelt ohne große Mühe die gegebene schmutzige Hütte durch die vorhandenen Ressourcen. Die abgerissenen Bretter legt er in die Sonne, welche er das verschmutzte, ungesunde, von Menschen gebrauchte Baumaterial in das wahrlich Lebensnotwendige und Zuträgliche umwandeln lässt. Mit den sonnengebleichten Brettern, den geretteten, brauchbaren Nägeln und den Balken aus den gefällten Tannen zimmert er sein Waldhaus.

In seiner romantischen Kritik und aggressiven Romantik der Genügsamkeit entfernt er sich von allem Bemängelten weit genug in einen Wald, um das einzigartig Subjektive seiner selbst herauszuheben. Dennoch hält er sich nahe genug bei Siedlungen auf, um seine Disharmonie zur übrigen Gesellschaft mit naheliegenden Beispielen illustrieren zu können. So gelingt es ihm, beim Angeln von einem Gewitter überrascht, Schutz in einer abseits stehenden Hütte und bei der dort wohnenden armen Familie ebenfalls irischer Herkunft zu finden. Er belehrt sie darüber, wie ein glücklicheres Leben für sie möglich wäre, würde sie sich eine Genügsamkeit, wie er selbst sie pflegt, zu eigen machen.[9]

Auch in *Jeremiah Johnson* zieht ein Mann allein in den Wald. Sein filmisch nachgestellter Auszug spielt sich nahezu um dieselbe Zeit ab wie der Thoreaus. Allerdings wählt Jeremiah für sich die um 1850 fast menschenleeren Wälder im Mittleren Westen, welche im späteren Colorado liegen, einem Bundesstaat, der 26 Jahre danach gegründet werden wird. Ihm kommt es nicht darauf an, ein vorbildhaftes

8 Thoreau: *Walden oder Leben in den Wäldern*, S. 41.

9 Ebd., S. 185–187.

Leben vorzuführen. Doch weil sein Rückzug für Filmschauende vollzogen wird, lässt sich – über die spektakuläre Einzelgeschichte hinaus – nach dem Vorbildhaften fragen und auch danach, inwieweit sich das resistente romantische Gedankengut in den Bildern von einem einsamen Leben in der Natur, auf der Flucht vor der Gesellschaft, verfängt. Denn auch hier wird, ähnlich wie bei Thoreau, eine individuelle Migration beschrieben, durch die sich der Einzelne von gesellschaftlichen Strukturen absetzen will (im doppelten Sinn des Verbs).
Während Thoreau experimentell zu belegen versucht, wie wenig – auch für die unter erbärmlichen Bedingungen lebenden Immigrierten – genügen würde, um eine gesunde Unterkunft zu erlangen und dort einem zufriedenstellenden Lebenswandel nachzugehen, ist Jeremiahs Rückzug in die Wälder, das bleibt nur angedeutet, durch seine Kriegserfahrungen begründet. Historisch und biografisch[10] dient hier wahrscheinlich der Mexikanisch-Amerikanische Krieg als Hintergrund. Die US-amerikanische Seite zielte dabei auf Gebietsgewinne, welche unter anderem den mexikanischen Norden sowie Teile des späteren Colorado betrafen. Der Landgewinn war mit dem Kriegsende im Jahr 1848 besiegelt. Wenn Jeremiah also zwei Jahre danach in den Wäldern Colorados eintrifft, migriert er nicht über Staatsgrenzen hinweg, was kurz zuvor, je nach der genauen Lage der aufgesuchten Wälder, noch zutreffend hätte sein können. Aber er entfernt sich in jedem Fall aus einer gesellschaftlich geprägten, dichter bewohnten Landschaft. Was er stattdessen bewusst sucht, sind nicht-staatlich durchdrungene Gefilde, wie man sie in entlegenen und schwer zugänglichen Landschaften findet. Dort beginnt er sein selbst gewähltes Exil innerhalb eines fremden Milieus. Sein Aufbruch in die Wälder bedeutet also ein selbst herbeigeführtes Ausscheiden und Nicht-Erreichbar-Sein. Er flieht vor der Form und den Interessen eines staatlichen (nationalen) Gebildes, jedoch nicht ohne dessen Signum in Form seiner Uniformhose weiterzutragen. Bemerkenswerterweise behält er dieses Signum, obwohl gerade hier der Grund für seine Flucht vor menschlicher Gesellschaft zu liegen scheint. Und hierin offenbart sich ein Zwiespalt, für den auch die Zeit der Filmentstehung 1972 bedeutsam ist,

10 Zur Biografie des historischen John Jeremiah Johnson (auch John Liver Eating Johnston), der von 1824 bis 1900 lebte, siehe u. a. die Webseite http://www.johnlivereatingjohnston.com/ (Zugriff am 13.07.2015).

Abb. 14: *Jeremiah Johnson* (US 1972, R: Sydney Pollack).

als das Verhalten der USA im Vietnam-Krieg eine kritische Haltung provozierte, die der Regisseur Sydney Pollack in anderen seiner Filme auch teilte. In *Jeremiah Johnson* wird eine vage Kritik an den militärischen Aktivitäten des Landes vermittelt, doch zugleich, paradoxerweise, ein latenter Stolz darüber, dass sich ein zwar ehemaliger, aber eben auch kampfgeübter Soldat mit eindeutiger nationaler Bindung in einer lebenswidrigen Umgebung durchzusetzen weiß, und das tut er in einer sehr vorteilhaft enganliegenden Uniformhose. Das sei hier erwähnt, da die Erotisierung des Körpers (Uniformhose) geeignet ist, ein damit gekoppeltes Argument (nationalen Stolz) zu stützen.

Was die anfänglichen Bilder des Films so prachtvoll erscheinen lässt, nämlich das herbstlich bunte Laub, illustriert kurz darauf eine einigermaßen unkluge Entscheidung, denn Jeremiah ist ausgerechnet dann in die Wildnis aufgebrochen, als der Winter naht. Bald braucht er Schutz vor dem Wetter und die erste Form eines schutzgewährenden Heims versucht er im Wald unter den tief hängenden Ästen einer Fichte einzurichten, wohin er sich in der Kälte flüchtet. Der hohe Baum scheint einen Unterschlupf zu formen, ein naturgegebenes, minimales Heim, dessen gewachsene Zweige einen halbrunden Raum bilden, mit genügend Platz, um sich hinein zu kauern, in der Hoffnung, dass die Zweige tatsächlich jenen Dienst erweisen, den ihre Struktur zu versprechen scheint, nämlich Wind und Schnee abzuhalten. Ein Beispiel an selbst gewählter, doch auch notgedrungener

Genügsamkeit, findet Jeremiah etwas, was die Grundbedingungen eines Hauses zu erfüllen scheint, nämlich Unterschlupf und Schutz zu bieten. Allerdings endet die Szene mit grimmigem Humor am Rand der Existenznot. (Abb. 14) Denn der naturgegebene Unterschlupf funktioniert nicht. Der Wind bläst, schüttelt Schnee von den Zweigen, der in Klumpen auf die dünne Flamme fällt und sofort das winzige Feuer löscht, welches Jeremiah mühselig mit seinen frostkalten, steifen Fingern in Gang gebracht hatte. So wird die erste romantische Implikation vom einfachen Leben in der Natur, zumal in der Wildnis, ausgetrieben. Um dies dramaturgisch zu beschleunigen, ist wiederum Weniges besser geeignet als eine winterliche Natur, durch die Jeremiah angetrieben wird, seine Fähigkeiten um des eigenen Überlebens willen zu verbessern und sich mit anderen Formen von Unterkünften zu beschäftigen.

Für seine Initiation in das Überleben in den Wäldern findet er bald einen Helfer. Dass es eine Initiation im Sinn einer Einweihung ist, darauf verweist die Erfahrung des sich von selbst einstellenden, weißhaarigen Helfers, der den Jüngeren als Pilger anredet und diese Anrede weniger im Sinn von ‚Fremder' als vielmehr ‚Suchender' benutzt. In seiner Rolle des älteren, verständnisvollen, Schutz gewährenden Mannes, der den Unbeholfenen lehrt, in seinem neuen Leben zurechtzukommen, prüft der alte Bear Claw Lapp (Will Geer) den jungen Jeremiah jedoch zuerst. Er schickt, weil er selbst noch zur Jagd aufbrechen will, Jeremiah voraus in sein Haus. Damit fordert er den Jüngeren zu einem Verhalten auf, dass in diesem Film sonst nur Frauen und Kindern aufgetragen wird, nämlich zu Hause, im Haus, zu warten, während der Mann das Recht und die Pflicht hat, zu freischweifenden Unternehmungen aufzubrechen. Darauf folgt eine symbolisch rätselhafte Szene.

Durch Analogien zwischen Objekten und (menschlichen) Körpern ist es möglich, Handlungen in bestimmten Räumen, in einem mit Objekten besetztem Umfeld also, zu dekodieren. Man kann sich dabei auf Erfahrenes, auf Psychologisierungen und Symbolisierungen stützen. Wenn nun im Film der junge Mann in das Haus des fremden Mannes eintritt, wirkt das, als sei er damit in das Innere eines Körpers gelangt. Nicht nur wegen des Dämmerlichts, sondern auch wegen der Fleischstreifen, die von der Decke der warmen Hütte hängen, und wegen des halben Tierskeletts, das aus Rückgrat und Rippen besteht und als

Rückenstütze an das Ende einer Bettstatt gelehnt ist. Die Haut und das Fleisch sind säuberlich entfernt, so dass man auf die zuvor darunter verborgen gewesene Struktur schaut, in die tiefste Schicht des tierlichen Körpers hinein, wodurch man sich, in der Umkehrung der räumlichen Platzierung von Außen und Innen, quasi auf jener Seite befindet, auf welcher zuvor das Körperinnere des Tieres war. Gemessen an der Durchdringung des tierlichen Körpers und dem sonstigen Interieur der Hütte hält sich Jeremiah also in einem mehrfach gestalteten Körperinnenraum auf.

Während er zu dem an der Decke hängenden Fleisch greift und zu essen beginnt, nimmt der Initiationsritus, den der neu gewonnene Lehrer plant, seinen Lauf. Der Alte hat einen Grizzlybären aufgestöbert, ihn aber nicht getötet. Stattdessen stachelt er das Tier an, ihm zu folgen. Mann und Tier rennen ins Haus, dann flüchtet der Alte erstaunlich behände aus dem hinteren Fenster, während der junge Mann im Haus mit dem Bären zu kämpfen hat. Jeremiah besteht diese Prüfung und kurz darauf sieht man ihn zusammen mit dem Alten in der Hütte sitzen.

So ist das erste funktionierende Zuhause, in dem sich Jeremiah im Film aufhält, das Haus eines Fremden, der ihn aufnimmt, ihn in diesem Sinn in seinen erweiterten Körper einlässt, ihn dort jedoch Verletzungen, wenn nicht sogar dem Tod aussetzt, dann aber versorgt und zum eigenständigen Leben anleitet. Auch wenn diese Körpersymbolik rein biologisch betrachtet einer weiblichen Kodierung näher wäre, gehört sie hier zu einer sich allein unter Männern abspielenden Szene. Biologisch ist der weibliche Körper der einzige, der von einem anderen lebenden Menschen bewohnt werden kann. Die davon abgeleitete Symbolik lässt sich jedoch in eine männliche Symbolik umdeuten, insofern das von einem Mann erbaute und gestaltete Haus als Erweiterung seines Körpers dient, in welchen er – unter dem bewussten Risiko von Verletzungen und Tod für beide – einen anderen einlässt. Verfolgt man diese körperbestimmte Hausmetapher konsequent, dann gleicht Jeremiahs Prüfung einer Geburt, die er übersteht, worauf ihn der nun väterliche Lehrer als seinen Schützling annehmen wird. (Lässt sich eine biologische Kodierung symbolisch auf die im Grunde ausgeschlossene biologische Kodierung verschieben, wie hier das Weibliche zum Männlichen, so muss ebenso die umgekehrte Umdeutung der Vorzeichen möglich sein, also eine Verschiebung vom Männlichen zum Weiblichen.)

Als die Männer später gemeinsam im Inneren der Hütte sitzen, verrichten sie, Kleidungsstücke nähend, eine als weiblich geltende Arbeit. In diesem Sinn sind Frauen hier also doppelt ausgeschlossen. Es zeigt sich dabei, wie die geschlechtliche Kodierung von Arbeiten aufgehoben wird. Dies geschieht offenbar dann, wenn sich eine Person oder mehrere Personen gleichen Geschlechts selbst erhalten und darum jede Art von Tätigkeit verrichten müssen, ohne auf eine geschlechtliche Spezialisierung zurückgreifen zu können. Allerdings wird die gezeigte und gelebte Egalisierung aufgehoben, sobald Personen beiderlei Geschlechts anwesend sind. Bei Jeremiah zeigt sich das, als er geheiratet hat und seine Frau das Kochen und Nähen übernimmt.
So werden in verschiedenen Medien, in denen man sich auf die gleiche Zeit und einen ähnlichen Raum bezieht – wie in Thoreaus Buch oder in Pollacks Film *Jeremiah Johnson* – sehr wohl männliche Experimente zum Haus und zur Definition eines Heims vorgetragen. Doch sobald eine Frau oder Kinder anwesend sind, werden sie an das Haus oder in das Haus hinein verwiesen, während die Männer sich außerhalb bewegen (und hier muss man fragen, inwieweit die Männer durch ihre Abwesenheit auch auf eine Definitionsgewalt verzichten).
Eine andere bemerkenswerte geschlechtliche Aufteilung bietet der Western *The Big Trail*, denn auch sie ist nicht durchgehend von jener Art, wie man sie für einen Film von 1930 aus heutiger Sicht annehmen möchte. Als in diesem frühen Western der Treck der Siedelnden endlich in einem Tal an sein Ziel findet, dann steht auch an diesem Ziel eine Hütte im Wald. Sie wird, und das ist gerade für eine geschlechtsspezifische Leseweise wichtig, zunächst von Frauen und Männern gleichermaßen erbaut. Anfangs sind sogar fast nur Frauen im Bild. Eine mäht mit einer Sense das Gras in der Nähe des Bauplatzes, eine andere bearbeitet mit einer langstieligen Axt einen Baumstamm. Später trägt eine Frau gemeinsam mit einem Mann einen für ein Blockhaus vorbereiteten Baumstamm quer durch das Bild. Während in diesem Moment die Mischung von Männern und Frauen im Bild fast ausgeglichen ist, schwingt sie wenig später beim Errichten des Hauses merkwürdigerweise in eine männliche Überzahl um. Die von der Rinde befreiten Stämme werden übereinandergelegt und man sieht nun ausschließlich Männer rittlings auf ihnen hocken, um sie zu verbinden. Hierbei ist es notwendig, die Beine zu spreizen, und vielleicht ist das der Grund, weshalb es undenkbar war, Frauen in

einem Film von 1930 diese Aufgabe zu überlassen, zu einer Zeit, in der es beispielsweise einen sittlichen Eklat verursachte, wenn eine Frau öffentlich mit einem Cello auftrat und es dabei zwischen den Beinen hielt.[11] Im Übrigen beschert die Sorge, angemessen mit der sexualisierten Deutung der unteren Extremitäten umgehen zu wollen, der weiblichen Hauptfigur des Films einen Damensattel, auf dem sie seitlich mit geschlossenen Beinen reiten kann, während die Frauen sonst jeweils laufen oder auf den Wagen fahren. Eine allerdings sitzt, und dies ist nur einmal kurz zu sehen, hinter ihrem Mann auf dem Pferd und zwar mit geöffneten Beinen.

Doch dass beim Bau der Hütte von der anfänglichen Mitarbeit der Frauen bis zur Komplettierung durch die Männer die Perspektive wechselt, hat noch einen anderen Grund. Denn hier muss zusätzlich zwischen den zwei Erzählsystemen vermittelt werden, die während des gesamten Films nebeneinander herlaufen. Da ist zum einen die fast dokumentarische und mit historischen Details angereicherte Erzählweise über die Ausfahrt der Siedelnden mit ihren von Ochsen, Pferden oder Eseln gezogenen Wagen. Man sieht die mitgenommenen Haustiere, darunter Schweine, Katzen, Hunde, welche sonst kaum zu den festen Topoi eines Wagen-Treck-Films gehören, da sie sich weniger für einen pathetischen Glanz oder die gewünschte Rasanz eignen. Man kann Frauen beobachten, die sich am Sammelplatz vor der Abfahrt die langen Haare waschen und kämmen, und solche, die mit einer Axt oder Säge arbeiten.

Weniger in diesem dokumentarischen als in dem anderen, dem melodramatischen Bereich des Films bewegt sich die weibliche Hauptfigur. Die Unterschiede, die zwischen ihr und den anderen Frauen gemacht werden, sind weitaus vielfältiger, als dass nur ihr allein ein eigenes Pferd mit Damensattel gewährt wird. Ruth Cameron (Marguerite Churchill) trägt ein aufwendiges Rüschenkleid und besitzt einen

11 Die Pianistin Martha Agerich, die ab Mitte des 20. Jahrhunderts als eine der ersten Frauen männlich geltende Konzertliteratur spielte, tat dies zu einer Zeit, als – wie sie sich erinnert – Frauen das Cello noch in Damenposition spielten, um nicht die Beine zu spreizen. (Siehe Fabian Bremer: Frauen mit Flügeln. In: *Frankfurter Allgemeine Zeitung*, 10.05.2006. http://www.faz.net/aktuell/feuilleton/buehne-und- konzert/konzertsaal-frauen-mit-fluegeln-1328812.html (Zugriff am 29.04.2015).)

schmuckvolleren Hut als jene schlichte Stoffkappe, welche die anderen Frauen auf den Kopf gesetzt haben. Sie beschäftigt sich keineswegs mit Dingen, die derart körperbetont und dazu offen sichtbar wären wie das Haarewaschen oder gar die Arbeit mit einer Axt, sondern mit Handarbeiten und Geschichtslektionen für ihre kleine Schwester, die ebenfalls schick gekleidet ist, genau wie der fast erwachsene und gut gekämmte Bruder im dunklen Anzug.

Diese kleine Familie, bestehend aus jungen Geschwistern, unterscheidet sich von allen anderen. Als der mitreisende, schmeichelnde Falschspieler Thorpe ihnen anbietet, statt in die Wildnis des Westens lieber zu seiner Plantage nach Louisiana zu ziehen, beschwört er, auch wenn es diese Plantage gar nicht gibt, ein Trugbild herauf, das dieser Familie angemessen scheint. Aber die Unterschiede zu den anderen Siedelnden liegen nicht nur in der offenbar abweichenden sozialen Herkunft. Die junge Frau, die als Älteste der Geschwister die kleine Gruppe anführt, befragt in einer Geschichtslektion, die sie neben ihrem Planwagen abhält, die kleine Schwester zur Fahne der US-amerikanischen Nation. Die Flagge, sagt das Mädchen, habe 26 Sterne. Der Film spielt also zwischen 1837 und 1845. Obwohl also am Anfang eines Siedlungstrecks ins weitgehend Unbekannte stehend, versichert sie sich, ihre Schwester und das Publikum der nationalen Ägide, unter der das Unternehmen einer gemeinschaftlichen Migration stattfinden soll. Sie trägt also das, was später erst entstehen soll, nämlich die Idee eines US-amerikanischen Staates, der sich über den Ausgangsort Missouri bis in den Western des Kontinents hinein erstreckt, mit sich. Sie vermittelt diese Idee räumlich, da sie den Raum Richtung Westen durchschreitet, und sie verfestigt diese Idee zugleich zeitlich, indem sie ihr eigenes bereits entwickeltes nationales Bewusstsein an die jüngere Schwester weitergibt. Dieses Bewusstsein wird also sowohl räumlich als auch zeitlich über den momentanen, individuellen Horizont hinaus angelegt.

Gemeinsam mit Breck Coleman (John Wayne) bildet sie nicht nur das romantische, sondern auch das nationale Führungspaar. Genau wie bei ihr gibt es auch bei Breck einen Moment, in dem er dies ausspricht. Inmitten eines Schneesturms, als einige meinen, es sei besser umzukehren, hält er eine Ansprache darüber, dass man nicht aufgeben dürfe, denn sie alle folgten „a trail started in England“, auf welchem sie einem höheren Ziel als nur einem eigenen neuen Heim zustrebten: „We are building a nation."[12]

Ruth Cameron ist, im Gegensatz zu den anderen Frauen, eine ikonenhaft angelegte Figur, die Frau der Frauen, das Modell und Idol. Deshalb ist es so bemerkenswert zweischneidig, dass sie keineswegs an der Hütte mitarbeitet, die sie später bewohnen wird. Diese Bewohnerin, die, als das neue Holzhaus fertig ist, so schön in der offenen Tür steht, war am Bau der Hütte im Wald nicht beteiligt, dem Bau des einzigen Hauses wohlgemerkt, das am Ende des Films über einen Treck von Siedelnden zu sehen ist, nachdem in der Szene zuvor so viele Frauen und Männer mit den Arbeiten daran beschäftigt waren. Und hier zeigt sich wiederholt der Riss zwischen dem melodramatischen Erzählgewebe und der dokumentarischen Seite des Films, der ständig bearbeitet werden muss.

Der dokumentarisch angelegte Bereich berichtet vom Vielfachen. Doch auf der anderen Seite wird das hochkonzentrierte, überhöhte und stilisierte Melodram abgewickelt. Es kreist vor allem – ganz im Sinn des klassischen Melodrams im Theater – um die Liebesgeschichte zweier Menschen und eine ebenfalls eng begrenzte Rachegeschichte. Die Bilder und die Erzählung berichten also vom Vielfachen wie vom Spezifischen, wobei jedoch das Spezifische das zu Verallgemeinernde wird, denn die am Ende gezeigte einzelne Hütte ist nichts anderes als die vorbildliche Hütte. Weil diese Hütte das einzige Haus bleibt, das am Endpunkt des Trecks der Siedelnden gezeigt wird, kann man sie als die allgemein gültige Hütte auffassen, als das *pars pro toto*, das dennoch nicht ganz funktioniert, weil das Einzelne, das für das Ganze stehen könnte, nur zum Teil aus dem Ganzen gewonnen wurde; es ist nur existent, weil ein Teil des vorher Erzählten unterdrückt wurde.

So wird mit der ikonischen Frau, die sich nicht an den groben Arbeiten des täglichen Lebens im Siedlungstreck beteiligt, ein Ideal gezeigt, das zwar den Blick auf die zupackenden, unerschrockenen Pionierfrauen streift, dem aber alles erlassen wird, was dem Idealbild der schönen, häuslichen Frau schaden könnte, welchem die Realität eines Siedlungstrecks wenig zuträglich ist. Ihre fertige Hütte wird zu einem

12 Interessant ist in dieser Hinsicht, dass der Film für den internationalen Verleih in mehreren Versionen gedreht wurde, so auch in einer französischen, spanischen, italienischen und deutschen Version mit jeweils anderen Hauptdarstellern und -darstellerinnen, die über einen entsprechenden nationalen Hintergrund verfügten.

bürgerlich, weiblichen Herrschaftsbereich und Attribut. Die junge Frau steht gerahmt von der Tür, ihre Schwester sitzt auf einer Bank davor und streichelt den großen schwarzen Hund, während einer der Männer, der die Siedelnden in das Tal geführt hat, sein Pferd sattelt, um wieder aufzubrechen. Der andere, auf den die Frau in der Tür sehnsüchtig wartet, ist noch unterwegs und es bleibt ungewiss, ob er das Haus für sich annehmen wird. Das Haus ist hier ganz und gar weiblicher Bereich und von keinem Mann betreten. Es dient, unter der Aufsicht einer Frau, der Versorgung, es beherbergt ein Kind und bietet zudem die Umgebung, um schöne Kleider aufzubewahren. Zum Ende des Films hält sie, in der Tür der Hütte stehend, das aufwendige Rüschenkleid im Arm, das sie zuletzt trug, als sie mit dem Treck aufbrechen wollte. Unterwegs hatte sie es gegen etwas schlichtere Reisekleider getauscht. Was sie aus dem Vorher mitgenommen hatte, verweist auf das Nachher, das wieder entstehen soll, so dass durch das üppige Kleid das neue Zuhause mit dem alten verbunden ist. Das Transportable in Form des Kleids symbolisiert zugleich Erinnerung, überschießenden Luxus und neu zu Erreichendes. Im Wald steht die Hütte zwar an einem Ort, an dem zuvor nichts Menschengemachtes existierte, so dass sich in ihr der ultimative Neuanfang materialisiert. Doch ist sie auch der Ort, an dem das Mitgebrachte hervorgeholt wird, nicht nur was den Stil, die Hütte zu bauen, betrifft, sondern auch den Stil, die Hütte zu bewohnen. Das alte Zuhause wurde nicht, wenigstens nicht endgültig, aufgegeben. Wenn es auch physisch nicht mehr präsent ist, dient es der Erinnerung und damit dem Beharren auf einer früheren Definition des Zuhauses. Die jetzige Identität wird aus einer früheren hergeleitet, die nicht mehr existent ist, aber sehnsüchtig bedacht wird. Jedoch bleibt der rückwärtsgewandte Bezug nicht nostalgischer Selbstzweck. In diesem Film, und das gilt zugleich für sehr viele Western, wird nie bedauernd auf ein altes Zuhause der Reisenden geblickt.[13] Eine offene Trauer um Verlassenes bleibt rigoros ausgeschlossen. Vielmehr dient das Alte, Mitgebrachte – ob nun in Form von Kleidung, Vorstellungen, Verhaltensregeln – nur der Bewältigung des Neuen, als Orientierung in einem neuen Zuhause und einer hier neu gestalteten Identität.

13 Eine Ausnahme ist z. B. eine Szene in *Chato's Land* (*Chatos Land*, GB 1972, R: Michael Winner), der jedoch kein Hollywoodwestern ist, obwohl er mit Hollywoodstars gedreht wurde.

Das Verharren der Dinge

Ist das Haus erbaut, wird es zu dem Ort, auf den sich ein stationärer Lebensstil konzentriert. Ein eigenes Haus ist, wenn man es als sozialen Raum betrachtet, die am wenigsten ausgreifende, persönliche Form von Heimat, welcher nur wenige Personen zugehören. Sie wird nicht leicht gewechselt und steht nicht potenziell für alle offen. Während der Heimat in Form einer Landschaft oder einer Nation weitaus mehr Menschen zugeordnet sind bzw. diese sich selbst zuordnen, gelten für die kleinere und dichtere Gemeinschaft des Hauses andere Ausschluss- und Zutrittsverfahren.

Einen Mittelpunkt des Hauses bildet der Tisch, insofern er einen Ort bezeichnet, an dem sich diejenigen, die das Haus bewohnen, treffen, wo sie regelmäßig eine räumliche und zeitliche Gemeinschaft bilden, eine Tischgemeinschaft also, in der zudem geregelt ist, wer daran teilnehmen darf, wer familiär oder freundschaftlich begründet aufgenommen oder aber zurückgewiesen wird. Insofern symbolisiert der Tisch die Zugehörigkeit und die Herrschaft über das Haus sowie die geltenden Reglements.

Mit seiner Platte und den von ihr abstehenden Beinen ist er ein sperriges und oft schweres Möbelstück, das einer mobilen Benutzung entgegensteht. Der Tisch bezeichnet, so wie andere Gegenstände im Haus und das Haus selbst, welches als Container für all diese Dinge dient, ein bestimmtes Stadium an Statik, das im Lebensstil von Angekommenen erreicht wurde. Mit den verharrenden Dingen, wurden sie einmal erworben, herangeschafft und aufgestellt, ist ein stationärer (ortsgebundener) Lebensstil bestückt. Dabei sind das Haus und die Dinge darin materielle wie auch soziale Gegenstände, und in beiden Funktionen bezeichnen sie eine Politik des Zuhauseseins. Diese ist zwar private, aber auch nach außen getragene Strategie einer bestimmten Lebensgestaltung. Denn mittels Gegenständen des persönlichen Gebrauchs wird die Zugehörigkeit oder Abgrenzung zu einem Gemeinwesen artikuliert, zu einer größeren Gemeinschaft als der, die im Haus selbst lebt.

Ein Tisch und andere Hausgegenstände spielen eine bedeutsame Rolle in *The Trap*, einem der seltenen Filme des Genres, in denen nicht die Wanderungsbewegung eines Mannes im Mittelpunkt steht, sondern die einer Frau. Die Filmhandlung ist auf die Zeit um 1850 datiert. Sie kreist um die junge Frau Eve (Rita Tushingham). Eves Familie

wurde bei einem Angriff von Indianern getötet. Sie teilt also das Schicksal all jener, die sich neu in einem Land ansiedelten, aber in einen tödlichen Konflikt mit den bereits hier lebenden Menschen gerieten. Eve, die seitdem nicht mehr spricht, wurde von einer weißen Familie aufgenommen, die aus einem Pelzhändler, seiner Frau und beider Tochter besteht. Diese kleine Gemeinschaft lebt in einer Pelzhandelssiedlung, die, aus einigen Holzhäusern gebaut, zwischen die Naturgewalten eines angrenzenden Waldgebiets und eines großen Sees geklemmt ist.
Gleich zu Anfang des Films wird die Gelegenheit geboten, die Siedlung zu besichtigen und so lässt sich das hier erreichte Stadium stationärer Lebensführung abschätzen. Das Haus, in dem Eve bei der Familie des Pelzhändlers lebt, ist größer als die anderen in der Siedlung. Es wurde aus Brettern und nicht aus Stämmen gebaut wie die kleineren Blockhäuser des Ortes. Der fortgeschrittene Bearbeitungsaufwand zeigt sich auch darin, dass es neben der Kirche und einem Geschäftshaus das einzige Gebäude ist, welches getüncht wurde, während die umstehenden Blockhütten roh belassen sind. Neben der Eingangstür sind farbige Scheiben in die Wand eingefügt. Ein großer Innenraum ist durch hölzerne Säulen und Schnitzwerk an der Decke geschmückt. An den Wänden hängen Bilder in aufwendigen Rahmen. Es gibt fast keine Porträts, die eine familiäre Bedeutung haben könnten. Vielmehr wird in dieser Zeit geringer Bildproduktion ein darüber hinausweisender Bilderschmuck sichtbar. Er besteht aus kleinen gemalten Landschaften und dem Bild eines Schiffs auf streifig gekräuselter, aber sonst ruhiger See. Thematisch passend wird eine Kommode von einem Modellschiff geziert. Das Seestück ist ein Werk über die nur leicht aufregende Beschaulichkeit einer sanften Seereise. Das Modellschiff ist eines über deren Beherrschbarkeit in Form einer detaillierten Verkleinerung, die sicher auf dem Trockenen ruht. Schiff und Seestück schmücken das Haus von Angekommenen, die, wenn auch in der Nähe eines Ufers wohnend, sich nicht selbst von hier fort bewegen, sondern über das Wasser ihre Waren und Briefe empfangen. Die Wohnräume des Hauses sind zudem ausgestattet mit gepolsterten Möbeln, glänzenden Schränken, einer hohen Standuhr, Petroleumlampen, deren Schirme aus schmuckem Glas gearbeitet sind, einem Schaukelstuhl und Grünpflanzen. In ihrer Mehrzahl handelt es sich um Dinge, die nicht vor Ort hergestellt werden. In der Küche, dort

wohin Eve geschickt wird, lebt ein Vogel in einem Käfig. Dass er zu Eves Bereich gehört, kann sie einerseits als Gefangene des Hauses definieren, zugleich aber auch auf einen gewissen Überschuss in der Lebensführung hinweisen, denn hier ist es möglich, ein Tier wie diesen Vogel zur reinen Unterhaltung aufzunehmen.

Die anderen Menschen, die sich in der Siedlung aufhalten und sie teilweise bewohnen, tun dies auf eine Art, die deutlich von der eben geschilderten abgesetzt ist. Nicht nur sind ihre Häuser kleiner und weniger schmucklos. Ein Teil des Lebens, der gewöhnlich in Häusern bewerkstelligt wird, spielt sich auch draußen ab, wie die Rasuren der Männer, die unter einem provisorischen Holzdach vollbracht werden, das von einigen Stützen gehalten wird, sonst aber völlig offensteht. Zwischen den Häusern und nahe am See lagern einige Indianer, die sich an kleinen Feuern niedergelassen haben. So zeigen sich verschiedene Stadien der Sesshaftwerdung, die einerseits von der ethnischen Zugehörigkeit abhängen (Indianer am Lagerfeuer), von ihrem Beruf (Jäger, Händler, Pfarrer) oder dem sozialen Status.

Nachdem sich die Filmschauenden über die erreichte Statik informieren konnten, wird sie gleich darauf noch um zwei Aspekte erweitert, als zu sehen ist, wie die Menschen von der Siedlung aus zum ankommenden Schiff eilen. Denn neben der Post bringt das einmal jährlich eintreffende Schiff auch Frauen, die von heiratswilligen Männern aus dem Gefängnis ausgelöst wurden, sowie ein Klavier.

Dinge bewegen sich, im Gegensatz zu Lebewesen, nicht selbst. Sie können und müssen bewegt werden. Manche sind leicht beweglich wie ein Wagen. Andere lassen sich leicht transportieren, weil sie klein und nicht schwer sind. Die Menschen können in der Zeit der Western auf Pferden, auf Eseln, mit dem Zug, zu Fuß, im von Tieren gezogenen Planwagen, in der Postkutsche, im Wasser schwimmend, im Kanu oder auf einem Floß unterwegs sein. Entsprechend gestalten sich ihre Möglichkeiten, Dinge mitzunehmen, und ihre Wahl wird zunächst vor allem auf mobile Objekte wie Taschen, Decken, eine Blechkanne für den Kaffee, eine Flasche Whiskey oder eine Taschenuhr fallen. Neben einer immer transportablen immateriellen Kultur wie jener, welche die wandernden Menschen ohne Aufwand in ihrem Gedächtnis mit sich führen, muss also die materielle Kultur auf ihre Beweglichkeit geprüft werden. Manche Dinge aber bieten einen erheblichen Widerstand, wenn es darum geht, sie zu mobilisieren. Sollen sie dennoch mitgeführt werden, verlangsamen sie drastisch das Tempo, ein anderes Transportmittel muss gewählt und ein anderer Weg benutzt werden oder es ist zu überlegen, ob der Gegenstand vor Ort produzierbar wäre.

Für *The Trap* bedeutet dies, dass nach der ersten beweglichen Minimalausstattung zunehmend Dinge ins Haus gebracht werden, die nicht selbst hergestellt werden können und die, wie das Klavier, einen äußerst statischen Charakter besitzen. (Abb. 15) Stan Laurel und Oliver Hardy haben diese unerhört missliche Unbeweglichkeit vorzüglich geschildert, als sie sich in *Swiss Miss*[14] bemühen, das schwere Instrument in die abgelegene Berghütte eines Komponisten zu bugsieren. Der Pelzhändler lässt durchblicken, dass das Klavier nur auf Verlangen seiner Frau (Barbara Chilcott) herbeigeholt wurde, die damit durchaus widersprüchliche Begierden befriedigen will. Sie möchte ihr Haus mit Dingen vervollkommnen, die einem von ihr entbehrten Lebensstil verpflichtet sind. Mit ihrer herrischen, doch auch verbittert kratzigen Stimme verteidigt sie die Anschaffung. Das Klavier solle ihr Freude bringen, wo es hier sonst nichts dafür Geeignetes gebe. Weil sie sich an ihrem jetzigen Lebensort offenbar nicht heimisch fühlt, möchte sie einen Lebensstandard etablieren, wie er in den europäisch geprägten Städten vor allem an der Ostküste Nordamerikas herrscht. Sie versucht, die ersehnte Lebenssituation so gut wie möglich an ihrem eigenen Wohnort zu kopieren. Mit den herbeigeschafften, teilweise möglicherweise importierten Möbeln betreibt sie so einen überregionalen Transfer materialisierter Kultur. Sie bemüht sich ebenfalls um den Transfer immaterieller Kultur wie der Musik, doch der Kopierprozess erweist sich als langwierig, das Erlenen des Klavierspiels als schwierig.

Zugleich fällt ausgerechnet dem extrem immobilen Klavier auch die Aufgabe zu, wieder mobil zu werden, also von der Pelzhandelssiedlung, die am Rand der Zivilisation existiert, fortzukommen. Es soll zu einer Beweglichkeit in sozialer Hinsicht verhelfen. So scheint die Mutter zu hoffen, dass die Tochter des Hauses, hat sie das Klavierspiel erst erlernt, ein Können vorweisen kann, durch das sie in andere soziale Schichten aufgenommen wird. Also muss die Tochter nach den Ansprüchen eines anderen sozialen Umfelds geformt werden, um sie zu einer

14 *Swiss Miss* (*Dick und Doof als Salontiroler*, US 1938, R: John G. Blystone).

annehmbaren Partie für eine Heirat zu machen. Die Tochter kann in diesem Sinn nicht aus eigener Kraft in das gewünschte Umfeld eintreten, sondern muss von einem geeigneten Mann dazu bestimmt werden. Frauen migrieren offenbar anders als Männer und in diesem Film nie selbstbestimmt.

Die Strategie der Mutter droht jedoch zu scheitern, nicht nur weil sich die Tochter ungeduldig und wenig begabt dem neuen Instrument nähert und überdies jegliche sinnvolle Anleitung fehlt, sondern weil der Vater einem Pelztierjäger einen großen Geldbetrag schuldet, den er zu begleichen hat. Als er dies erzwungenermaßen tut, fehlt der Familie plötzlich die finanzielle Grundlage, um sich überhaupt an einem anderen Ort – eine Stadt wie San Francisco ist in diesem Fall das Ziel – ansiedeln zu können, wo die Tochter eben jene Chance erhielte, erwählt werden zu können. Es ist also nicht die materielle Statik der Dinge, die in so großer Menge ins Haus gebracht wurden, sondern es sind die durch ihre Anschaffung hervorgerufenen Investitionen, die das Fortziehen zu vereiteln drohen. Als die Mutter das begreift, setzt sie eine Gegenbewegung in Gang und gebraucht ihre Macht, über die Vorgänge im Haus bestimmen zu können. Sie verkauft das Mündel Eve an den Pelztierjäger und erhält im Tausch das Geld zurück.

Wenn zuvor vom „Haus des Pelzhändlers" oder „dem Pelzhändler und seiner Frau" die Rede war und dadurch die Frau und das Haus ausschließlich als Funktion des Pelzhändlers erschienen, so war dies eine unbewusste Wiedergabe gebräuchlicher Bezeichnungsschemata, mit der eine alte, teilweise zutreffende Herrschaftsstruktur innerhalb des Hauses wiedergegeben wurde. Zugleich erweist sich diese Rede besonders in diesem Fall als mangelhaft, da vor allem eine Frau das Haus definiert. Das ist die Mutter – stark, dominant und rücksichtslos, wenn es um ihre Interessen geht. Sie hat durchgesetzt, dass ein Klavier gekauft werden soll, sie tritt dem Pelztierjäger entgegen, als dieser ungebeten ins Haus eindringt, sie entfernt Eve aus dem Haus und verkauft sie nur wenig später an den Jäger. In diesem Sinn formt sie das Zuhause auf verschiedenen Ebenen. Sie bestimmt es in seiner materiellen Ausstattung, die zugleich eine soziale Funktion hat. Sie reguliert den Zugang zum und den Ausgang aus dem Haus, der zugleich eine soziale Schwelle darstellt. Und schließlich nimmt sie sich das Recht, und offenbar hat sie die Macht dazu, jemanden aus dem Haus zu vertreiben. Im Fall Eves bedeutet das, ihr das Heim zu entziehen und sie damit wissentlich an einen ungeschützten Ort in

Abb. 15–16: *The Trap* (*Wie ein Schrei im Wind*, US/CDN 1966, R: Sidney Hayers).

der Wildnis (‚Wildnis' meint hier einen Ort in der Natur ohne weitere Menschen) zu schicken. So gleicht sie der typischen hartherzigen, herrschsüchtigen Stiefmutter aus einem Märchen wie *Aschenputtel*. So gesehen übernimmt von den zwei weiteren Frauen im Haus Eve die Rolle des Aschenputtels. Sie ist ein Mädchen, das vordergründig aus Mitgefühl aufgenommen wurde, doch nur dazu dient, die egoistischen Bedürfnisse der Mutter und ihrer leiblichen Tochter zu erfüllen. Die Tochter des Hauses (Linda Goranson) ist das verwöhnte Mädchen, das, unsensibel und einfältig, eine hysterische Seite besitzt, welche sie unter anderem nach Eves Rückkehr aus der Wildnis offenbart, als sie, die Eves Vertreibung vor allem als eine Möglichkeit zu sexueller Ausschweifung deutet, etwas über deren Beziehung zum Pelztierjäger herauszufinden versucht.

Die Analogie zu bekannten Märchenstrukturen lässt sich selbst am Vater, dem Pelzhändler, weiterverfolgen. Denn er übernimmt jene sonderbar passive Rolle, selbst grausame Dinge geschehen zu lassen, so wie es die ahnungslosen, uninteressierten oder opportunistischen

Väter in Märchen wie *Aschenputtel, Schneewittchen* oder *Brüderchen und Schwesterchen* tun, wenn ihre Kinder durch die neue Ehefrau bedroht und aus dem Haus vertrieben werden. Märchen sind jenes alte Genre, in dem Frauen eine dominante Rolle einnehmen und das Geschehen bestimmen können, einschließlich der Vertreibung des jungen Mädchens, welches sich daraufhin in der Fremde selbstständig bewähren muss. Dies ist ein Grund dafür, weshalb sich die Rollen in *The Trap* so leicht mit bekannten Märchenfiguren gleichsetzen lassen.

Eve wird mehrfach aus ihrem Zuhause vertrieben. Zum ersten Mal, dies wird im Film nicht gezeigt, als ihre Familie getötet wird, woraufhin sie Aufnahme in der Familie des Pelzhändlers findet. Zum zweiten Mal, als die Ziehmutter sie verkauft, woraufhin Eve von dem Pelztierjäger Jean La Bête (Oliver Reed) in dessen weit entfernte und einsam im Wald gelegene Hütte mitgenommen wird. Ein drittes Mal versuchen zwei Indianer sie aus dieser, nun zu ihrem Heim gewordenen Hütte zu entführen, woraufhin diese von Jean getötet werden. Eve macht also mehrfach migratorische Erfahrungen vom Verlust eines alten Heims und dessen Ersatz durch ein neues, und jedes Mal erweist sich die stationäre, an ein Haus gebundene Lebensweise als gefährdet.

Als Eve in der Hütte im Wald ankommt, in der sie nun mit Jean, dem Pelztierjäger, leben soll, findet sie einen einzigen, von ein paar Mäusen behausten Raum vor. Darin steht wenig mehr als ein pritschenartiges Bett, das von Jean benutzt wird. Erst nach und nach wird das Haus eingerichtet. Neben einen schmalen Tisch kommt ein Hocker, dessen Zweck sich darin erfüllt, dass Essensreste darauf abgelegt werden. Jean, obwohl vermutlich am Bau des kleinen Möbels beteiligt, wirft sein angenagtes Fleisch jedoch wie gewohnt auf den Boden, woraufhin Eve es sofort mit ihrem eigentümlich großäugigen Ernst aufhebt. Obwohl in die Hütte verschleppt, besteht Eve hier zum ersten Mal darauf, das Heim und dessen Reglement mitzubestimmen, verlangt also eine Teilherrschaft in diesem Raum, wodurch sie ihn zugleich als einen eigenen anerkennt und einfordert. Diese Forderung wird von Jean ironisiert, denn er macht aus ihren Aufräumarbeiten ein Spiel. Doch die belustigte Aufmerksamkeit, mit der er ihren Gesten folgt, mündet letztlich in die Hoffnung, Eve könne sich nun auch in die Rolle als seine Frau finden und über ihre Teilhabe am Raum nicht nur ein gemeinsames Heim, sondern auch ein gemeinsames Leben als Mann und Frau akzeptieren. Dass die Aufgabe des Interieurs genau so von ihm veranschlagt war, offenbart der enttäuschte Jean, als er Eve, ihr am Tisch gegenüber sitzend, in seinem stückhaften Englisch (Deutsch) vorwirft: „Wozu Tisch gemacht, wenn nur zwei Leute daran sitzen?“ (Abb. 16)

Der Tisch, von dem er spricht, ist aus einem halbierten Stamm und schräg daran gesteckten Ästen gefertigt. Die dazugehörigen Sitze sind gleicher Bauart. Die Möbel also sind von ihrem Ursprung, dem aus dem Wald gewonnen Holz, nicht weit entfernt. Die Wuchsform der Bäume gibt – bei geschickter Auswahl – die Form der daraus entstandenen Möbel vor. Sie lassen sich im Gegensatz zu den Möbeln, mit denen die Pelzhändlerfamilie ihr Haus ausgestattet hat, vor Ort mit den gegebenen Mitteln und dem eigenen Können bauen. Insofern sind sie jederzeit reproduzierbar und müssen das auch sein, denn die roh belassenen Holzmöbel haben voraussichtlich eine recht begrenzte Haltbarkeit. Doch der Tisch hier in der Hütte zeigt als statisches Möbelstück ein weiteres Ziel an, das an stationärer Lebensart erreicht werden soll, und zwar mittels einer Familie.

Was *The Trap* mit *Jeremiah Johnson* und anderen Filmen des Genres verbindet, ist die Fähigkeit der Hauptfiguren, ein neues Zuhause zu erlangen, es aber auch jederzeit für immer verlassen zu können. Die Einrichtung der Häuser, in denen sie sich bewegen, bezeugt praktische Erwägungen, soziale Träume, Luxus und Verzicht, Schutz und Gefahr. Es überwiegen hölzerne Bauten und es gibt eigenhändig gezimmerte Möbel, wie sie sich abseits etablierter Arbeits- und Wissensteilung bauen lassen. Das Einrichten eines stationären Lebens kann mit dem Vorgefundenen sofort begonnen werden, egal wohin man kommt. Sind die Häuser und Möbel jedoch aus Holz, werden das Haus und sein Inhalt, sobald die Bewohnenden ausgezogen oder gestorben sind, schnell verrotten. In seiner momentanen, naturnahen Form kann es nur über längere Zeit bestehen, wenn es von den Bewohnenden und deren Nachkommen stets erneuert wird. Immer handelt es sich um äußerst dynamische Konzepte von einem Heim, wie sie mit dem Leben in der Natur, mit dem Leben in einer kulturellen Kontaktzone (welche von Eve meist als gefährdend erlebt wird) und mit der

Ungewissheit sozialer Strukturen verbunden sind, die angestrebt, aber erst eingerichtet werden sollen.

Eve flieht, nachdem sie zuvor Jean das Leben gerettet hat, aus der gemeinsamen Hütte im Wald. Als sie nach ihrer Flucht schließlich freiwillig zum Jäger zurückkehrt, singt er sein leitmotivisches Lied über eine mit Gold und Perlen beschenkte Frau. Während er zur Jagd aufbricht, entdeckt sie im Haus einen geschnitzten Leuchter, den er, solange sie fort war, angefertigt hat. So dass sich nun der Liedtext zur Beziehung der beiden fügt. Der Mann hat die Frau mit einem Schmuckstück beschenkt, einem, wie es anzufertigen in seiner Macht steht und wie es dem Leben im Wald angemessen ist. Er modifizierte dafür ein bewundertes Objekt, nämlich den mit Schmuckglas bestückten Leuchter, den er im Haus des Pelzhändlers entdeckt hatte. Doch während die herbeigeschafften luxuriösen Dinge in jenem Haus weniger ein Zuhausesein als vielmehr die Sehnsucht nach einem anderen Ort symbolisieren, entwickelt Jean für sich und Eve mit seiner im Wald hergestellten Interpretation des Leuchters das Symbol eines erhofften beiderseitigen Heimischwerdens.

Pflanzen und Wurzeln

Dem Entwurf eines bürgerlichen, weiblich beherrschten Heims entgegengesetzt funktioniert das Haus in *Der Kaiser von Kalifornien* welches ganz und gar Herrensitz ist. Ein Mann baut es in der Fremde auf und holt erst als es fertig ist seine Frau und die beiden Kinder nach. Das Haus steht unter seinem Gesetz, weshalb – in einer bitteren Filmlogik korrekt – Frau und Kinder im Film ohne weiteres und bald nach ihrer Ankunft sterben können. Sie waren an seinem, in einem anderen Land neu aufgebauten Leben weder räumlich noch sozial beteiligt.

Doch etwas anderes sticht bei diesem Film noch hervor. Außergewöhnlich für einen Western sind die dargestellten Pflanzungen: Felder voller Kürbisse, geerntete Weintrauben, bildfüllende Kornfelder und ein klassischer Westernreiter, der in völlig ungewohnter Weise von hohen Wildblumen umgeben auf seine Rinderherde schaut. (Abb. 17) Die reiche Ernte bestätigt, dass der Protagonist Suter das richtige Stück Land wählte, als er sich, kurz nachdem er den wegversperrenden Canon überwunden hatte, hinkniet, die Erde zwischen den Fingern prüft und sie für so ausgezeichnet befindet, dass die geplante Weiterreise aufgegeben wird.

Was diese Szenen interessant macht, ist der Umstand, dass einige Annahmen über Migration, aber auch Beobachtungen sowie ideologische Einflussversuche in Form biologischer, speziell vegetabiler Metaphern mit Wortbildern über Pflanzen und Wurzeln formuliert werden, die in einem bestimmten Boden gedeihen oder aber Störungen ausgesetzt sind. Teilweise erscheinen sie selbsterklärend oder angemessen, teilweise aber auch verwirrend und falsch.

In der Zeichenbeziehung von Signal-Anzeichen-Symbol ist die Metapher auf der Ebene der Symbole angesiedelt. Wäre zum Beispiel eine graue, aufsteigende Wolke ein Signal (eine noch ungedeutete Beobachtung[15]), so würde sie mit ihrer Bezeichnung als Rauch bereits zu einem Anzeichen für ein Feuer (ein kriminalistisches Indiz oder ein medizinisches Symptom stehen in derselben Zeichenbeziehung). Auf der Ebene eines Symbols, einem zusammengesetzten Zeichen also, ließe sich das Feuer als Symbol für Zerstörung, Neuanfang oder Reinigung deuten. Bei der Metapher der Verwurzelung kommt jedoch hinzu, dass die Beziehungen der Zeichen (zuweilen absichtsvoll) ungenau gestaltet werden. Doch, um es deutlich zu sagen: Menschen sind keine Pflanzen; zudem existieren Pflanzen mit unterschiedlichen Lebensäußerungen. Bemerkenswerterweise ist es gerade die markante und ikonische Pflanze der Western, an welcher die widersprüchlich konstruierte Zeichenbeziehung zwischen Pflanzen und Menschen deutlich wird, was später noch zu sehen ist.

Nachdem Suter am Anfang von *Der Kaiser von Kalifornien* aus einer von Weinbergen umgebenen Stadt in der Deutschschweiz aufgebrochen war, absolvierte er in Nordamerika die für einen Western typische Passage zu Pferd und zu Fuß. Im Westen des Kontinents findet nun seine Ankunft statt, als er sich unmittelbar dem Boden zuwendet. Dieser wird jetzt weniger den Untergrund für die Fortbewegung im Raum bilden, sondern den Boden, in den Pflanzen einwurzeln und Ertrag bringen sollen. Die künftigen filmischen Bewegungen werden also nicht mehr darauf gerichtet sein, das Land zu durchqueren.

15 Siehe Umberto Eco: *Im Labyrinth der Vernunft. Texte über Kunst und Zeichen.* Leipzig: Reclam 1989, S. 17, 33.

Abb. 17–18: *Der Kaiser von Kalifornien* (D 1936, R: Luis Trenker).

Stattdessen werden sie sich auf ein Stück Land konzentrieren, an das Suter doppelt gebunden ist: durch seine Verpflichtungen als Besitzer und durch die Art der agrarischen Bewirtschaftung, das heißt, durch die angebauten bodenständigen Pflanzen. Weil darunter auch Weinstöcke sind, mag man sich an die Bilder der verlassenen Heimatgegend erinnern und darin eine mitgebrachte agrarische Vorstellung sehen, die Suter derart erfolgreich in der neuen Heimat umsetzt, dass er im Film als Initiator des kalifornischen Weinbaus gedeutet wird. Kalifornien ist zwar bekannt für seine Weine und Rosinen, aber Western sind nicht das Filmgenre des Rosinenessens oder des Weintrinkens. Gerade jene abgewandelten Genrekonventionen und auffälligen Bildzeichen, die Pflanzen und Boden betreffen, sorgen für neuwertige Variationen, aber auch für Misstrauen gegenüber dem eigentlichen Zweck dieser Abwandlungen. Denn wenn sich diese Abwandlungen nicht nur aus der aufgegriffenen spezifischen Biografie (Suters) und der individuellen Einstellung des Regisseurs (Trenker) ergeben, scheinen sie aus einer überindividuellen Ideologie abzustammen, die damit vertreten werden soll. Zu suchen wäre also nach einer Ideologie, die sich besonders auf agrarische Dinge bezieht, im weitesten Sinn also nach einer, die von Pflanzen und Wurzeln handelt.

In einer Kritik von 1936, in welcher er den damals neuen Film für die deutsche *Lichtbild-Bühne* bespricht, versucht der Autor, sich einer solchen staatlich vorgegebenen ideologischen Linie anzupassen, wie er sich auch bemüht, den Film auf dessen Tauglichkeit für ebendiese Linie zu prüfen. Nach einer kleinen Ungewissheit darüber, ob der gesehene Western in jeder Hinsicht linientreu ist, stellt er sicherheitshalber verallgemeinernd und mit Hilfe des Wortpaars „Blut und Boden" fest: „Bauer und Scholle, Blut und Boden sind die Basis der Entwicklung der Menschheit gewesen und werden es immer sein. Die Weizenmeere Kaliforniens und die Rinderherden von Texas waren die ursprünglichsten Grundlagen der Entwicklung Amerikas."[16] Was in etwa heißt, dass für die „ursprünglichste" Entwicklung in den USA offenbar dieselben Entwicklungsmechanismen einer bäuerlichen Gesellschaft veranschlagt werden, wie man sie damals für Deutschland propagiert.

Wenn man den zu jener Zeit im deutschen Raum herrschenden Nationalsozialismus bedenkt, strahlt das Wortpaar „Blut und Boden"

16 [Albert?] Schneider In: *Lichtbild-Bühne*, 22.07.1936. http://www.cinefest.de/daten/2011/Filme/Kaiser_pop.php (Zugriff am 07.10.2015).

einen bedeutsamen Reiz aus. Der Grund, warum eine Seite aus Oswald Spenglers *Der Untergang des Abendlandes* heute eine höhere Zitationsquote hat als andere, liegt daran, dass hier das später folgenreiche Wortpaar auftaucht, und zwar in diesem Satz: „Aber auf welcher Seite stehen solche Merkmale *in dem Kampf zwischen Blut und Boden* um die innere Form einer ‚verpflanzten' Tier- oder Menschenart?"[17] Was es mit der „‚verpflanzten' Tier- und Menschenart" auf sich hat, bleibt vorerst rätselhaft. Doch was Spengler als Konflikt zwischen „Blut und Boden" benennt, beginnt wenige Jahre später eine Karriere als sich bedingendes Wortpaar in Max Wundts Schrift *Was heißt völkisch?*, in welcher er über die „natürlichen Wurzeln" des deutschen „Volkstums in Blut und Boden"[18] schreibt. Über verschiedene Publikationen hinweg geht das Wortpaar schließlich in den Grundwortschatz nationalsozialistischer Politik ein, in der man sich ein grundsätzlich „wurzelstarkes Bauerntum"[19] wünschte und sich zugleich einer Okkupationspolitik im Sinn einer agrarischen Ideologie widmete. Zur „Blut-und-Boden"-Ideologie gehören drei Aspekte: das Agrarische (Boden), die rassische Bindung an den Boden (Blut) und die Neubindung andernorts, deren Erfolgsaussichten wiederum rassisch begründet werden. Damit wurden zwei Dinge angestrebt, die widersprüchlich sind. Nämlich einerseits eine äußert starke nationale Bindung, die abstammungshistorisch gedacht wird (Blut), und zwar auf dem Gebiet (Boden) des ursprünglichen nationalen Raums. Andererseits wird eine räumliche Ausbreitung, vorzugsweise nach Osten hin,[20] angestrebt, also eine kolonialistische Erweiterung des eigenen,

17 Oswald Spengler: *Der Untergang des Abendlandes. Umrisse einer Morphologie der Weltgeschichte* [1923]. München: Beck 1990, S. 708 (Herv. i. Orig.). Die Passage taucht im Kapitel „Städte und Völker", Unterkapitel „Völker, Rassen, Sprachen" unter der Überschrift „Blut und Boden" auf (die nur im Inhaltsverzeichnis, nicht aber im Text selbst abgedruckt ist).

18 Max Wundt: *Was heißt völkisch?* Langensalza: Beyer & Söhne 1924, S. 32.

19 Das von Georg Kenstler und Friedrich Schmidt ab 1928 herausgegebene Periodikum *Blut und Boden* trug den Untertitel „Monatsschrift für ein wurzelstarkes Bauerntum, für deutsche Wesensart und nationale Freiheit". Die Zeitschrift insgesamt war wohl wenig einflussreich, dafür aber einige der durch sie vorgetragenen Ideen und Formulierungen. (Siehe dazu auch Cornelia Schmitz-Berning: *Vokabular des Nationalsozialismus*. Berlin: de Gruyter 2007, S. 111.)

20 Andrea Oberheiden-Brent sieht den Western *Der Kaiser von Kalifornien* als ‚Blut-und-Boden'-Film. Sie stellt ihn in eine Reihe mit Filmen wie *Ohm Krüger* (D 1941, R: Hans Steinhoff / Karl Anton / Herbert Maisch) und *Carl Peters*

das heißt selbst beherrschten Gebiets, wodurch fremder und neuer Raum unter die eigene nationale Herrschaft gestellt werden sollen. Die innewohnende Ursprungsmythologie soll dafür sorgen, dass das von Auswandernden neu besetzte Land fest an das nationale Mutterland gekoppelt bleibt.

Da es sich bei *Der Kaiser von Kalifornien* um einen Western (vorwiegend) deutscher Produktion handelt, der während der Zeit des Nationalsozialismus gedreht wurde, liegt die „Blut-und-Boden"-Version[21] eines Kolonialismus und damit eine spezielle Version gedachter menschlicher Verwurzelung nahe. Durch die Filmbilder von den neuen, im kurz zuvor betretenen Land angelegten fruchttragenden Äckern, den Bildern davon, wie mehrere Männer synchron ein großes Kornfeld mähen (Abb. 18), den stolz präsentierten Säcken voller Weizen und dem Führer deutscher Herkunft wirkt sie passend. Das (anachronistisch) Agrarische, nicht-Urbane, Vorindustrielle dieses Westerns lässt sich, wie Suters wiederholter Ruf nach Land, welches er brauche, als Anzeichen einer verfilmten „Blut-und-Boden"-Ideologie[22] deuten. Allerdings sind das Agrarische und Nichturbane zwei Merkmale eben jener Filme, die dem Genre Western zugerechnet werden. Fast ebenso zentral ist im Genre das Motiv, Land zu beschaffen, zu besetzen und zu besiedeln. Da es sich um Genremerkmale handelt, wären Western, in denen diese Motivik aufgegriffen wird, pauschal dafür geeignet, im Sinn einer nationalsozialistischen Ideologie interpretiert zu werden. Dies erscheint gewagt und falsch, verweist aber auf eine Gemeinsamkeit, die sich ebenso in anerkannten

(D 1941, R: Herbert Selpin) sowie mit Hans Grimms Roman *Volk ohne Raum* (1926), der ähnlich wie die Filme als ideologische Begründung für eine okkupative Ostpolitik benutzt wurde. Zugleich weist sie auf den Widerspruch hin, dass sich die Migrationsziele in allen genannten Werken nicht in östlicher Richtung, sondern im Süden Afrikas oder in Nordamerika befinden. (Andrea Oberheiden-Brent: *Der Spielfilm des Nationalsozialismus. Abgrenzung von der Fremde und Kampf für die Heimat*. Hamburg: Diplomica 2014, S. 30.)

21 Zu deutschen Filmen der Jahre 1933–1945 und der ‚Blut-und-Boden'-Ideologie siehe David Welch: *Propaganda and the German Cinema 1933–1945*. London / New York: Tauris 2001, S. 79–122 (Kap. „Blood and Soil (Blut und Boden)").

22 Siehe Carola Daffner: 30 August 1936. Luis Trenker Tries but Fails to Sidestep Nazi *Filmpolitik*. In: Jennifer M. Kapczynski / Michael D. Richardson (Hrsg.): *A New History of German Cinema*. Rochester / New York: Camden House 2012, S. 268–274, hier S. 270.

„Blut-und-Boden"-Filmen wie *Ohm Krüger* und *Carl Peters* findet, nämlich die Geste einer sich selbst legitimierenden kolonialen Erzählung.

Insofern sind diese Merkmale zu allgemein und können nur dann als nationalsozialistisch gedeutet werden, wenn sie in einen bestimmten Kontext eingebunden werden, welcher bei *Der Kaiser von Kalifornien* tatsächlich zeitlich, politisch und räumlich gegeben war. Wenn Trenker dennoch sagte, er hätte nicht beabsichtigt, einen politischen Film zu machen,[23] so mag das stimmen, wenn er damit meinte, dass er keinen eindeutig politisch verankerten Propaganda-Film drehen wollte. Aber es wäre naiv von ihm gewesen – und es wäre naiv vom Publikum, dies zu glauben –, wenn er nicht im Bewusstsein der herrschenden Ideologie Schlüsselreize genutzt hätte, von denen er wusste, dass sie so gedeutet würden oder so gedeutet werden konnten. Schneider hat das in seiner Besprechung für die *Lichtbild-Bühne* umgesetzt: Er interpretiert Trenkers Film erst einmal nicht im Sinn einer aktiven materiellen Vereinnahmung, nicht im Sinn der tatsächlichen Okkupation eines anderen Landes. Es geht ihm zunächst nur um einen Analogieschluss, der die Gültigkeit der eigenen (deutschen) Einstellung durch internationale, überregionale Erfahrbarkeit beweisen soll. Abgesehen davon behauptet er, es sei schon immer so gewesen, dass Bauer und Scholle, Blut und Boden die Basis von Entwicklung sind, und dies würde für die gesamte Menschheit gelten, was er wiederum durch das konkrete filmische Beispiel belegt sieht. Wird dieser Beweis als gültig erachtet, kann darüber dann eine ideologische Inbesitznahme aktiviert werden, der möglicherweise eine materielle folgen soll.

In jedem Fall werden, wenn Menschen in einen Naturraum eintreten, um ihn zu besetzen und zu bewohnen, für eine Präsentation im filmischen Raum naturnahe Metaphern benutzt. Und da wiederum im Denken und Sprechen über Migration das Bild von einer menschlichen ‚Verwurzelung' bedeutsam ist, gibt es mindestens zwei Gründe dafür, solche Erlebnisbeschreibungen und Kulturdeutungen zu sichten, die auf Pflanzliches ausgerichtet sind. Weil gerade Spengler eine

23 Nach Auskunft seines Sohns Florian Trenker sollte es ein unpolitischer Film werden (siehe Stefan König / Florian Trenker: *Bera Luis. Das Phänomen Luis Trenker*. München: Berg & Tal 2006, S. 173). Luis Trenker selbst führte gern das Missfallen über das Ende des Films, welches Goebbels und Hitler äußerten, dafür an, dass sein Film nicht nationalsozialistisch sei (siehe Luis Trenker: *Alles gut gegangen. Geschichten aus meinem Leben*. München: Bertelsmann 1972, S. 345).

wirkungsreiche, biologische Metaphorik pflegte und die Geschichte von Kulturen wie organische Biografien beschrieb, soll hier, beispielhaft, noch einmal sein oben zitierter Satz betrachtet werden. Dieser Satz besitzt neben der bereits besprochenen Worteinheit von „Blut und Boden" eine zweite, mit welcher der Autor eine Analogie zwischen Pflanzen und einzelnen menschlichen Eigenschaften formuliert. Und das tut er mit seiner sonderbaren Äußerung über eine „‚verpflanzte' Tier- und Menschenart".

Offenbar meint er damit das, was er andernorts „pflanzenhafte Rassemerkmale"[24] von Tieren und Menschen nennt. Diese zeigen sich, so schreibt er, in der Rückenlinie eines Dromedars, dem Fellmuster eines Tigers oder eines Zebras, aber auch in dem Umstand, dass Tiere und Menschen sich zuweilen nicht selbst bewegen, sondern von Naturkräften bewegt werden, vom Wind zum Beispiel, was Spenglers Auswahl zufolge vornehmlich Birken, zarten Kindern und Vögeln geschieht, eher feingliedrigen Wesen also und weniger den von ihm zuvor beschriebenen männlichen Heldentypen. Letztere, eine Einheit von Kameraden bildend, würden unbewusst und rein gefühlsmäßig für „Rasseschönheit" sorgen; sie würden ein vor allem in der selbsttätigen Bewegung des Körpers und seines Fleisches erkennbares Ideal ausprägen. Dieses Ideal würde – Spengler kann nicht umhin auf einer ihn offenbar störenden, doch realitätsnahen Ebene zu bemerken, dass auch Frauen nötig sind, um eine „Rasse" zu bilden – unabhängig davon ausgeprägt, welche Frauen genau für die Zeugung der künftigen idealen Rassevertreter herangezogen werden. Bei seinen „pflanzenhaften" Merkmalen handelt es sich also um zusammengesetzte Metaphern, die er in entsprechenden Argumentationsformen ausbaut und schützt. Menschliche „Rasseschönheit" zeigt sich für ihn vor allem in der selbsttätigen Bewegung und damit in dem, was nicht pflanzenähnlich ist. Dagegen wirken die pflanzenhafte Unbeweglichkeit, die Passivität und das Erduldenmüssen äußerer Einflüsse für erwachsene, männliche Menschen wenig angebracht und werden vermutlich darum nicht erwähnt.

Alle Metaphern müssen, um dechiffrierbar und glaubwürdig zu sein, an das reale Erleben gebunden werden; doch zugleich, das gehört zu ihrer Funktionsweise, gehen sie darüber hinaus. Ist es für Tiere und

24 Hier und im Folgenden Spengler: *Der Untergang des Abendlandes*, S. 706–710.

Menschen ungewöhnlich, wenn sie sich nicht bewegen – und ‚bewegen' bedeutet verallgemeinert auch: die Orte des Aufenthalts zu wechseln –, so scheint es bei Pflanzen seltsam, wenn sie es tun. Während Unbeweglichkeit bei Lebewesen wie Tieren und Menschen nicht nur den Schlaf anzeigt, sondern auch den Tod, gilt für Pflanzen die umgekehrte Annahme. Pflanzen, die sich bewegen oder bewegt werden, sind potenziell gefährdet. Es scheint ungewiss, ob sie wieder einwurzeln und weiterwachsen, und möglicherweise wurden sie durch ihre Entwurzelung derart verletzt, dass sie sich als nicht mehr lebensfähig erweisen.

Die Rede von einer menschlichen ‚Verwurzelung' und ‚Entwurzelung' gehört in einen Metaphernkomplex, der um naturalistisch gedachte Vorstellungen kreist, wobei ‚naturalistisch' in diesem Fall heißt, dass naturgegebene Vorgänge, und speziell solche, die Pflanzen betreffen, normativ für eine Fülle anderer Erscheinungen gelten. Die Wurzelmetapher taucht in ihrem Kern etwa gleichlautend in äußerst unterschiedlichen Zuständen und Entwicklungsstufen auf.[25] Sie trägt zu einer Vorstellung bei, die indirekt und teilweise unbedacht in der vegetabilen Metapher mitschwingt, nämlich dass Menschen an einen bestimmten physikalischen Raum gebunden sind. Es geht hier nicht nur um die Nähe zu einer kulturellen Identität, die prinzipiell transportabel wäre, sondern, und hier wirkt sich der wörtliche Anteil der Metapher aus, um eine räumliche und an diesen Raum gebundene kulturelle Vertrautheit, wenn Menschen wie bodenständige Pflanzen gedeutet werden. Es ist eine Metapher, die darauf zielt, dass Menschen bodenständig, also einer Pflanze gemäß, verharren, um ein stationäres, wurzelschonendes Leben zu verbringen, weil sonst eine nicht zu behebende Schädigung droht.

25 Für eine kommentierte Auswahl an Beispielen siehe Rainer Guldin: *Politische Landschaften. Zum Verhältnis von Raum und nationaler Identität.* Bielefeld: Transcript 2014, insb. S. 215–232. Siehe beispielhaft auch Stefanie Arends Aufsatz über Maurice Barrés Roman *Die Entwurzelten* (*Les déracinés*, 1897) und die im Vergleich dazu andersartige Deutung von ‚Verwurzelung' bei Ernst Jünger. Während menschliche Entwurzelung bei Barré zu Perversion führt und seine Beschreibung derselben einer nationalistisch unterfütterten Dekadenzkritik dient, bietet die ursprüngliche ‚Verwurzelung' eines Menschen bei Jünger den Nährboden für Entfesselung und Erneuerung. (Stefanie Arend: Jüngers Frühwerk im Fluchtpunkt von Barrès' Konzeption des Nationalismus. In: Lutz Hagestedt (Hrsg.): *Ernst Jünger. Politik – Mythos – Kunst.* Berlin / New York: de Gruyter 2004, S. 25–34, hier S. 28–29.)

Darum wirken diese Wortbilder selbsterklärend, denn in Analogie zu einer Pflanze ist eine ‚Entwurzelung' als existentielle Verletzung oder wenigstens Gefährdung gedacht, nach der es Mühe und Zeit kostet, in einen neuen, fremden Boden hineinzuwachsen, und möglicherweise, falls ungünstige Bedingungen vorgefunden werden, scheitert dieser Versuch. So sehr dabei nach einem gemeinsamen, gültigen Muster für menschliche Erfahrungen in der Fremde gesucht wird, so wenig wird dabei die Vielfalt pflanzlicher Existenzformen bedacht.

Unter den Pflanzen bietet gerade das ruthenische Salzkraut – auch Steppenhexe oder Tumbleweed genannt – das Bild einer diffusen Beweglichkeit und ambivalenten Symbolik. Es wurde zur ikonischen Pflanze der Filmgattung Western, einer Landschaft und eines nationalen Bildes. Es ist ihr totes pflanzliches Material, das, wenn es sich rollend bewegt, oder besser: wenn es sich durch den Wind fortbewegen lässt, unscharfe Grenzen markiert, nicht nur zwischen lebend und tot, sondern auch zwischen Räumen. Die in einem Western auf einer leeren Straße heranwehenden Büschel der Pflanze betonen eine Bewegung innerhalb einer Umgebung, die sich durch Bewegungslosigkeit auszeichnet. Der Wind rollt sie aus der Steppe in die Stadt, aus dem menschenleeren, menschenfeindlichen Draußen des offenen Landes in einen menschengemachten Raum, der schützen soll, aber nicht kann. Das Widersprüchliche kündigt die Katastrophe an, das trockene und darum tot erscheinende Gesträuch den nahen Tod eines Menschen. Oft stirbt dann jemand im Duell. Doch während hier die vertrocknete, vorbei rollende Pflanze Dürre, Ödnis, Verlassenheit und Tod symbolisiert, ist die reale Pflanze auf diese Art beschäftigt, sich auszubreiten.

In *Shane* ist das Duell schon vorbei und das anschließende Begräbnis hat begonnen, als ein trockener Busch Steppenhexe den Pferden, die mitgebracht wurden, an die Beine rollt und sie aufschreckt. Kann man die Pflanze auch hier noch als Todesbotin deuten, durch deren Auftauchen der Schreck über den Tod symbolisch nachhallt, so erhält ihr Erscheinen eine weitere Bedeutung, wenn man bedenkt, dass das ruthenische Salzkraut selbst eine erfolgreich migrierende Pflanze ist. Vermutlich waren Samenkörner des Salzkrauts unabsichtlich dem Flachssamen beigemischt, der in den 1870er Jahren von Russland aus in die USA eingeführt wurde. Heute ist das ursprünglich aus Mitteleuropa stammende Kraut in den Steppen und Wüsten der USA beheimatet und es breitet sich weiter aus.[26] Wenn sich aus den Blüten Samen entwickelt haben, bricht der trocken gewordene Pflanzenbusch über der Wurzel ab und lässt sich vom Wind über den Boden rollen, um an neue Orte zu gelangen und dort seine Samen auszustreuen. Der Pflanze nicht unähnlich sind es in jener Begräbnisszene gerade die neu hinzugekommenen, siedelnden Menschen, die nun, im Streit um das Siedlungsland, entscheiden müssen, ob sie bleiben wollen oder nicht. Bleiben sie nicht, werden sie weiterziehen wie die Pflanzen, um einen geeigneteren Ort zu finden.

In *Tumbleweeds*[27] wird diese Analogie sogar im Titel aufgegriffen. Der Film ist ein Western über einen den Pflanzen nicht unähnlich umherziehenden Cowboy, der sich verliebt und sich daraufhin während der groß angelegten Besiedlung (dem historischen *Land Rush* von 1889) in Oklahoma niederlassen möchte. Auch in *Tumbleweed*[28] – hier in der Einzahl auftauchend – ist ein Siedlungstreck die Antriebsfeder der Ereignisse, doch der Titel bezieht sich auf ein Pferd, das wie die Pflanze zwar struppig, aber sehr widerstandsfähig ist und wunderbarerweise eine lebensrettende Klugheit offenbart.

So ist die ikonische Pflanze der Western in ihrer für eine Pflanze diffusen Beweglichkeit sowohl Todesbotin als auch Umschreibung eines ruhelosen, umherwandernden Lebensstils. Sie ist eine Lebensform, die Wurzeln zurücklassen kann, weil sie die Option besitzt, sich anderswo neu anzusiedeln, und die während einer Zeit des Getriebenseins nicht gerade mit pflanzlichem Liebreiz aufwartet, dafür aber mit äußerster Widerstandsfähigkeit. Dass die Steppenhexe in ihrem außerfilmischen Lebensraum auch als Unkraut, also als eine Pflanze klassifiziert wird, die den von Menschen angebauten Kulturpflanzen schadet, spielt in Western keine Rolle. Denn Äcker, deren gewünschter Bewuchs von ihr gestört werden könnte, tauchen in diesen Filmen selten auf. Dadurch entgehen die Western einer der riskantesten Analogien, die

26 Sergei L. Mosyakin: Salsola tragus. In: Flora of North America Editorial Committee (Hrsg.): *Flora of North America, North of Mexico,* Bd. 4: Magnoliophyta: Caryophyllidae, Tl. 1. New York / Oxford: Oxford UP 2003, S. 399.

27 *Tumbleweeds* (US 1925, R: King Baggot / William S. Hart).

28 *Tumbleweed* (*Drei waren Verräter*, US 1953, R: Nathan Juran).

zwischen Pflanzen und Menschen konstruiert wurden,[29] jener vom alles überwuchernden Unkraut, das, soll eine Kultur erhalten werden, mit den Wurzeln ausgerissen und ausgerottet werden muss.[30] Kulturpflanzen, sowohl heimische als auch aus anderen Ländern mitgebrachte, sind für die großen Naturlandschaften der Western nebensächlich. In *Der Kaiser von Kalifornien* oder *Massai* bebildern sie zwar eine positive Entwicklung. Häufiger aber sind sie im Bild, wenn gezeigt wird, wie das Unbewegte, das den Pflanzen zugewandte Bodenständige, zum leichten Ziel von Angriffen wird.

Als in *Django Unchained* zwei Kopfgeldjäger ihrem Opfer auflauern, schockiert nicht nur der Umstand, dass der zu tötende Mann nichts von seinem Schicksal ahnt oder dass sein Sohn, der neben ihm arbeitet, seinen Tod mitansehen wird. Es ist auch nicht nur die kaltblütig bedachte Effizienz, mit welcher der Kopfgeldjäger dieses offene, leicht abzuschätzende menschliche Ziel seinem Lehrling anbietet. Es sind die abgemessenen und absolut voraussehbaren Bewegungen, mit denen der Mann sein Feld pflügt, die zum emotionalen Widerstand gegenüber der geplanten Tat beitragen. Denn er bewegt sich ausschließlich innerhalb dieses klar begrenzten, beackerten Feldes, und da er sich so brav in dessen Rahmen bewegt, scheint es wiederum schwer vorstellbar, dass er sich zuvor außerhalb eines anderen Rahmens, außerhalb eines juristisch und moralisch zulässigen nämlich, bewegte und einen Menschen tötete. Dies jedoch ruft der erfahrene Kopfgeldjäger seinem Lehrling ins Bewusstsein, um ihn dadurch für die eigene bevorstehende Mordtat zu befähigen.

In *Jeremiah Johnson* kniet Jeremiahs indianische Frau auf der Erde vor der Hütte, um einige Pflanzen einzusetzen. In diesem Moment beweist ihr Tun, genau wie die aufwendig gebaute Hütte in Reichweite, dass die kleine Familie hier länger leben will. Die mindeste Zeitspanne, die man als sinnvoll annehmen kann, wäre jene, bis die

29 Siehe Guldin: *Politische Landschaften*, S. 223–224. Guldin analysiert u. a. jene angebliche Analogie zwischen menschlichen Gesellschaften und Pflanzen, die Heinz Ellenberg behauptete. Ellenberg meinte, dass „primitive Völkerschaften" und Unkraut gleichermaßen anspruchslos und nomadisch seien; gerade in ihrer Anpassungsfähigkeit an jegliche Standorte zeige sich ihre Primitivität.

30 Genau das verursacht einen unangenehmen Unterton in der heutigen Rede über invasive Pflanzen (und Tiere), wenn sie teilweise kaum verhohlen fremdenfeindliche Metapher ist, die darauf zielt, eine angeblich ursprüngliche, originale, reine Landschaft vor einer verfälschenden Überfremdung zu schützen.

Pflanzen Früchte tragen. Jedoch ist der Augenblick des Pflanzens im Film fast der letzte, in dem das ortsgebundene Leben intakt ist. Nur wenig später bricht das Unglück über die Frau und den Jungen herein. Denn die angebauten Pflanzen, die ortsgebunden existieren, sind vereint mit dem Motiv der Auffindbarkeit. Durch jene Auffindbarkeit aber, die mit dem stationären Leben in einem Haus einhergeht, büßt in vielen Western das Haus für die Menschen, die es bewohnen, seinen wichtigsten Zweck ein, nämlich zu schützen.

Das Haus als Grab

In *Jeremiah Johnson* werden verschiedene Arten eines Zuhauses aufgeführt, welche mit einer Familie und, bemerkenswerterweise, mit der Erfahrung des Todes gekoppelt sind. Der Tod und das Haus werden im Film erstmals kombiniert, als Jeremiah, nachdem er Bear Claw Lapp, seinen Lehrmeister in Fragen des Waldlebens verlassen hat, überraschend eine Frau findet. Sie kauert vor ihrem Blockhaus, das allein auf dem sonnenbeschienenen Hang einer Lichtung steht. Auch dieses ist ein Haus im Wald. Den Tod der vor ihr liegenden Tochter ignorierend, wirft sie ihr verzweifelt vor, die Haube nicht aufgesetzt zu haben, welche das Mädchen zum Schutz vor der Sonne hätte tragen sollen. Die Sonne allerdings war nicht das tödliche Element, weder für das Mädchen noch für die anderen hier liegenden Kinder. Sie wurden von Indianern getötet, nachdem es jenen nicht gelungen war, die Familie auf andere Weise zu vertreiben und damit ihre eigene Vorstellung eines heimatlichen Raums zu entstören.

Jeremiah hilft dieser Frau, die Toten zu begraben. Das Begräbnis wird innerhalb einer christlichen Ikonografie vorgetragen, wobei drei Heimatkonzeptionen zugleich aufgerufen werden. Heimat habe ich als emotionale Bindung an ein gewohntes Umfeld definiert. Dieses Umfeld kann ein Ort sein, womit eine ortsgebundene Heimatkonzeption vorliegt. Es können eine oder mehrere Personen sein, die als Heimat empfunden werden. Eine personengebundene Heimatkonzeption also. Zum Dritten kann es ein göttliches Wesen mit einem dazugehörigen Reich sein, auf das ein Heimatgefühl projiziert wird. Eine nicht-irdische Heimatkonzeption liegt dann vor. Diese drei können einzeln angewandt werden, doch werden sie in dieser Szene vermischt. Die Frau hatte mit den geliebten Personen ihrer Familie an

einem Ort eine neue Heimat gefunden. Die Familie wurde getötet, das weitere Leben am ausgewählten Ort ist fraglich, weshalb sie den Gedanken an eine fortdauernde göttliche Heimat formuliert, die sie während des Begräbnisses anruft.
Jeremiah versucht anschließend, die Frau von den Gräbern fort- und zu dem Haus zurückzuführen. Doch das nicht mehr von den Kindern bewohnte Haus wird für sie unbewohnbar, und so wendet sie sich dem neuen Heim ihrer Kinder zu, das für sie, als noch Lebende, zwar momentan nicht einzunehmen ist, jedoch den Zielpunkt ihres Daseins bildet. Umso überraschender ist es für Jeremiah, als er im Haus noch einen Jungen findet, der überlebt hat. Die Frau bittet nun den völlig Fremden, ihr einziges am Leben gebliebenes Kind mitzunehmen, was ihre Absicht unterstreicht, sich ganz dem Schmerz über ihren Verlust hinzugeben. Immer in der Nähe des Hauses bleibend, aber nicht darin, sondern bei den Gräbern ihrer anderen Kinder lebend, wird sie wahnsinnig und passt sich insofern dem Zwischenzustand an, der von der Unmöglichkeit gekennzeichnet ist, das vorhergehende Leben wiederzuerlangen, wie von der Unmöglichkeit, den toten Kindern zu folgen.
Für Jeremiah jedoch wird durch den überantworteten Jungen das selbstgewählte Exil gestört. Noch unentschlossen, wie er dieses Problem lösen soll, nimmt er das Kind mit auf seine Wanderungen. Schon wenig später erhält Jeremiah – wegen seiner Unerfahrenheit in indianischer Gastfreundschaft – eine Frau zugesprochen und findet sich plötzlich absichtslos inmitten einer familiären Konstellation wieder. Der Junge und die Frau folgen Jeremiah, der seinen mobilen und nur sich selbst verpflichteten Lebensstil nicht aufgeben will. Sie pausieren zuerst an Lagerstellen im Wald, womit Jeremiah wieder an das Konzept der naturgegebenen Unterkunft, die eingenommen und verlassen wird, ohne verpflichtend zu sein, anknüpft. Doch bald sieht man die drei Personen, wie sie im Wald gemeinsam ein Haus aus Baumstämmen bauen, wobei nun alle zufrieden ihre Rollen als Familienmitglieder einnehmen und zugleich den materiellen Ausdruck dafür errichten, nicht nur an einem festgelegten Ort, sondern *zusammen* leben zu wollen.
Diese stationäre Bleibe wird zugleich an das Motiv der Auffindbarkeit, wie sie mit einem ortsgebundenen und insofern statischen Verharren einhergeht, gekoppelt. Dass jene, die an einem festen Ort wohnen, sich

nicht leicht entziehen können, trifft in Western oft die Frauen und Kinder, wodurch das eigentlich schutzgebende Haus immer beunruhigend bleibt, da es zugleich ein so offensichtliches Anzeichen von Anwesenheit bildet. Dass die tödlichen Folgen meist den Frauen und den Kindern widerfahren, erklärt sich zugleich aus der bevorzugten Erzählweise von Western, in der den Wegen einer männlichen Hauptfigur gefolgt wird. Deren Prüfungen sollen tiefgreifend sein und sie sind es, je größer der hervorgerufene Schmerz ist.

Bei Jeremiah treffen Soldaten am Haus im Wald ein und richten ein Hilfeersuchen, im Namen einer anderen Gemeinschaft an Jeremiah. Er soll aufgrund seiner Ortskenntnis einen Hilfstrupp führen, der aufgebrochen ist, um weiße Siedlerinnen und Siedler, die in einem ihnen unbekannten Landstrich feststecken, zu retten. Der entscheidende Moment für das Unglück, welches ihn und seine Familie bald treffen wird, bahnt sich an, als sie auf ihrem Weg eine indianische Grabstätte kreuzen. Jeremiah kennt das Verbot, diese Stätte zu betreten oder zu durchqueren, lässt sich aber zugunsten der dringend Hilfe benötigenden Lebenden dazu überreden, das Verbot zu missachten. Doch die Grabstätten selbst formen ein symbolisches Zuhause. Es geht also nicht nur um die Frage, inwieweit die Rechte der Toten zugunsten von Lebenden außer Kraft gesetzt werden dürfen, sondern auch darum, wie die Zugehörigkeit zu Gemeinschaften und die den Tod einschließenden Vorstellungen von Zuhause und Heimat zu achten sind.

Die indianischen Gräber bestehen aus hölzernen Stangen, welche ein vierpfostiges Gerüst für eine Art hochgelegenes Bett bilden, auf dem die Toten frei unter dem Himmel liegen, umgeben von einigen Habseligkeiten. Nicht nur markieren die errichteten Ruheplätze mit den Verstorbenen und ihren Besitztümern eine für diesen Zweck gebräuchliche, minimale Version eines Heims und ein auf unbestimmte Zeit hin ausgedehntes, unverrückbares Zuhausesein an diesem Ort. Sie verweisen ebenso auf die Gemeinschaft, aus der die Toten kommen. Die Zugehörigkeit wird selbst in ihrem Tod abgebildet und bleibt durch das Verbot, diesen Raum zu betreten, stets intakt. Denn das Verbot wird nicht nur erklärt, sondern auch durch die Bestrafung derer, die es übertreten, bestätigt.

Als Jeremiah auf seinem einsamen Rückweg noch einmal die Grabstätte durchquert, betritt er wiederholt einen Ort, an dem eine

Abb. 19: *Jeremiah Johnson* (US 1972, R: Sydney Pollack).

Politik des Trauerns mit einer Statik der Toten (der ihnen eigenen Unmöglichkeit, sich selbst zu bewegen) einhergeht. Doch so wie die Toten in ihrem nun fortwährenden Zuhause auffindbar sind, ist es auch Jeremiahs Familie. In der symbolischen Umkehrung weist das statische Heim der (indianischen) Toten zum todverheißenden statischen Haus der noch Lebenden. Eilig in das eigene Haus im Wald zurückkehrend, findet er dort, hierin das Schicksal vieler männlicher Westernhelden teilend, tatsächlich den Jungen und die Frau getötet vor. In ihrem Tod sind das Kind und die Frau an das Haus gebunden und Jeremiah sorgt dafür, dass sie es auch darüber hinaus bleiben. Denn in einem selbst inszenierten Begräbnisritus widmet er das Haus zum Grab um. Er wickelt die Toten in Decken, bettet sie, die ambivalente Ähnlichkeit von Schlaf und Tod beachtend, auf die Schlafstatt, bedeckt beide mit einem großen Fell und zündet das Haus an. (Abb. 19) Die Familie existiert nicht mehr und in der Konsequenz wird auch das Haus, in welchem sich die Ansprüche als Familie materialisiert hatten, zerstört.

Dessen Ruine wird Grabmonument und bleibt zugleich eine Art von zu Zuhause, insofern es ein Ort ist, an den Jeremiah zurückkehrt und emotional gebunden bleibt. Er verändert oder erneuert das Zerstörte nie, denn auf dem zerstörten Zustand des Vergangenen beharrend gibt er sich vollkommen seiner Rache hin, so dass er das Vorgefallene nicht nur wiederkehrend bestätigt, sondern sich auch der unerfüllbaren

Sehnsucht nach dem verlorenen Heim versichert, dessen Monument er mit der verkohlten Hausruine selbst geschaffen hat.

Das Haus als Grab, wie es sich an diesem Ort im Wald manifestiert, hatte bereits einen Vorläufer, und dieser wird auch noch einmal gezeigt. Jeremiah kehrt – der dramaturgischen Kreisstruktur, in welcher der Film angelegt ist, folgend – zu jenem Haus zurück, aus welchem der von ihm aufgenommene Junge stammte.

Die trauernde Mutter, die Jeremiah früher hier angetroffen hatte, ist verschwunden, aber sie ist nicht fortgegangen, sondern am Grab der Kinder verharrend gestorben. Sie personifizierte eine depressive Trauer, eine psychische Verletzung, die so schwer wog, dass sie bewegungslos machte, während Jeremiah nach einer ähnlichen Erfahrung jenes Konzept vorträgt, das ein Grundthema nicht nur vieler Western, sondern auch anderer Actionfilme bildet, nämlich den emotionalen Schmerz über einen Verlust in eine anhaltende Bewegung umzusetzen. Auch wenn dies innerhalb des einzelnen Films wie eine affektive, individuelle Reaktion wirkt, so handelt es sich doch zugleich um eine Politik des Trauerns, die vorsätzlich filmisch inszeniert und häufig geschlechtsspezifisch geschieden wird. Die männliche Rache, das heißt das ruhelose Umherstreifen eines Mannes, um jene zu finden und zu töten, die seine emotionale Verletzung verursacht haben, ist ein verbreitetes Motiv. Man kann von einer Politik des Trauerns sprechen, auch wenn die einzelnen Wörter sich auszuschließen scheinen, denn während die Trauer selbst als schwer beherrschbarer, irrationaler Affekt betrachtet wird, zeigt sich in dem wiederholten Muster doch eine Politik, eine abwägende, zielgerichtete, vorausschauende Handlung, die mehrere Menschen betrifft.

Diese Politik des Trauerns erstreckt sich auch auf die Auswahl der Grabstätten, denn mit den Gräbern wird die Verheimatlichung der Verstorbenen fixiert. Heute ist dies über den Einzelfall hinaus präsent, wenn orts- oder landesfremde Opfer von Naturkatastrophen, Terroranschlägen, Flugzeugabstürzen und Kriegen zurück an ihre Wohnorte oder in ihre Herkunftsländer gebracht werden, wobei die Interessen dreier Gruppen besonders berücksichtigt werden: 1) die möglichen Wünsche der Toten, in der Heimat begraben zu sein, 2) die Wünsche der trauernden Angehörigen, die Toten in ihrer Nähe zu wissen, und 3) nationale Wünsche, die darauf zielen, die Toten als

Staatsangehörige zu behandeln, sie also über den Tod hinaus dem eigenen System zuzuordnen.

Diese Frage der Zugehörigkeit stellt sich ebenso in migratorischen Prozessen, wo letztlich mit der Grablegung entschieden wird, welcher Ort, und damit welches Land, zur gewissermaßen endgültigen Heimat bestimmt wird. Dies bindet die Toten und deren Angehörige. Im Oktober 2015 wurde in Berlin ein fünfjähriger Junge namens Mohamed entführt. Er gehörte zu einer bosnischen Familie, die nach Deutschland migriert war und in dessen Hauptstadt im Status der Duldung lebte. Kurz nachdem der Junge, der Opfer eines Verbrechens wurde, tot aufgefunden worden war, begrub man ihn in Berlin nach islamischer Sitte. Berlins Innensenator sicherte der Familie zu, dass er ihren weiteren Aufenthalt genehmigen werde, und teilte mit: „Die Mutter soll am Grab ihres Sohnes trauern können."[31] Für die Weiterlebenden wird also durch das Grab des Kindes über die künftige Heimat – als den Ort eines dauerhaften Aufenthalts und einer emotionalen Bindung, die hier sehr ambivalent sein wird – entschieden.

Jener Frage, ob Tote in heimatlicher oder fremder Erde begraben werden, muss die Frage folgen, welcher Ort Heimat und welcher Fremde ist, denn möglicherweise hat sich diese Beziehung während der Migration umgekehrt. Die indianischen Darstellerinnen und Darsteller in europäischen Westernshows werden oft als nicht-selbstbestimmte Repräsentantinnen und Repräsentanten eines historischen Prozesses beschrieben, in welchem sie auf mehrfache Weise ihre Heimat verloren: in der materiellen Form von Land und in der ideellen Form selbst aufgestellter Regeln. Wenn sie anschließend für Shows ausgewählt wurden, mussten sie hier den Prozess ihrer eigenen Entmachtung nachspielen, und zwar in jenen Ländern, von denen ein großer Teil jener Migration ausging, durch die sie vertrieben worden waren. Darum erstaunt es, wenn Edward Two Two, Angehöriger der Lakota Sioux, den Wunsch äußerte, in Dresden begraben zu werden,

31 Was u. a. die *Abendzeitung München* vom 9. November 2015 meldete. Zum Umgang mit den Toten als einem Migrationsproblem par excellence am Beispiel der für Deutschland wichtigen Gruppe von Eingewanderten muslimischen Glaubens siehe Gerhard Höpp / Gerdien Jonker (Hrsg.): *In fremder Erde. Zur Geschichte und Gegenwart der islamischen Bestattung in Deutschland.* Berlin: Das arabische Buch 1996.

was 1914 geschah. Er hatte an drei Europatourneen teilgenommen, die jeweils etwa ein Jahr andauerten, und er war als Angestellter des Zirkus Sarrasani, dessen Hauptsitz zu jener Zeit in Dresden lag, zu einem Star geworden. Offenbar erfuhr er hier ein Ausmaß an Glück und Anerkennung, das ihn wünschen ließ, auch nach seinem Tod an den Ort gebunden zu bleiben, von dem diese Erfüllung ausgegangen war. Vertraglich hatte man festgeschrieben, dass seine Leiche in die USA zurückgebracht werden sollte. Doch das Grab wurde mit einer Ausnahmegenehmigung nach seinem Wunsch in Dresden angelegt, womit er für sich und seine Familie den Zustand fixiert hatte, dass die Heimat frei gewählt werden kann, unabhängig von dem Ort, an dem er geboren war, an dem er deutlich länger gelebt hatte und an dem er seine Familie wusste, deren Oberhaupt er war. Selbst jene Nachkommen, die nun hundert Jahre später in den USA leben, müssen, solange sie sich auf ihn als Ahnherrn berufen, diese Erweiterung in die eigene Heimatkonzeption einfließen lassen.[32]

Während der Neo-Western *The Three Burials of Melquiades Estrada*[33] beständig um die Frage nach dem Grab als letztgültiger Version von Heimat kreist, wartet der Schluss mit einer Pointe auf, anhand derer sich ebendies als eine Konstruktion, wenn auch als eine sehnsuchtsvoll schöne und nachvollziehbare Konstruktion erweist. Dafür sind immerhin drei Begräbnisse nötig, wobei der längste Teil des Films den Weg zum dritten, erwählten Begräbnisort einnimmt. Der aus Mexiko stammende Melquiades Estrada (Julio Cedillo) lebt illegal im Süden der USA. Obwohl er einen guten Freund (Tommy Lee Jones) findet, ein kleines Haus und eine Ziegenherde besitzt, betrachtet er diese Umgebung nicht als seine Heimat. Darum bittet er den Freund, dass er ihn, Melquiades, falls er stirbt, zurück nach Mexiko bringe. Er nennt den Namen seines Heimatortes, gibt eine genaue Beschreibung davon, wie er aussieht, und verifiziert seine Existenz mit einem kleinen Zettel, den er aus der Tasche zieht, um die Wegeskizze darauf vorzuzeigen. Er reichert seine Version von Heimat mit einem Foto seiner Frau und seines Kindes an, die er seit Jahren nicht mehr gesehen hat.

32 Einer seiner Nachkommen spricht in der Dokumentation *Begrabt mein Herz in Dresden* darüber, dass er oft gefragt werde und dass auch in der Familie darüber diskutiert würde, warum man Edward Two Two nicht zurückhole.

33 *The Three Burials of Melquiades Estrada* (*Three Burials – Die drei Begräbnisse des Melquiades Estrada*, US/F 2005, R: Tommy Lee Jones).

In der verschachtelten Erzählweise des Films begegnet man Melquiades parallel in lebendem und totem Zustand. Denn tatsächlich wird er bald, nachdem er die Bitte an seinen Freund richten konnte, getötet. Ein eifriger Grenzpolizist (Barry Pepper), allein auf einer ereignislosen Patrouille, bei der er ein Sexmagazin durchblättert und sich mit seiner körperlichen Reaktion darauf beschäftigt, missdeutet deshalb umso leichter die in seiner Nähe fallenden Schüsse. Er erschießt Melquiades, der mit einem Gewehr nur einen Kojoten von seiner Ziegenherde fort treiben wollte. Der Grenzer erkennt seinen Fehler und verscharrt den Toten notdürftig an Ort und Stelle. Dieses erste Grab befindet sich da, wo Melquiades lebte, nahe des Ziegengatters, des kleinen Hauses und der Dinge darin, die ihn und sein hiesiges Leben identifizierten.
Der hastig begrabene Körper wird damit jedoch einer umfassenderen sozialen Ordnung enthoben, also einer identifikatorischen Zuweisung innerhalb der Gesellschaft, in der Melquiades sich bewegte. Dadurch ist er auch, und darauf spekuliert sein Mörder, der Harmonisierung zwischen Schuld und Strafe entrückt. Dem moralischen Anspruch des Films folgend, muss der Tote jedoch wieder auftauchen. Dies wird von einem Kojoten besorgt, der ihn auf der Suche nach Fressen ausscharrt. Als tierlicher Handlungsauslöser eingesetzt, muss er seine Rolle allerdings mit dem Leben bezahlen. Doch einmal ans Licht gebracht, wird der Tote obduziert und es wird klar, dass er erschossen wurde. Damit ist die Chance eröffnet, ihn wieder in die Gemeinschaft aufzunehmen; dies bedeutet, ihn in den bestehenden sozialen Kontext zu stellen, zu dem auch die Suche nach dem Schuldigen, dessen Strafe, Melquiades offizielles Begräbnis und die Information seiner Angehörigen zählen. Das meiste davon wird jedoch vermieden und der Tote auf den Notfriedhof des Ortes gebracht, wo man offenbar Unbekannte und Illegale begräbt. Das Begräbnis, obwohl mit einem Bagger als Zeichen zeitgenössischer Technologie ausgeführt und von Vertretern staatlicher Strukturen begleitet, erinnert an die Zeremonien der früher spielenden Western, an jene kargen Feierlichkeiten, die unterwegs abgehalten werden und an deren Ende ein staubiger Grabhügel dem Wetter und Verwehtwerden preisgegeben ist. Darin ähnelt Melquiades Begräbnis sogar Jeremiahs selbst inszeniertem Begräbnisritus, bei dem er allein den Ort und die Art der Bestattung bestimmte, jegliche Kontakte der toten Frau wie des toten Jungen zu anderen Bezugspersonen als sich selbst negierte und so alle anderen möglichen Bezüge abtrennte. Auf das kleine Holzkreuz, das Melquiades Grab notdürftig

kennzeichnet, schreibt der Totengräber mangels weiterer Informationen nur den Vornamen des Toten. Der illegale Einwanderer ist insofern zwar in den sozialen Kontext der Gemeinde eingeführt, als er sachgemäß und weit genug unter die Erde gebracht wird. Aber darüber hinaus werden keine Verbindungen angelegt, weder zum Schuldigen und seiner Bestrafung, weder zum System der Grenzpolizei noch zur Familie des Toten, für die er auch umgekehrt, wollte sie nach ihm forschen, kaum erreichbar ist.

Die beiden ersten Begräbnisse spiegeln also eine negative Variante von Heimat, die Melquiades, symbolisch für illegal Eingereiste stehend, erfuhr. So wie er abseits und möglichst unbemerkt in diesem Raum lebte, wird mit den beiden ersten Begräbnissen versucht, seine Anwesenheit zu negieren und der Erinnerung daran wenige Anhaltspunkte zu bieten, um ihn auch in dieser Hinsicht verschwinden zu lassen. Doch soll ein drittes Begräbnis stattfinden, mit dem ein positiver Status von Heimat hergestellt wird. Melquiades' Freund zwingt den schuldigen Grenzpolizisten, den Toten wieder auszugraben. Die zwei Lebenden reiten mit dem Toten nach Mexiko. Statt dem Ziel, nämlich Melquiades alter und eigentlicher Heimat, zu der er zurückgebracht werden wollte, jedoch nähergekommen zu sein, stellt sich am Ende der Reise ein Rätsel: die Frau auf dem Erinnerungsfoto von Melquiades erweist sich nicht als seine Ehefrau, und der Ort, den er benannt und derart genau beschrieben hatte, existiert nicht. Obwohl offenbar aus Mexiko stammend, hatte er einen fiktiven Wohnort und eine fiktive Familie angegeben, wohin er den Freund in einem scheinbar aufrichtigen und überzeugenden Moment bat, ihn zurückzubringen. Im Augenblick größter Enttäuschung wird klar, dass diese Beschreibung von Heimat eine Illusion, doch genau darum die Essenz von Heimat war. Es gebe dort Berge, Wasser und klare Luft, alles so schön, meinte Melquiades, dass es einem das Herz breche. Diese Beschreibung ist so allgemein, dass sie für eine große Anzahl von Menschen wiedererkennbar ist, besonders weil sie mit einer innigen Emotion verbunden wird. Da es sich um eine Fiktion handelt, kann die Heimat als Ziel nicht einfach erreicht, sondern nur selbst bestimmt werden – was der darüber fast verzweifelnde Freund schließlich tut. Weil er Melquiades mitfühlend verbunden ist, kann er an seiner statt ein kleines verfallendes Haus zwischen Bäumen, umgeben von Bergen und von einem nahen Bach mit Wasser versorgt, zu jenem gesuchten Ort erklären und Melquiades dort begraben.

V. Ichbewusstsein

Little Big Man +++ *Hombre* +++ *The Magnificent Seven*

Körpergrenzen und soziale Grenzen +++ Täuschung und Anerkennung +++ Authentizität und Selbstlegitimierung +++ Gruppe und Einzelne +++ Gewalt als Maßstab der Identifikation

Das Eigene und das Fremde

Die Möglichkeit, überall ein neues Zuhause zu finden, egal ob sie nur scheinbar existiert oder real vorhanden ist, beinhaltet ein Ideal und das Potenzial für Konflikte zugleich. Denn immer gibt es verschiedene Vorstellungen darüber, wie vorhandener Raum genutzt werden sollte. Ein großer Unterschied bestand zwischen den Vorstellungen der nomadisch lebenden, indigenen Bevölkerung Nordamerikas und den Vorstellungen der siedelnden Menschen, die von Europa und anderswo hierher kamen. Hierin liegt ein Ursprung, das fremde Andere zu definieren, genauer: das antagonistische Andere, ein dem Eigenen entgegengesetztes, unversöhnliches Anderes.

Betrachtet man *das Andere* als alles, was jenseits der eigenen Körper- und Bewusstseinsgrenzen beginnt, so ist das Eigene eine sowohl extrem begrenzte wie individuelle Position. Erst mit der bewussten Existenz eines abgrenzbaren Eigenen lässt sich das Andere bemerken, welche Form auch immer dieses anzunehmen vermag. Die Übergänge zu einem als Kollektiv verstandenen Anderen und Fremden sind fließend. Wenn alles aus der selbst erlebten Eigenheit (dem Eigensein) heraus erlebt wird, steht dieser ein diffuses Kollektiv, eine Welt der Andersheit, gegenüber, durch die sich sowohl die Einsamkeit des abgegrenzten Subjekts aufheben wie auch beweisen lässt.

Die Anderen oder *die Fremden* werden, das zeigt ihre grammatische Form, als eine Mehrzahl verstanden, die durch ihre Bezeichnung als einheitliches Kollektiv verbalisiert sind. Jedoch steht nicht nur das einzelne, individuelle Eigene einem Kollektiv aus Anderen und Fremden gegenüber, sondern das Eigene selbst kann kollektiviert werden und durch eine bewusst festgestellte Anzahl aus Ähnlichen eine Gruppe bilden. Dass es sich in beiden Fällen um potenzielle Konstruktionen handelt, wird im kollektiven Eigenen bewusster oder wenigstens leichter wahrnehmbar sein als die Konstruiertheit des kollektiven Anderen, dessen einzelnen Mitglieder weniger bekannt sind.

Das Andere und *das Fremde* werden – wie die kollektivierenden Begriffe *die Anderen* und *die Fremden* – größtenteils synonym verwendet,[1] solange man sich nicht durch die bevorzugte Nutzung eines der Worte auf eine bestimmte geistesgeschichtliche Tradition beziehen will. Für ‚das Andere' wurde mit dem englischen Begriff *Othering* eine Ableitung hervorgebracht, mit der nicht nur eine Feststellung von Anderem gemeint ist, sondern eine Handlung im Sinn eines Andersmachens. In den Konflikten der Migration werden das Andere und Fremde sowohl wahrgenommen und beschrieben als auch definiert. Das Andere oder Fremde muss, ob nun als feindlich eingeschätzt oder nicht, zwangsläufig von außen betrachtet werden, da es nichts Eigenes ist. Dadurch entstehen, je nach Beobachtungsgabe und -willen, mehr oder weniger genau unterschiedene Kategorisierungen des Fremden. Und dieses wird, scheinbar oder real, durch jemanden oder etwas repräsentiert. Menschen, Dinge und Erzählungen können zu dessen Repräsentationen erwählt werden.

Wenn der Film *Little Big Man* beginnt, ist das Filmbild schwarz. Man hört eine alte Stimme, die langsam sagt: „Ich bin, ganz ohne Zweifel, der letzte Oldtimer." Es ist nicht nichts zu sehen, denn man sieht in diesem Moment ein schwarzes Bild. Obwohl diese Aussage korrekt ist, ist es eine Stimme ohne Bild, und zwar insofern ein Bild eine Repräsentation von jemandem oder von etwas ist, einer Person oder einem Objekt. Denn niemand wird das schwarze Bild für das Bild desjenigen halten, der spricht, und natürlich ist es das auch nicht. Das Schwarz wirkt darum wie die Dysfunktion eines visuellen Mediums, es erscheint wie dessen Störung. Die Person wird durch ein anderes

1 Als minimalistischer Beleg seien hier zwei Buchtitel genannt, in denen beide Wörter synonym gebraucht werden: Julia Reuter: *Ordnungen des Anderen. Zum Problem des Eigenen in der Soziologie des Fremden.* Bielefeld: Transcript 2002; Kerstin Gernig (Hrsg.): *Fremde Körper. Zur Konstruktion des Anderen in europäischen Diskursen.* Berlin: Dahlem UP 2001.

Bild repräsentiert, als durch jenes, welches zu sehen sein müsste, würde sie tatsächlich selbst abgebildet. Ihre Stimme ist zu hören, aber dieser ist ein falsches Bild zugeordnet. Das schwarze Bild kann an ein Schwarzbild erinnern, wie es bei der Rekonstruktion von beschädigten, unvollständigen Filmen benutzt wird, um deutlich zu machen, dass hier zwar ein Bild oder mehrere Bilder sein sollten, inzwischen aber verloren sind. Doch ganz gleich, ob man in dem schwarzen Bild ein falsches oder verlorenes Bild sieht, es wirkt wie eine Störung der Repräsentation des Sprechers, und genau das ist ein Thema des Films. Die gestörte visuelle Repräsentation ist eine Vorschau darauf, wie diffus die Beziehung zwischen Vermittler und Vermitteltem auf sozialer Ebene ist, wie unsicher und anfällig seine Selbstdarstellung und seine Deutung durch andere. Wer und wie dieser Mann ist, wen er über sich selbst hinaus repräsentieren kann, für wen er steht und zu welcher Gruppe er gehört, wird zum akuten Problem. Er gehört zwei Gruppen an, von denen die jeweils eine das Fremde der anderen ist.
Während er weiterspricht, erscheint nun doch ein Abbild des Sprechenden (Dustin Hoffman). Man sieht das Gesicht eines alten Mannes, nahezu ohne Haare, voller Falten. Er sagt: „Mein Name ist Jack Crabb und ich bin der einzige weiße Überlebende der Schlacht am Little Bighorn." Historisch war das eine Schlacht, die zwischen verbündeten Indianerstämmen und dem 7. Kavallerieregiment der US-Armee ausgetragen wurde. Sie fand an zwei Tagen im Juni 1876 nahe des Little Bighorn River im Osten Montanas statt. Das 7. Kavallerieregiment mit einer Stärke von 700 Mann, geführt vom berühmten General George Armstrong Custer, erlitt eine schwere Niederlage. Custer wurde getötet und der Sieg der Indianer war so vollkommen, dass niemand aus Custers Bataillon überlebte. (Angeblich überlebte nur ein Pferd, das ausgerechnet den Namen eines Indianerstamms, nämlich Comanche, trug.)
Mit seinem Satz – „Ich bin der einzige weiße Überlebende der Schlacht am Little Bighorn" – beansprucht der Sprecher Jack also eine obskure Position für sich: Er behauptet, ein Weißer zu sein, der die ultimative Begegnung mit dem Anderen, wie es von den Indianern verkörpert wird und das von solch fremdartiger Qualität ist, dass der Kontakt damit tödlich endet, nicht nur erlebt, sondern sogar überlebt hat. Um zu beweisen, dass er die Wahrheit sagt, veranschlagt Jack sein Alter mit 121 Jahren, was wiederum nicht besonders wahrscheinlich

Abb. 20: *Little Big Man* (US 1970, R: Arthur Penn).

klingt. Weil er zugleich behauptet, der eine, der einzige Überlebende zu sein, von dem niemand sonst weiß, macht ihn das zu einem Lügner, einem Rätsel oder zu jemandem, der ein Wissen wie niemand sonst besitzt. Und gerade die letzte dieser Interpretationen erscheint möglich, wenn er erklärt, die beiden antagonistischen Seiten zu kennen, bei denen die eine das Andere des Anderen ist. Denn er sagt: „Ich kannte General George Armstrong Custer, wie er wirklich war. Und ich kannte auch die Indianer, wie sie wirklich waren."

Als Jack nun ankündigt, über sein Leben sprechen zu wollen, kann man erwarten, eine Erklärung dafür zu erhalten, warum er allein in der Lage war, die Begegnung mit dem Anderen zu überleben. Der Film überrascht nun aber mit einem Panorama-Blick über eine typische Westernlandschaft. Es ist eine raue Landschaft ohne Zeichen von Zivilisation. Doch kurz darauf gerät ein Sofa ins Blickfeld, das auf einer grasbewachsenen Ebene steht – ein sehr schönes, angenehm geschwungenes Sofa mit einem Mann, der darauf liegt. Das ist der überraschende Beginn von Jacks Konfrontation mit dem offenbar antagonistischen Anderen. Der Mann auf dem Sofa ist nicht Jack. Jack ist in dieser Szene ein zehn Jahre alter Junge, der seine Familie bei einem Angriff von feindlichen Indianern verloren hat und nun neben den Toten und den Ruinen ihrer Habseligkeiten steht. So führt die Szene in die Bedingungen für Jacks Suche nach einer neuen Identität ein. Diese Suche ist unvermeidlich, da er fast alle Anhaltspunkte, alle Referenzen zu seiner bisherigen Identität verloren hat. (Abb. 20) Sie bedeutet zugleich die Suche nach einem neuen Zuhause.

Das Sofa kann eine konkrete Idee von einem westlichen Zuhause symbolisieren. Es war offensichtlich wichtig genug, um durch die unwegsame, raue Landschaft transportiert zu werden, in der Absicht, ein neues Heim einzurichten. Aber hier, auf dieser grasigen Ebene, steht es definitiv in einem falschen Kontext. Es ist in dieser Umgebung ein fremdes Objekt, außer man versteht es als den romantischen Versuch, die Natur hier ganz unmittelbar zu einem Zuhause zu machen. Aber diese Interpretation funktioniert nur kurz, denn der Mann, der auf dem Sofa liegt, ist tot. Der unglückliche Besitzer wurde ermordet, weil auch er fremd in dieser Umgebung war.
Die Bewegung der Kamera führt die Filmbetrachtenden von links nach rechts, von der unzivilisierten Natur hin zu mehr und mehr Anzeichen einer weißen Zivilisation, wie die Möbel oder Planwagen. Dadurch kann das Sofa als der am weitesten vorgeschobene Außenposten dieser Zivilisation gelesen werden. Die Komik (ein Mann liegt auf einem Sofa inmitten der Natur) und Tragik (der Mann ist tot) verweisen auf ein Konstruktionsprinzip des gesamten Films: Diese Mischung aus Komik und Tragik bewirkt jene emotionale Irritation, mit der es gelingt, die Stereotype des Eigenen und des Anderen nicht nur zu dekonstruieren, sondern sie aus der Einsicht ihrer tragischen Lächerlichkeit heraus überwinden zu wollen.
Der verwaiste Jack tritt nun in die Sphäre des tödlichen Anderen ein, als er von Indianern adoptiert wird, von anderen im Übrigen als denjenigen, die den kleinen Siedlungstreck überfallen hatten. Jack fügt sich leicht in das neue Gewebe aus Menschen und Sitten ein. Ebenso scheint es den Menschen die ihn aufnehmen keine Schwierigkeiten zu bereiten, seine Fremdheit zu erkennen, zu verwandeln und ein gewisses Andersbleiben zu akzeptieren, ohne dass dies zu Ausschlussgedanken führen würde. Nur ein Mitglied der Gruppe namens Younger Bear (Cal Bellini) betrachtet Jack weiterhin als Fremden, dessen Fremdheitsstatus es zu erhalten gilt. Er stellt sich gegen Jacks Integration, die zu akzeptieren allen anderen scheinbar leichtfällt. Die verunsichernde Störung, die Jacks Eintreffen bei ihm auslöste, kann der junge Indianer nicht verwinden. Denn nicht nur tritt Jack, als er in das indianische Dorf aufgenommen wird, in die Sphäre des Anderen ein, sondern er bringt zugleich, als er selbst, das Fremde dorthin.
Younger Bear macht eine Erfahrung, die über den komplementären Konflikt zwischen Eigenem und Fremdem hinausgeht, nämlich

plötzlich im Eigenen fremd zu werden. In der Weigerung, dies erleben zu müssen, liegt der Impuls, das Fremde neutralisieren oder vertreiben zu wollen, um dadurch die ursprüngliche Einheit aus Heimatlichem und Bekanntem wiederherzustellen und sich selbst als auch die Gemeinschaft vor weiteren Störungen zu bewahren. Damit gleicht seine Reaktion ähnlich verlaufenden abweisenden Reaktionen auf der Seite der Weißen, die auf der Komplementärseite dieses Konflikts stehen. Er trägt insofern ein persönliches und aufgrund seiner Identität indianisches Alteritätskonzept vor, was insofern wichtig ist, als in der Kritik kolonialer Konzepte der Eindruck entsteht, als seien Indigene von Alteritätskonzepten zwar betroffen, aber entweder nicht in der Lage, ein eigenes zu erstellen (negative Diskriminierung) oder aber nicht daran interessiert, dies zu tun (positive Diskriminierung).

Younger Bear rettet, erwachsen geworden, Jacks Leben bei der Schlacht am Little Bighorn. Für ihn selbst bedeutet dies, endlich eine Schuld eingelöst zu haben, die entstanden war, als Jack ihn vor dem Tod bewahrt hatte. Er rettet dadurch den einzigen Weißen aus einer Schlacht, von der es heißt, dass kein Weißer sie überlebte. Was also als der ultimative Ausschluss des Anderen erscheint – kein Weißer überlebt die Schlacht – wird relativiert. Gerade der widerstrebendste Protagonist rettet also das von Jack personifizierte Fremde, wenn auch nur aus dem Grund, sich damit das Recht zu erwerben, es in einer individuellen Rache aus dem eigenen Leben entfernen zu können. Denn er erklärt Jack, ihn bei der nächsten Begegnung zu töten. In einer paradoxen Konstellation sichert sich Younger Bear die Option, das ihm widerstrebende Fremde endlich und endgültig auslöschen zu können, was er jedoch nie tut. Denn Jack/Little Big Man wird alt und berichtet dem Publikum, wie er zwischen den verfeindeten Seiten des Eigenen und des Fremden pendeln und überleben konnte.

Die Nachahmung des Anderen

Ausgehend von der existentiellen Grenzziehung zwischen dem Eigenen und dem Anderen ist die Nachahmung des Anderen ein erstaunliches Phänomen. Zugleich bietet sie für diejenigen, die auf die fremde Seite gelangen, die Möglichkeit zu überleben. Doch darüber hinaus ist sie für alle Beteiligten ein Anlass, den Modus der Grenzziehungen zu überdenken.

Jack, von einer indianischen Gruppe aufgenommen, lernt deren Sprache, Legenden und Verhaltensweisen. Er erlernt die Fähigkeiten, die nötig sind, um in der fremden Umgebung zu überleben. Er erhält eine neue Familie und Freunde. Er trägt die traditionelle Lederkleidung und langes Haar. Seine Transformation scheint vollständig gelungen, als er Younger Bear und damit einem Mitglied seiner neuen Gemeinschaft das Leben rettet. Er tut dies, indem er einen angreifenden, feindlichen Pownee mit einem Pfeil erschießt. Dieser ist der einzige Mensch, den Jack tötet, trotz seiner späteren Karriere als Revolverheld und trotz der allgemein hohen Sterblichkeitsrate innerhalb des Films. Dies ist bedeutsam, denn in Western ist die Fähigkeit zu töten der ultimative Beweis, handlungsfähig zu sein. Aber Jack ist es nicht. Seine Unfähigkeit zu töten bildet nicht nur eine Referenz an die Friedensbewegung während des Vietnam-Krieges, der zum zeitgenössischen Hintergrund des Films gehört. Zu töten bedeutet auch, eine unumkehrbare Entscheidung zu treffen. In Jacks Situation hieße das, sich für eine der beiden antagonistischen Seiten – die Seite der Weißen oder die Seite der Indianer – zu entscheiden, und das ist es, was Jack während des gesamten Films nicht gelingt. Als weißer Junge wird er von einer indianischen Gemeinschaft adoptiert, kommt später zurück in die weiße Gesellschaft, dann zurück zu der indianischen und so weiter. Die Episoden in Jacks Leben laufen immer und ohne große Umwege auf Krisen zu, an deren Ende er in eine andere Lebenssphäre überwechselt. Seine Identität hängt dabei von Zufällen, Katastrophen und Missverständnissen ab. Vor allem aber verdankt sie sich den Interpretationen durch andere, denen sich Jack letztlich anpasst. Darum ist er ein Mann mit zwei Namen, Jack Crabb in der Sphäre der Weißen und Little Big Man in der Sphäre der Indianer.

Im ersten Drittel des Films folgen kurz hintereinander drei Szenen, in denen auf Jacks äußerliche Verwandlung in einen Indianer angespielt wird; alle drei sind auf seine Haut bezogen. Zunächst wird Jack, er ist noch nicht lange in dem indianischen Dorf, mit einer erdigen Paste eingecremt, um ihn gegen die Sonne zu schützen. Aus dem Off meint er dazu, viele wüssten nicht, dass auch Indianer einen Sonnenbrand bekommen könnten und sich deshalb mit einer Creme schützen müssten. Als Jacks Haut mit dieser Paste bestrichen wird, er also denselben Hautschutz erhält, wie ihn die Menschen, bei denen er jetzt lebt, benutzen, verwandelt er sich. Denn die Creme hat eine rotbraune Farbe, wodurch seine Haut eine gewissermaßen indianische Färbung erhält. Es ist keineswegs müßig, sich zu fragen, ob diese Creme auch gelb, grün oder blau hätte sein können. Die Antwort lautet: ja und nein.

Die Paste verweist zunächst nur auf eine praktische Anwendung: Sie soll dafür sorgen, dass die Haut gegen Sonnenstrahlung geschützt wird. Dass sie rotbraune Farbpigmente enthält, ist diesem Zweck geschuldet, jedoch nicht an einen kulturellen Anspruch geknüpft. Ihre Bedeutung liegt also nicht darin, eine Identifikation mittels der Hautfarbe zu ermöglichen. Die Paste hätte deshalb auch blau sein und eine entsprechend außergewöhnliche Hautfarbe verleihen können. Tatsächlich entstand Jahre später mit *Avatar*[2] ein Science-Fiction-Western, in dem die Ureinwohnerinnen und -einwohner eines erdfernen Mondes eine blaue Haut besitzen. Die besondere Herausforderung dieser Färbung liegt darin, dass sie für alle menschlichen Augen gleichermaßen einen ästhetischen Schock bietet, denn auf der ganzen Welt leben keine menschlichen Wesen mit blauer Haut. Auch wenn sich die Erzählung des Films darüber, dass die Menschen eines Volkes sich der Ressourcen eines anderen Volkes bemächtigen wollen, leicht als Konflikt zwischen Weißen und indianischen Ureinwohnern und Ureinwohnerinnen lesen lässt, so dürfte der durch die Hautfarbe hervorgerufene Effekt gleichermaßen auf alle Zuschauenden wirken. Die Hautfarbe ist nicht nur so fremdartig, um die Vorstellung einer unbekannten Welt auf einem fernen Mond zu erzeugen; sie erneuert auch den Moment der Verblüffung über eine von der eigenen Körperlichkeit abweichende Andersartigkeit. Dabei bricht die blaue Hautfarbe mit den Seherfahrungen aller Menschen gleichermaßen.

Obwohl in *Little Big Man* diese rotbraune Färbung also nur einen praktischen Nutzen, nämlich den aufgetragenen Sonnenschutz markiert, wird sie dennoch zu einem kulturellen identifikatorischen Zeichen für das Indianischsein. Im Fall des kleinen Jack bleibt diese Färbung während der Zeit, die er bei den Indianern verbringt, permanent bestehen. Diese Permanenz ist der außerordentliche Punkt, an dem Inhalt und Zeichen zusammenfallen. Während man sieht, wie er bei ihnen aufwächst, wird die einmal vorgenommene Einfärbung nicht wieder thematisiert, so dass es scheint, als hätte das Auftragen

2 *Avatar* (*Avatar – Aufbruch nach Pandora*, US 2009, R: James Cameron).

der Paste als einmalige symbolische Handlung genügt, um Jack auf Lebenszeit den Mitgliedern seiner indianischen Gruppe auch äußerlich anzugleichen. Dieses einmalig zu sehende Angleichen fungiert vor allem als Zeichen an die Zuschauenden. Ihnen wird damit bedeutet, dass Jack als Person nun dauerhaft in eine indianische Person umgewandelt ist. Sein Körper wurde über die sichtbare und eigentlich weiße Haut dauerhaft in einen indianischen umkodiert.
Doch wenig später entdeckt ein aus einer anderen Gruppe stammender Indianer das, was sich nicht nur symbolisch, sondern schon tatsächlich verwandelt zu haben schien: Er erkennt Jacks darunterliegende weiße Haut, identifiziert ihn darum als Weißen und bietet Jack an, ihn zu den Weißen zurückzubringen. Doch Jack entscheidet sich dafür, das Angebot auszuschlagen und darüber hinaus die Zugehörigkeit zu seiner neuen Gruppe zu beweisen. Er tötet jenen fremden Indianer und rettet damit einem Mitglied seiner Gruppe das Leben. Der Gerettete jedoch ist ausgerechnet der junge Mann, der nicht verwinden kann, dass Jack von außen in die Gruppe kam, der darum bestreitet, dass Jack ein gleichartiges und somit ein gleichwertiges Mitglied dieser Gruppe sein könne.
Dadurch wird der Spalt in der identitären Selbstvergewisserung Jacks offengehalten. Es dauert nicht lange und die Entdeckung von Jacks übereinandergelegten Hautfarben wird wiederholt. Diesmal reibt Jack selbst seine aufgetragene rotbraune Farbe ab und zeigt im Kampf mit einem weißen Soldaten seine darunter liegende, eigentlich weiße Haut vor. (Hier leuchtet auch eine Praxis des Filmemachens durch, bei der Weiße in Indianerdarsteller umgefärbt und später entfärbt wurden.) Dabei ruft er: „Gott schütze George Washington, Gott segne meine Mutter – so etwas Blödes würde doch ein Indianer niemals sagen." Und obwohl er mit diesem Ausruf sein Leben zu retten wünscht, indem er sich als in den kulturellen Aussagen jener Gemeinschaft bewandert erweist, der sein Gegenüber angehört, ist dieser Erkennungsspruch äußerst zwiespältig. Jack zeigt sich in seiner früheren Sprache noch gewandt genug, um in der Redesituation Elemente aus dem Repertoire der Sprache auszuwählen und sie einem Code vergleichbar zu kombinieren. Im ersten Teil ist es nur eine Parole im Sinn eines Kennworts. Sie wird jedoch in einem derart vieldeutigen Sprechakt aktiviert, dass die Bedeutung des Kennworts frappierend widersprüchlich wird, so wie es Jacks ganze Figur ist. Denn er hält Distanz

zur eigenen Aussage, indem er sie als „blöde" charakterisiert, womit er, wenn er meint, ein Indianer würde so etwas nicht sagen, sich nun selbst als dumm hinstellt, offenherzig darum bittend, in die gerade diskreditierte, nicht-indianische Gemeinschaft aufgenommen zu werden. Sein Angreifer geht auf diesen Wunsch tatsächlich ein. Insofern erscheint es fast als gerechte Strafe, wenn Jack nun mit zu kurzen Hosen, brav hinten auf einem Wagen sitzend zu einer Gastfamilie transportiert, also wieder zum Kind gemacht wird, nachdem er noch kurz zuvor selbstbestimmt auf einem Pferd in den Kampf geritten war. Diese Rückstufung zum Kind folgt einem pädagogischen Kalkül und greift das Motiv des scheinbar leichten kindlichen Überwechselns in eine andere Gemeinschaft auf, mit dem versucht wird, Jack noch einmal kulturell im Sinn der eigenen Gemeinschaft, hier der weißen, zu erziehen und zu formen.

Jack/Little Big Man, dem solche Übergänge gelingen und der ein Leben in der Schwebe praktiziert, entscheidet sich jedoch während des gesamten Films nicht für eine Seite. Deshalb muss er in einem Moment der Demütigung erleben, dass er General Custer, der für den Mord an Jacks indianischer Frau und seinem neugeborenem Kind verantwortlich ist, nicht töten kann. Jack ist dazu nicht fähig. Aber er ist fähig, indianische und weiße Rollenmodelle zu imitieren. Das ist sein Weg, um zu überleben, obschon er dabei fast dem Wahnsinn verfällt. Auf dem Höhepunkt der eigenen Identitätsverwirrung wird Jack von General Custer als Scout angestellt. Nun ist die Identität (hier auch im Sinn von Loyalität) eines indianischen Scouts von vornherein zwiespältig. Denn er ist aufgefordert, sein spezielles Wissen, dass er durch die Zugehörigkeit zu seiner originären ethnischen Gruppe erworben hat, in den Dienst einer anderen, feindlich gesinnten ethnischen Gruppe zu stellen. In diesem Zusammenhang ist es Custer selbst, der als Personifikation einer reinen – und bereinigenden – ethnischen Identität Jacks multi-ethnischen Lebensentwurf behindert als auch benutzt. Custer, der sich des hybriden Wesens seines Scouts bewusst ist, glaubt, gerade daraus eine sichere Vorhersage für das eigene Tun ableiten zu können. Im Vorfeld der Schlacht am Little Bighorn also personifiziert Custer die Zuspitzung des Konflikts zwischen Eigenem und Fremden. Dessen Tödlichkeit vereitelt die durchaus bestehende Möglichkeit einer multi-ethnischen Identität und damit Jacks Lebensglück. Gerade hier muss und wird Jack überleben, weil er jener

Abb. 21: *Little Big Man* (US 1970, R: Arthur Penn).

tödlichen Logik, deren Opfer Custer schließlich selbst wird, entsagt. Er kann Verwirrung über seine Imitationen provozieren und ausnutzen, wodurch er nur Zuschauer der sich entfaltenden tödlichen Lösung des Konflikts wird. Er provoziert gewissermaßen den Tod jener, die ihm zuvor zugemutet hatten, sich für eine Seite zu entscheiden, und die nun selbst mit den Konsequenzen ihrer Logik, dass es nur eine gültige Seite geben kann, konfrontiert sind.

Jack lebt weiter und wird alt. Das Ende des Films führt wieder zum Anfang zurück. Man sieht den alten Jack in einem funktional ausgestatteten Raum in einem Altenheim oder einer Klinik, der nur auf unmittelbar lebensnotwendige Dinge reduziert ist. Das Bett wird, wenn er gestorben sein wird, ein anderer Mensch belegen, so wie es vermutlich auch vor ihm ein anderer, der inzwischen tot ist, tat. Jack bewohnt eine Art *Niemandsland*. Es ist hier ein Zwischenraum, eine Durchgangsstation, und insofern ein zwar physischer, doch nicht dauerhaft zu besetzender Raum, der mit jenem sozialen und biologischen korrespondiert, welcher zwischen einem vergangenen, selbstbestimmten Leben und dem bevorstehenden, unbestimmten Tod liegt. Niemandem im Heim gehören die Räume und die Dinge, mit denen sie ausgestattet sind. Die Bewohnerinnen und Bewohner benutzen beides temporär. Den Angestellten, die sich hier aufhalten, die Dinge bedienen oder sie putzen, gehören die Räume und Dinge ebenso wenig. Sie alle halten sich in einem halböffentlichen Raum auf, in dem persönliche Zuordnungen im Zustand ihrer Auflösung begriffen sind. Deshalb ziehen die wenigen persönlichen Dinge das Augenmerk auf sich und diese sind vor allem nahe an den Personen zu finden. In den letzten Bildern des Films sieht man noch einmal den alten Jack wie zu Anfang in dem trostlosen Saal des Heims. (Abb. 21) Er trägt noch denselben braunen Pullover. Der Pullover, das war zuvor nicht zu sehen, ist am Ärmel mit einem auffälligen blauen Garn gestopft. Man kann das als einen Hinweis auf Jacks schwierige ökonomische Situation und auf ein letztlich nie eingelöstes Lebensglück verstehen. Zugleich wirkt es wie ein winzig kleines Patchwork-Stück, ein Flickwerk, welches in einer größeren Dimension auch sein Lebens ist, in dem er dazu fähig war, sich an seine jeweilige Umgebung (das Milieu) anzupassen, in das sein Lebensmittelpunkt durch äußere Umstände verlagert wurde. Er lernte, das jeweils dort vorgefundene Denken und Handeln zu übernehmen, wobei er das frühere andere, entgegengesetzte, sobald er in das entsprechende Milieu zurückgeworfen wurde, mühelos reaktivieren konnte.

Sein Altern bewirkte zudem eine Gestaltwandlung – eine jener Art, von der jeder und jede im Lauf des Lebens gleichermaßen betroffen ist. An seinem Gesicht wird deutlich, welche identifikatorische Herausforderung diese Verwandlung bedeutet, denn in ihm ist weder der jüngere noch der kindliche Jack wiederzuerkennen. Er ist äußerlich nicht als dieselbe Person identifizierbar, und so wird auch die Instabilität und damit Relativität der äußeren Gestalt für die Identifikation erfahrbar. Sowohl die Selbstbestimmung (Eigenidentifikation) als auch das Zuordnen und Wiedererkennen (Fremdidentifikation) erscheinen über die Zeit hinweg als zu erbringende Leistungen. Sie wirken keineswegs als eindeutige, dauerhafte Qualitäten oder als endgültige Erkenntnisse, wie sie in Macht- und Distinktionsdiskursen behauptet werden. Das Gesicht des alten Mannes lässt sich innerhalb der ethnischen Muster, zwischen denen er in seinem Leben wechselte, nicht eindeutig zuordnen. Seine Haut liegt in Falten, sein kahler Kopf lässt keinerlei Schlüsse auf natürliche Haarfarbe oder Haarstruktur zu und auch durch die gerötete, fleckige Haut sind vertraute und zur Identifikation benutzte körperliche Distinktionsmerkmale ausgelöscht. Damit ist letztlich jener Hang zur Unterscheidung und Zuordnung außer Kraft gesetzt, welcher Jacks Leben derart unheilvoll begleitet hatte.

Die fiktive Figur Little Big Man, Hauptperson des gleichnamigen Westerns, und die reale Person Iron Eyes Cody haben beide etwas fantastische Namen. Doch auch in ihren Biografien findet sich eine Gemeinsamkeit. Beide wechseln während ihrer Lebenswege die ursprünglichen ethnischen Gruppen. Cody allerdings – und das ist der große Unterschied – wählte seine kulturelle und ethnische Zugehörigkeit selbst und bewusst aus. 1904 wurde er geboren. Seine Eltern, die aus Italien in die USA eingewandert waren, gaben ihm den Namen Espera Oscar de Corti. 1924 ging er nach Kalifornien, änderte seinen Geburtsnamen in Iron Eyes Cody und begann, sein Geld beim Film zu verdienen. Ab dieser Zeit arbeitete und lebte Cody, als sei er tatsächlich indianischer Herkunft. Er hat zwei kurze Auftritte in Fritz Langs *Western Union*, worin er einen Indianer spielt. Zuerst sieht man ihn, als er und andere Indianer die mit dem Bau einer Telegrafenleitung befassten Arbeiter überfallen. Er dringt in einen Wagen ein und trinkt dort, auf der Suche nach Alkohol, irrtümlich eine Chemikalie. In einer späteren Szene ist Cody einer der zehn Indianer, die ausgewählt werden, um die Macht des singenden Drahts, wie es vom Telegrafendraht heißt, zu prüfen. Iron Eyes tut sich unter den anderen damit hervor, dass er den Draht nicht nur in die Hand nimmt, sondern auch mehrfach mit den Zähnen prüft, bevor er dann, als der Strom eingeschaltet ist, sich genau wie seine ebenfalls unter dem Stromschlag leidenden Gefährten, am Boden windet. Er fällt auch dadurch auf, dass er als einziger stets einen runden, bemalten Schild auf dem Rücken trägt. In den Filmcredits wird er dennoch nicht aufgeführt. Cody spielte noch viele Indianerrollen. Unter anderem verkörperte er den Medizinmann in *A Man Called Horse*[3] und Standing Bear in *Grayeagle*[4]. Letztere war seine größte Kinorolle. Berühmt aber wurde er als der weinende Indianer im Fernsehspot einer Umweltschutzkampagne, die in den USA von 1971 bis in die 1980er Jahre hinein lief. Zu dieser Zeit waren bereits die von ihm gewünschte und die von außen wahrgenommene (anerkannte) Identität deckungsgleich. Er galt als Indianer, der Indianerrollen spielt und in dieser Verschränkung liegt der Grund für seine erfolgreiche Rolle in der genannten Kampagne.

Natürlich funktioniert eine fiktive Biografie nach anderen Regeln als eine reale. In *Little Big Man* dient die biografische Erzählweise dazu, nationale Mythen über den alten Westen und damit verbundene Stereotype des Eigenen und des Anderen zu kritisieren. Außerdem

3 *A Man Called Horse* (*Ein Mann, den sie Pferd nannten*, US 1970, R: Elliot Silverstein).

4 *Grayeagle* (*Grauadler*, US 1977, R: Charles B. Pierce).

ist sie ein stilistisches Mittel um zwischen dem Allgemeinen – der US-amerikanische Westen des 19. Jahrhunderts – und den individuellen Erfahrungen, wie Jack, alias Little Big Man, sie macht, zu vermitteln. Dem Publikum wird dadurch eine erstklassige Möglichkeit gegeben, sich mit der biografisch dargestellten Figur zu identifizieren. Im Fall Iron Eyes Codys handelt es sich zunächst einmal um einen individuellen, real absolvierten Lebenslauf.
Der interessante gemeinsame Punkt der fiktiven Biografie Jacks und der realen Codys ist das bei beiden vorhandene Element der Imitation. Wenn Jack seine ethnische Gruppe wechselt, also in eine neue Gruppe eintritt, findet er das Andere vor und beginnt es zu imitieren. Er tut dies ohne den Anspruch, dieses Andere zu repräsentieren. Für ihn ist die Nachahmung eine Strategie, um zu überleben. Er benutzt sie nicht, um eine bestimmte Gruppe oder eine mit ihr verbundene Idee zu vergegenwärtigen. Der Begriff und die damit verbundene Vorstellung von *Repräsentation* sind jedoch doppeldeutig. Jemand repräsentiert (vergegenwärtigt) etwas allein durch seine Anwesenheit, durch seine Präsenz (seine gegenwärtige Anwesenheit). Die Frage ist aber, was genau er damit vertritt, was er also – in der semantischen Beziehung zwischen Vermittler und Vermitteltem – repräsentiert: Ist es mehr als die reine Anwesenheit? Repräsentiert er also auch das nur Gedachte, Ideologische, die Idee, die Vorstellung von einer Gruppe, einer Ethnie? Jack tut das nicht. Verblüffenderweise gelingt es, seine Figur genau in der Schwebe zwischen Festlegungen dieser Art zu halten. Cody hingegen gestaltete sein reales Leben derart, dass er das Andere tatsächlich repräsentieren will und kann. Insofern er etwas repräsentiert, was er selbst nicht ist – und dies betrifft seine Herkunft und seine erste kulturelle Prägung –, so ist seine Repräsentation auch eine Imitation. Offensichtlich handelt es sich also um zwei Modelle der Imitation, wobei Codys im Grunde auf eine vollständige Verwandlung zielt.

Dilemma der Anerkennung

Es existieren viele Berichte und Erzählungen, die um die universale Problematik von Aneignung und Nachahmung kreisen. In manchen Fällen ist das Ziel nicht mehr nur eine Nachahmung, sondern eine vollständige Verwandlung, wobei das Bewusstsein von Grenzen jenen

Moment bildet, durch den der Wunsch, sich zu verwandeln, ausgelöst wird. Gleichzeitig ist es auch jener Korrekturpunkt, an dem die Qualität der Verwandlung messbar wird. Der eigene Körper formt eine Grenze. Die sich mit der Geburt entwickelnde kulturelle Vereinnahmung durch eine Gemeinschaft steht manchen Veränderungen und damit der möglichen Aufnahme in eine andere Gemeinschaft entgegen.

In den bekanntesten seiner Märchen thematisiert zum Beispiel Hans Christian Andersen das Problem der Zugehörigkeit einer Person oder auch eines Tiers zu einer Gemeinschaft. Er rückt dazu vor allem den Körper in den Mittelpunkt der Problematik. Wie das *hässliche Entlein*, das eigentlich ein junger Schwan ist, wird auch das kleine *Däumelinchen* durch ihren Körper von den ihr fremden, also ‚falschen' Gruppen geschieden. Das Lebensglück stellt sich, nach demütigenden Erfahrungen, erst ein, als die eigene, ‚richtige' Gruppe gefunden ist. Am tragischsten ist das unmögliche Überwechseln in eine fremde Gemeinschaft im Märchen über *die kleine Meerjungfrau* gestaltet. In allen diesen Märchen gelingen weder Übergänge zwischen einander fremden Gruppen noch eine hybride Daseinsweise in mehreren Gruppen. Die Möglichkeit, verschiedene, stark differierende Identitäten, Lebenswelten und körperliche Gestalten vereinen zu können, bleibt verweigert.

Ein ganz anderes, zeitgenössisches Beispiel, in dem multiple Identitäten nicht möglich sind, bildet jene Fantasy-Saga, die mit dem Film *Twilight*[5] beginnt. Hier wird die Schwierigkeit der Liebe zwischen Bella und Edward nicht mit einzuhaltenden, gesellschaftlichen Schranken begründet, welche zum Beispiel für die Beziehung von Romeo und Julia so überaus zerstörerisch waren. Dieses Motiv einer gesellschaftlich verhinderten Liebe wirkt geradezu milder als jenes, welches das Zusammensein von Bella und Edward behindert und das durch die reine Existenzform begründet wird. Denn Bella und Edward verhalten sich zueinander wie Körper und Anti-Körper: ihr menschlicher Körper ist durch seinen Blutdurst als Vampir stets existentiell gefährdet. Und hier scheint eine Grenze gefunden bzw. scheint innerhalb poststrukturalistischer Grenzauflösungen eine Art von

5 *Twilight* (*Twilight – Bis(s) zum Morgengrauen*, US 2008, R: Catherine Hardwicke).

Grenze reaktiviert worden zu sein, die sich tatsächlich kaum auflösen lässt, auch wenn Bella und Edward genau daran interessiert sind.
Die parallellaufende Werwolfmythologie[6] wird als eine indianische inszeniert. Es gibt einen indianischen Clan aus Gestaltwandlern, der seit Jahrhunderten auf einem Landstrich beheimatet ist, welcher inzwischen den Status eines Reservats besitzt. Der Clan und seine Mitglieder bleiben also lokal gebunden, womit ihre Darstellung ganz in der Tradition steht, das zeitgenössisch Indianische als stationär kodiert zu zeigen. Die meist weißhäutigen, westlich und europäisch geprägten Vampire hingegen agieren nur temporär regional, ihre Verflechtung und Verbreitung jedoch ist weltumspannend. Wenn sich die Mitglieder des indianischen Clans in Wölfe verwandeln, beschwört dies wiederum eine als indianisch geschilderte Naturnähe. Sie verwandeln sich in Tiere, die zwar überaus kraftvoll und groß sind, aber dem tatsächlichen Tierreich viel näher bleiben als die Vampire, die, auch wenn sie eine tierlich zu nennende Art der Nahrungsaufnahme pflegen, eben doch zu besonderen menschlichen Kulturleistungen neigen. Die gestaltwandelnden Mitglieder des indianischen Clans können zwar eine hybride Daseinsweise zwischen Menschen und Tieren vorführen, denn sie sind fähig, beides zu sein: Mensch und Wolf. Doch ist auch ihr Leben in ein Schema von Konflikten eingefügt, die darum kreisen, sich für eine Seite zu entscheiden.
In Märchen und fantastischen Erzählungen verwandeln sich Wesen oft und leicht. Dabei handelt es sich um körperliche Transformationen jener Art, die im realen Leben unmöglich sind. Die Faszination am Unmöglichen und doch Ersehnten, das bestehende körperliche Grenzen aufhebt, ist im Kindesalter nicht nur bedeutsam, weil in ihm noch ein Wunderglaube existiert, sondern auch, weil die eigene Identität erst definiert wird. Wird der Wunsch nach Verwandlung aber ins Erwachsenenleben übernommen, dann muss er mit einer anderen Radikalität ausgearbeitet werden. Das vom Unmöglichen faszinierte Subjekt, das bestehende körperliche und soziale Grenzen aufheben möchte, begreift die eigene Identität als eine momentane und ersehnt die Möglichkeit einer absolut selbstbestimmten Neudefinition. Es geht ihm nicht mehr nur um das Verschieben alter und das

6 *The Twilight Saga: New Moon* (*New Moon – Bis(s) zur Mittagsstunde*, US 2009, R: Chris Weitz).

Erproben neuer Identitäten, sondern um die Möglichkeit freier Wahlverfahren, die darauf zielen, Grenzen zu ignorieren oder zu überwinden, wodurch körperliche Vorgaben (das biologische Geschlecht, die körperliche Erscheinung) und kulturelle Prägung außer Kraft gesetzt werden soll.

Wie der märchenhafte und fantastische Glauben daran, dass körperliche Grenzen vollkommen überwindbar und kulturelle Unterschiede übergehbar seien, ohne Spuren dieses Vorgangs zu hinterlassen, erscheint Codys Lebenslauf. Als Sohn einer aus Italien eingewanderten Familie war er in seiner Kindheit rassistischen Anfeindungen ausgesetzt. Zu dieser Zeit wurden in der Region, in der er in den USA aufwuchs, Menschen italienischer Herkunft diskriminiert und waren teilweise körperlicher Gewalt ausgesetzt. Doch als seine Wunschidentität wählt er keine, die ihm möglicherweise das Leben erleichtert hätte. Wenn Cody sich mit dem Indianischsein identifizierte, wandte er sich nicht der dominanten Kultur zu, um diese zu adaptieren, sondern einer anderen, die sich als Symbol des Unterdrücktseins lesen lässt.[7] Er wiederholt also seinen Status als diskriminierter Außenseiter, aber in einer anderen Form und einem anderen Referenzsystem. Er klammert somit die eigene Herkunft als Nachfahr später Hinzugekommener aus und beruft sich mit seiner Ankopplung an eine indianische Ethnie auf ein bestehendes, älteres Anwesenheitsrecht. Mit dieser Wahl kodiert er den Grund der Diskriminierung um. Er wendet sich von der kleinen Gruppe gering geschätzter, aus Europa eingewanderter Personen ab und der kleinen Gruppe hier beheimateter und doch auch vertriebener Personen zu.

Sein Ururgroßvater, berichtet er in der Erzählung seines Lebens[8], gehörte zu den Cherokees, die aus dem Südosten nach den Indianerterritorien im westlichen Arkansas vertrieben worden seien. Der

7 Dieses auch *outsider identification* genannte Phänomen praktizierten u. a. sich ausgegrenzt fühlende jüdischen Menschen weißer Hautfarbe, die sich mit afroamerikanischen Menschen zu identifizieren begannen und mit Mitteln des Blackfacing entsprechend auftraten (siehe Michael Alexander: *Jazz Age Jews*. Princeton: Princeton UP 2001, u. a. S. 1; Andrea Oberheiden-Brent: Al Jolson und der ‚jüdische Jazz'. In: Willem Strank / Claus Trieber (Hrsg.): *Jazz im Film. Beiträge zur Geschichte und Theorie eines intermedialen Phänomens*. Wien: Lit 2014, S. 39–58, hier S. 41).

8 Siehe Iron Eyes Cody / Perry Collin: *My Life as a Hollywood Indian*. London: Muller 1982, S. 16–19.

Großvater habe dann während des Bürgerkrieges für die Konföderierten gekämpft und sei später ein Outlaw geworden, Mitglied einer erfolgreichen aber nicht blutrünstigen Bande, die Geld aus Banken und außerdem Pferde stahl, einer Bande, der insgesamt fünf Indianer angehörten, die schwarze mexikanische Sombreros und über der Brust gekreuzte Patronengurte trugen. Zur Bande gehörte außerdem ein afroamerikanisches Mitglied, das sich nicht allein mit Räubereien, sondern auch mit Klavierspiel in Bars Einnahmen verschaffen konnte. Der Vater schließlich habe sein Erwerbsleben zunächst nach dem Beispiel des Großvaters als Pferdedieb begonnen, sei aber auch gemeinsam mit seinem Bruder, also Codys Onkel, durch Amerika und Europa getourt, beide als Teil von Buffalo Bills Wild West Show. Cody selbst habe dann, aus dem Reservat kommend, ein Doppelleben zwischen der weißen Zivilisation und seiner indianischen Herkunft geführt, wobei er sich nie ganz auf der einen oder der anderen Seite wohlgefühlt habe.[9] Sobald jedoch klar ist, dass diese Aussage, die zusammengestellte Biografie insgesamt und die Geschichte der Vorfahren nicht auf Tatsachen basieren, kann das von Cody Niedergeschriebene nur symbolisch gelesen werden: als eine Mischung aus möglichen indianischen Lebensläufen, gepaart mit Wildwestlegenden, die sowohl Unterdrückung als auch anarchische Auswege präsentieren, bereichert durch das über Generationen wiederkehrende Moment der Mischung von weißer, mexikanischer und schwarzer Kultur. Cody reflektiert schließlich die Anforderung, sich zwischen den verschiedenen kulturellen Zuordnungen selbst definieren zu müssen und erklärt: „No better way of getting to know yourself and others, this being on the outside."[10] Sein selbst bestimmtes und modifiziertes Außenseitertum wird so zu einer positiven Kompetenz umgedeutet.

Der berühmte *Crying-Indian*-Fernsehspot mit Cody erschien zu einer Zeit, als man in Hollywoods Post-Western wie *Little Big Man* oder *Hombre* zu einer neuen Interpretation der Rolle der Weißen im Konflikt mit den Indianern tendierte. Für seinen Western *Hombre* zum Beispiel wählte der Regisseur Martin Ritt einen Vorspann mit Bildern, die aus einer Serie historischer Fotografien stammen, welche Edward Sheriff Curtis zwischen 1895 und 1930 anfertigte. Curtis war zu jener

9 Cody / Collin: *My Life as a Hollywood Indian*, S. 16–19.
10 Ebd., S. 16.

Zeit als Fotograf und ethnografischer Forscher durch verschiedene Regionen Nordamerikas gereist, um Geschichte, Aussehen und Tradition der indianischen Bevölkerung zu dokumentieren und teilweise zu rekonstruieren. Schon zu Beginn seiner Reisen lebte ein Großteil bereits in Reservaten. Seine Fotografien waren Ende der 1960er Jahre recht bekannt. In einem diffusen Unrechtsbewusstsein betrachteten Angehörige der weißen Mehrheit die Bilder, als seien sie ein Beweis ihrer verlorenen Unschuld. Zugleich trauerten sie um die verlorenen Fähigkeiten der indianischen ‚Naturkinder', wobei sich die Trauer um andere mit dem Gefühl mischte, dass man mit deren Lebensweise auch ein Mittel zerstört habe, um eigene soziale Verletzungen heilen zu können. Es ist diese Stimmungslage, in welcher Codys Fernsehspot funktioniert. In der Art eines alten, traurigen, indianischen Vaters fährt er, gewandet in traditionelle Lederkleidung, in seinem Kanu über schimmerndes Wasser. Er entdeckt mehr und mehr Zeichen einer Umweltverschmutzung, die letztlich Anzeichen einer durch die Weißen eingeleiteten Konsum-Kultur sind, was hier auch bedeutet, dass das früher intakte, indianische Land missbraucht wird. Codys moralische Autorität korreliert dabei mit seiner Authentizität, die – mehr als das Publikum zu diesem Zeitpunkt annehmen konnte – einen Akt der Selbstlegitimierung bedeutete.
Am Beginn seines autobiografischen Buchs[11] beschreibt er, wie er 1925 als *technical advisor* einen halbnackten Mann mit rotbrauner Farbe besprühte. „Bole armenia" hieß der Farbton, der üblicherweise benutzt wurde, um Schauspieler mit weißer Hautfarbe in Indianer zu verwandeln. Einige Seiten weiter ist ein Foto eingefügt, auf dem Cody hinter James Cagney darauf wartet, sich selbst mit sozusagen indianischer Hautfarbe besprühen zu lassen. Cody erklärt dies damit, dass zuweilen sowohl Weiße als auch Indianer gefärbt wurden, um niemanden zu diskriminieren. Dass die vorgebrachte Erklärung, in der er das Ideal der Gleichbehandlung anführt, jedoch aus einem Dilemma der Repräsentation heraus entwickelt wurde, vermutet man, sobald man weiß, dass jener, der seine Lebenserinnerungen aus der Perspektive eines Indianers erzählt, ein weißer US-amerikanischer Bürger mit Eltern italienischen Herkunft war. Er war ein Weißer, der einen Indianer spielte, der wiederum einen Indianer spielte. Deshalb war sein

11 Ebd., S. 15.

Erwachsenenleben eine Art verdoppelte Darstellung, wobei die eine Seite auf die andere verwies, bzw. die eine die Simulation der anderen war. Seine Herkunft war lange Zeit sein Geheimnis. Als seine Abstammung von italienischen Eltern einige Jahre vor seinem Tod in einer Zeitung publik wurde, leugnete er diese Information. Damit wurde aus dem, was bis dahin ein ambivalenter Code war, ein moralisches Dilemma. Denn er selbst verwandelte seine konsequente Imitation in eine Lüge.

Das Andere und Fremde lässt sich imitieren und letztlich zum Eigenen machen, allerdings liegt die Entscheidung, was Eigenes ist, nicht nur beim Individuum (Selbst-Sicht), sondern auch bei der Gruppe, der man sich zuordnet (Fremd-Sicht). Die Anerkennung, das zuerst nicht-Eigene repräsentieren zu können, kann gewährt werden. Das Dilemma liegt jedoch in dem zugrundeliegenden Kern, den Kriterien, aus welchen heraus eine Anerkennung gewährt wird. Diese speisen sich nicht nur aus dem momentan Dargebotenen, sondern auch aus der Rekonstruktion einer Entwicklung, aus einem sozialen Kontext, in welchem dem Gedächtnis die Rolle zufällt, nicht nur Informationen zu speichern, sondern sie zum Zweck einer bewertbaren Zuordnung bereitzuhalten.

Menschen leben als historische Wesen, da sie mit Gedächtnis ausgestattet sind. Das bedeutet nicht, dass sie Dinge nicht ändern können. Es bedeutet aber auch, dass sie Vergangenes, solange es bewusst ist, nicht spurlos löschen können. Eine Person häuft in ihrem Leben Erfahrungen an, weshalb es nicht möglich ist, aufgrund einer eigenen Entscheidung in einem späteren Lebensalter ein vollständig neues Ich-Bewusstsein zu entwickeln. Es ist nur möglich, etwas hinzuzufügen. Das neu Hinzugefügte lässt sich als solches akzeptieren, als Hinzugefügtes also, mit dem der Wille ausgedrückt wird, Dinge (neu) zu gestalten. (Selbst im Fall einer Amnesie lassen sich Zugehörigkeitsmerkmale rekonstruieren. Man könnte letztlich nur entscheiden, ob man sich ihnen zuwendet oder, im Sinn einer Neugestaltung, davon abwendet.)

Diese Eigenart geht über die Frage der Anerkennung hinaus. Stattdessen wird hier das Moment der Authentizität deutlich, welches häufig auch bei der Besetzung von Rollen in Theaterstücken, in Filmen oder der Werbung aufscheint. Bei Western wird dann diskutiert, welche Besetzungsstrategie für indianische Rollen angewandt werden

Abb. 22: *Hombre* (*Man nannte ihn Hombre*, US 1967, R: Martin Ritt).

soll. In *Hombre* war sich der Regisseur Martin Ritt dieses Problems bewusst. Seine Antwort darauf beginnt damit, dass im Vorspann des Films Curtis' dokumentarische Fotografien des Indianerlebens zu sehen sind. Nach diesen monochromen historischen Bildern sieht man sich unvermittelt einer ausgesprochen detaillierten, realistisch gefilmten Großaufnahme eines Gesichts gegenüber. Dieses Gesicht wiederum ist ganz der Betrachtung freigegeben, denn seine Augen schauen zur Seite. (Abb. 22) Dabei fallen die blauen Augen des Mannes auf. Seine langen Haare werden von einem Stirnband gehalten. In dieser ersten, betont ruhigen und langen Einstellung wird also ein Gegensatz eingeführt: die blauen Augen als Zeichen eines europäisch-stämmigen Gesichts sind verbunden mit der Haartracht eines indianischen Gesichts. Was diesen Gegensatz betrifft, können sich die Filmschaffenden mit den Filmschauenden sowohl durch die spezifische körperliche Erscheinung der Augen als auch durch die gruppentypische, soziale Konvention der Haartracht verständigen. Die Deutung als Gegensatz beruht nicht nur auf einer Konstruktion innerhalb des Films, sondern ebenso auf außerfilmischen, beobachtbaren Phänomenen. Auch wenn europäisch-stämmige Menschen sehr verschieden aussehen, gibt es innerhalb dieser Gruppe körperliche Merkmale, wie helle Haare oder helle Augen, die in anderen Gruppen nicht oder extrem selten zu finden sind. Möchte man also einen möglichst erkennbaren Gegensatz zwischen einem Menschen, der selbst, dessen Eltern oder Großeltern aus Europa stammen, und Menschen anderer Weltgegenden zeigen, dann sind blaue Augen ein Mittel, dies über das rein Sichtbare nahezulegen. Die Filmschaffenden nutzen also ein Zeichen, welches die

Filmschauenden erkennen können, wobei das Erkennen aus Wahrnehmen (hier dem Sehen) und Deuten des Wahrgenommenen (des Gesehenen) zusammengesetzt ist. Erst im dritten Stadium dieser Zeichenbeziehung geschieht möglicherweise das, was tabuisiert ist, zu Recht, wenn es auf einer nicht korrekt interpretierten Zeichenbeziehung beruht, aus der unberechtigte, eventuell rassistische Konsequenzen abgeleitet werden. Der bestehende Zusammenhang zwischen Signal (Augenfarbe) und Anzeichen (vermutliche Herkunft) ist davon nicht betroffen. Dies sei betont, da sonst auch das deutlich Erkennbare zum Unsagbaren wird.

Das Leuchten der blauen Augen, welches durch den Kontrast zur dunklen Gesichtshaut und die insgesamt helle Beleuchtung der Szene forciert wird, ist zudem ein Markenzeichen des Schauspielers Paul Newman. Dieser Umstand führt zur dritten, zur symbolischen Ebene der Zeichenbeziehung. Denn das Augenblau des Schauspielers übernimmt eine weitere Funktion, die zwar nicht filmimmanent ist, aber letztlich auf die Rezeption des Films zurückwirkt. Newman war ein beliebter, weißer Filmstar. Ohne einen solchen hätte der Regisseur, wie er in einem Interview betonte, nicht die Erlaubnis der Studiobosse erhalten, einen Film zu drehen, in dessen Mittelpunkt ein tragisches indianisches Schicksal und der Anteil der Weißen daran stehen.[12] Ina Mae, die neben anderen das Interview führte, erklärte, dass sie den Film gemeinsam mit einigen indianischen Freunden gesehen habe und diese empört reagiert hätten.[13] Sie selbst habe Newman bisher als typischen Angloamerikaner wahrgenommen, so dass sie über den Identitätswechsel des Schauspielers, den er innerhalb seiner Rolle vollzieht, verwundert gewesen sei. In beiden Reaktionen wirken also Newmans tatsächliche ethnische Herkunft als auch seine in verschiedenen Filmen erworbene Rollenbiografie darauf zurück, wie glaubwürdig die dargestellte Figur empfunden wird. Doch zusätzlich wurde von den Filmschauenden ein Rahmen definiert, außerhalb dessen sie einen Identitätswechsel ablehnen, und dieser Rahmen ist von der ethnischen Identität des Publikums selbst abhängig.

Auch hier kreist die Argumentation um das Thema der Authentizität, genauer um eine ethnische Authentizität. Wird allerdings die

12 Gabriel Miller: *Martin Ritt. Interviews.* Jackson: UP of Mississippi 2002, S. 30.

13 Ebd. Gründe für diese Reaktion werden leider nicht genannt.

Strategie, (wichtige) indianische Rollen an bekannte weiße Darsteller und Darstellerinnen zu vergeben, damit gekontert, dass man verlangt, diese Rollen von ethnisch authentischen Personen spielen zu lassen, ist das Problem nicht gelöst. Gilt Authentizität und mit ihr die vollständige, berechtigte, nämlich nachzuweisende, Beheimatung als Besetzungskriterium, so wird ein entscheidendes Merkmal darstellender Leistungen außer Kraft gesetzt und zwar die potenzielle schauspielerische Wandlungsfähigkeit. Doch ist es gerade diese Wandlungsfähigkeit, durch die der Beruf definiert wird. Die Konsequenz dieses Denkens kann sich in einer so sonderbaren Vermutung äußern, wie jener, mit welcher der Schauspieler Chief Dan George konfrontiert war. Er, der in *Little Big Man* den alten Indianer und Adoptivvater Old Lodge Skins gespielt hatte, erhielt eine Oscarnominierung für seine Darstellung in *The Outlaw Josey Wales*[14], während diskutiert wurde, ob man es in seinem Fall mit einer darstellerischen Leistung zu tun gehabt habe oder ob er einfach er selbst gewesen sei.[15] Und hier wird deutlich, worin das Problem liegt. Der Konter fällt asymmetrisch aus, wenn Wandlungsfähigkeit mit Authentizität beantwortet wird und nicht Wandlung mit Wandlung. Erst durch die fehlende Umkehrung – wenn Personen indianischer Herkunft keine weißen Rollen spielen – wird der ungerechte (eventuell rassistische) Impuls erkennbar.

Das Phänomen der Authentizität wirkt also immer über die filmische Darstellung hinaus. Mit der Vorstellung von Authentizität beruft man sich auf eine Differenz, durch die etwas von etwas anderem unterschieden werden kann. Um einer polarisierend gebrauchten Differenzierung zu entgehen, lässt sich die Herkunft in einem gewissen Maß verschweigen und auf eine entsprechende Kontextualisierung der Person und ihrer erbrachten Leistung verzichten. Dies wird mit der Idee einer Post-Identität vorgetragen. Mit Begriffen wie *post-black* oder *post-gender* wird signalisiert, dass zugunsten von Individualismus und Gleichberechtigung kollektive Identifikationen und damit verbundene positive wie negative Zuschreibungen (Diskriminierungen) ersetzt oder einfach vermieden werden sollen. Die Differenz gilt dabei als konstruiertes und darum dekonstruierbares Unterscheidungsmerkmal. Sie wird, solange bisherige Differenzierungen in Gebrauch

14 *The Outlaw Josey Wales* (*Der Texaner*, US 1976, R: Clint Eastwood).

15 Siehe die Dokumentation *Reel Injun*.

sind, bewusst negiert oder als nicht relevant eingestuft. Diese Strategie wird angewandt, wenn einige Künstlerinnen und Künstler versuchen, einen verallgemeinerbaren, übernationalen, überethnischen Status zu kreieren, womit einerseits eine Art des künstlerischen Universalismus einhergeht, andererseits die Chance, sich ungehindert durch Geschlecht, ethnische oder nationale Herkunft auf dem internationalen Markt bewegen zu können.

Der Schauspieler Johnny Depp wählte eine gegenteilige Variante und schuf eine Anhäufung von Kontexten, in die er sich stellte und die er mit einem Authentitzitätsversprechen versah. Damit lässt sich zwar, wie im Fall einer Post-Identität, das Beharren auf einer spezifischen Zugehörigkeit relativieren. Doch zugleich gab Depp damit vor, vielfältig anschlussfähig zu sein. Der Schauspieler US-amerikanischer Herkunft mit deutscher und irischer Abstammung, Hugenottennachkomme sowie Urenkel eines Cherokee-Indianers[16] deutete auf Letzteres, als er erklärte, er wolle seine indianischen Vorfahren ehren[17], indem er in einem Western die traditionsreiche Rolle des Tonto[18], des indianischen Freundes eines weißen Haupthelden, übernimmt.

Eine dritte Variante besteht schließlich darin, die Zeichen zu vermengen, um ihre bisherigen Grenzen zu verwischen. In seiner Konzeption von *Hybridität* beschreibt Homi K. Bhabha das subversive Potenzial des Unklaren und Unentschiedenen und leitet daraus eine Strategie der Unschärfe ab.[19] Mit dem Konzept der Hybridität – im Sinn einer Mischform die aus zwei oder mehreren Elementen getrennter Systeme entsteht – lässt sich die Fluidität und die Uneindeutigkeit von Grenzen (ob nationalen, ethnischen, geschlechtlichen, kulturellen) deutlich machen. Dennoch bleiben auch mit dem Vermischten, dem Hybriden, Antagonismen bestehen oder es kommen neue hinzu, durch die

16 Siehe Johnny Depps Stammbaum bei www.ancestry.com. Außerdem ist er mit einem Eintrag in der Bibliothek für Hugenottengeschichte vertreten (http://www.bfhg.de/die-hugenotten/hugenotten-und-ihre-nachkommen/depp-johnny/ (Zugriff am 20.04.2012)).

17 Johnny Depp dreht Western „The Lone Ranger“ nun doch. In: *klatsch-tratsch.de*, 14.10.2011. http://www.klatsch-tratsch.de/2011/10/14/johnny-depp-dreht-western-the-lone-ranger-nun-doch/92210 (Zugriff am 20.04.2012).

18 *The Lone Ranger* (*Lone Ranger*, US 2013, R: Gore Verbinski).

19 Siehe Homi K. Bhabha: *Die Verortung der Kultur*, aus d. Engl. v. Michael Schiffmann / Jürgen Freudl. Tübingen: Stauffenburg 2000; Habermas / Hölzl: Mission global, S. 17.

wiederum auf Zugehörigkeiten und Machtverhältnisse verwiesen werden kann. Wenn Hombres Gesicht im gleichnamigen Film Zeichen des Weißseins wie des Indianischseins trägt, so ist damit das von ihm verkörperte Hybride, nicht Eindeutige visualisiert. Welche Position es dann in zwei verschiedenen Gemeinschaften einnehmen kann, muss während des gesamten Films verhandelt werden.

Ein toter Mann

Im Verlauf eines Westerns sterben meist mehrere Menschen, unter ihnen Frauen, manchmal sogar Kinder. Aber am Ende stirbt ein Mann. Auf diesen letzten Tod läuft die Erzählung hinaus. Er wird sorgsam angelegt und in einem Ritual herbeigeführt. Der Western ist ein Genre des männlichen Todes. Auffälliges Beispiel dieses maskulinen Totentanzes ist *The Magnificent Seven* von 1960. In diesem Film gibt es jene, die unterwegs sind, Glückssucher und Träumer, die, mit außergewöhnlichen Fähigkeiten begabt, sich frei umherschweifend bewegen. In ihren Begabungen und in ihren Träumen ist der stetige Glaube an nie versiegende Möglichkeiten angelegt, die sich, so die Idee, allerorts finden lassen. Allerdings werden jene Figuren auch genau darum zu Personifikationen des Todes, den sie zugleich bringen und erleiden müssen. So liegt über allem eine Erotik des Leidens, die aus der Zerstörung männlicher Körper bezogen wird.

Auch in *Hombre* wird erzählt, dass und warum ein Mann erschossen wird. Die Erzählung beginnt mit dem Gesicht des lebenden Mannes, mit seinem toten Gesicht endet sie. Es bildet den visuellen und den symbolischen Rahmen des Films, in dem die Frage nach Identifikation gestellt wird, wie sie aus der lokalen und historischen Situation entsteht, in der dieser Western angesiedelt ist. Wie in *Little Big Man*, *A Man Called Horse* oder *Dances with Wolves*[20] wird eine bestimmte identifikatorische Begegnung mit dem Anderen oder dem Fremden geschildert. In diesen Filmen geraten aus verschiedenen Gründen Weiße in den Einflussbereich indianischer Gemeinschaften. Sie werden in die fremde Gemeinschaft aufgenommen und übernehmen ein Repertoire zunächst fremder Verhaltensweisen und Ansichten. Damit müssen sie sich von ihrer ursprünglichen Gemeinschaft, die

20 *Dances with Wolves* (*Der mit dem Wolf tanzt*, US 1990, R: Kevin Costner).

in einem existentiellen Konflikt mit der indianischen lebt, abgrenzen. Da sowohl der Konflikt als auch die Anpassung visuell dargeboten werden, macht, folgerichtig, die titelgebende Figur in *Hombre* eine äußerlich sichtbare Wandlung durch. Hombre, der zuerst Zeichen des Indianerseins trägt, passt sein Aussehen später den Konventionen der Weißen an. Parallel dazu bewegt er sich durch (soziale) Räume, die mit verschiedenen Identifikationsangeboten durchsetzt sind. Innerlich aber bleibt die Figur gleich und wird dadurch beständig vor die Entscheidung gestellt, welcher Gemeinschaft sie angehören will und soll.

Diese Möglichkeit, die Identitäten zu wechseln, eine der anderen hinzuzufügen oder etwas Fehlendes durch die angenommene fremde Identität zu ergänzen, ist in den Western zum größten Teil den Männern vorbehalten. Im Gegensatz dazu wird für einen Wechsel von Frauen oder Kindern eher eine passive Duldung oder eine vollständige Verwandlung veranschlagt. Zwei Ausnahmen, in denen eine weiße Frau selbstbestimmt zwischen den Sphären der Weißen und der Indianer wechselt und damit eine ihr eigene Stärke demonstriert, sind die Western *Cheyenne Autumn*[21] und *Soldier Blue*[22]. Weit häufiger jedoch taucht eine andere Handlungslogik auf: Wechseln Frauen die Sphären, so werden sie dorthin gebracht; sie werden von indianischen Männern aus der weißen Sphäre geraubt und durch weiße Männer von dort zurückgeholt.[23] Für die männlichen Protagonisten aber wird aus dem notgedrungenen Aufenthalt außerhalb ihres ursprünglichen sozialen und lokalen Umfelds ein selbst gewählter und neu geschaffener Identitätsraum, der zugleich einen alternativen Lebensentwurf für die Mitglieder westlicher Gesellschaften zeigt. Die zeitgenössische und aktuelle Bedeutung dieser Filme besteht also weniger in einer möglichen Identifikation mit dem Fremden, als vielmehr in der Darstellung des Eigenen, das Fremdes aufnimmt oder verwirft.

Mittels Gewalt wiederum werden in Western die Rollenmodelle – geschlechtliche, ethnische, lebensalterliche – ausgelotet. Physische Gewalt funktioniert hier als Maßstab für die nicht nur individuelle, sondern die kollektive Identifikation. Es existieren Orte, die dazu bestimmt sind, eine Choreographie der Gewalt zu entwickeln. Zu

21 *Cheyenne Autumn* (*Cheyenne*, US 1964, R: John Ford).

22 *Soldier Blue* (*Das Wiegenlied vom Totschlag*, US 1970, R: Ralph Nelson).

23 Wie in *The Searchers*.

ihnen gehört der Saloon, ein halböffentlicher Ort mit durchlässigen Grenzen – räumlichen wie sozialen –, in dem Konflikte entstehen, zugespitzt und ausgetragen werden. Die halbhohen und darum auch immer halboffen wirkenden Türen schließen nicht fest; sie schwingen, kaum ist jemand eingetreten, nach. Diese für eine Symbolik äußerst günstigen Bedingungen dienen dazu, ein rituelles Eintreten zu inszenieren, wobei das tatsächliche Eintreten in diesen Raum immer auch eine Entscheidung unterstreicht, die getroffen wurde. Denn kaum ein Raum ist in Western so dicht mit Regeln durchsetzt, mit denen über Einschluss und Ausschluss entschieden wird.

Auch in Hombre gibt es eine solche in der Westerndramaturgie nicht ungewöhnliche und hier dennoch schwierig zu bewertende Szene. Als Hombre in indianischer Tracht mit zwei indianischen Begleitern eine Schenke betritt, überschreiten sie zu dritt eine räumliche und soziale Grenze, deren Durchlässigkeit eine Prüfung für den Status der Eintretenden darstellt. Zunächst erweist sie sich für alle als gleichermaßen durchlässig. Innerhalb des neu betretenen Raums trennen sich Hombre und die Indianer. Ersterer setzt sich an einen Tisch, wo er von einem Mann – einem Mexikaner wie sich herausstellt[24] – erwartet wird. Währenddessen begeben sich die Indianer an den Tresen und werden dort bedient. Diese Trennung und die unterschiedlichen Positionen im Raum lassen sich unabhängig vom sozialen Status der Beteiligten begründen: Hombre ist anlässlich einer Unterredung gekommen; seine unbeteiligten Begleiter werden sich währenddessen etwas abseits aufhalten. Dennoch gibt es Unsicherheiten, etwas Unausgesprochenes wie jene Handbewegung Hombres gegenüber den Indianern, noch bevor sie die Schenke betreten, die eine herrische Note hat. Auch als zuvor zu sehen war, wie sie zu dritt zur Schenke ritten, war Hombre subtil von den beiden anderen abgehoben. Ein kleiner Abstand war zwischen den drei Reitern zu erkennen, so dass eine Gruppe zu zwei Reitern gegen den dritten, einzelnen Reiter leicht abgegrenzt wurde, (Abb. 23) und der Einzelne, so zeigte sich, war Hombre.

24 Dass in Western männliche Figuren mexikanischer Herkunft typischerweise Rollen ausfüllen, die zwischen demütigem Bittsteller und wildem Räuber liegen, beschreibt Carl Wilmsen: Cinematic Conquest. Breaking the Mexican American Connection to the Land of the Movies. In: Deborah A. Carmichael (Hrsg.): *The Landscape of Hollywood Westerns. Ecocriticism in an American Film Genre.* Salt Lake City: University of Utah Press 2006, S. 182–211.

Abb. 23: *Hombre* (*Man nannte ihn Hombre*, US 1967, R: Martin Ritt).

Drinnen am Tisch sitzend versucht nun der Mexikaner, Hombre zu überreden, wieder ganz in das Leben der Weißen einzutreten, womit er die indianische Lebensweise indirekt als minderwertig erklärt. Auf diesen bis dahin unterschwellig bleibenden Konflikt wirken zwei neu eintretende Männer als Katalysatoren, so dass er, nun offengelegt, eine Lösung benötigt. Diese beiden weißen Männer versuchen, die Indianer zu demütigen, indem sie darauf bestehen, dass die Indianer einen ihnen verbotenen Raum betreten hätten. Während die Angegriffenen die Situation würdevoll ertragen, ohne sich noch für eine Gegenaktion entschieden zu haben, mischt sich Hombre in den Konflikt ein und schlägt einem der Weißen seinen Gewehrkolben ins Gesicht.
Es ist ein plötzlicher Ausbruch extremer körperlicher Gewalt, der mit größtmöglicher Gelassenheit beendet wird. Beides gehört zum gängigen Zeichenrepertoire eines Westernhelden, mit dem er beweisen kann, wie er erfolgreich physische Gewalt anwendet und dennoch über emotionale Stärke verfügt. Das Ungewöhnliche an der Situation hier ist, dass Hombre den Körper eines anderen unvermittelt verletzt, besonders nachdem er im vorangegangen Gespräch verbales Geschick und Ruhe bewiesen hatte. Zu beidem kehrt er nach seinem Angriff sofort zurück. Diese friedfertigen Anteile seines Wesens komplettieren die Figur als einen Charakter, der nicht nur willens, sondern auch fähig ist, körperliche Gewalt anzuwenden. Seine Fähigkeit zu körperlicher Gewalt aber wird nur wenig später in einem Kommentar des Mexikaners als Merkmal eines ‚Wilden', also als Merkmal des Indianerseins, bezeichnet. Hombre widerspricht dieser Einordnung. Doch

gerade an dem Zweifel, wie Hombres Fähigkeit zu körperlicher Gewalt einzuordnen ist, wird sich sein Schicksal im Film entscheiden.
Als die Indianer, an deren Anwesenheit sich der Konflikt in der Schenke entzündet hatte, auch zu ihren Waffen greifen, bestätigen sie die gewalttätige Handlung Hombres. Auf einer ersten Ebene hat Hombre den Indianern die Lösung ihres Konflikts aus der Hand genommen. Das kann sie herabwürdigen, wenn er damit indirekt anzweifelt, dass sie selbst in der Lage seien, ihre Konflikte zu lösen. Es kann aber auch klug sein, wenn er den Konflikt in einem Raum an sich zieht, in dem die Indianer, und damit ihre Handlungen, als Fremde erscheinen. Die Frage ist also, ob er zu Recht oder zu Unrecht eine führende Rolle beansprucht und was dies für seine Stellung gegenüber den Indianern bedeutet. Obwohl es widersprüchlich ist, kann Hombre in dieser Situation beide Stellungen einnehmen. Allgemeiner betrachtet spiegeln sich in Hombres Auftritt und der Frage seiner Bewertung zwei Darstellungskonventionen, die für Weiße, welche die Lebensweise der Indianer annehmen, existieren. Da ist zum einen der weiße Indianer als der bessere Indianer, der die Lebensweise der Indianer nicht nur übernimmt und ihre Überlebensfähigkeit in der Wildnis erreicht, sondern sogar übertrifft.[25] Zum anderen gibt es den weißen Indianer aber auch als einen Menschen, der zwischen zwei Welten vermitteln kann und der einen Seite – hier der unterlegenen indianischen – dadurch hilft, dass er die andere Seite – die Seite der Weißen – kennt und zu seinen Gunsten beeinflussen kann. Dass der weiße Mann, der zu den Indianern kommt, bei ihnen eine führende Rolle einnimmt, liegt allerdings auch an der Mechanik des Geschichtenerzählens: Ist er Hauptfigur, dann nimmt er bevorzugterweise keine untergeordnete Rolle ein. Oder anders gesagt: Würde der weiße Mann bei den Indianern keine führende Rolle einnehmen oder wenigstens durch seine Erzählung eine solche transzendieren, dann bliebe es tendenziell eine unerzählte Geschichte.[26]

25 Ebd., S. 191. Ein bekanntes literarisches Beispiel dafür ist auch die Figur des Old Shatterhand von Karl May.

26 Es gibt die umgekehrte Form, in der ein Mitglied der indianischen Gemeinschaft, nachdem es die Lebensweise der Weißen kennengelernt hat, daraus Nutzen für seine Gemeinschaft zieht. Ein Text, in dem dieses Motiv konsequent aus der

Bemerkenswert an *Hombre* ist zugleich, dass sich viele der anderen männlichen Figuren erstaunlich gewaltlos zeigen. Der Film wird oft mit dem sehr viel älteren Western *Stagecoach*[27] verglichen,[28] was vor allem daran liegt, dass ein großer Teil beider Erzählungen in einer Postkutsche spielt. Während es aber für die Männer in dem älteren Film selbstverständlich ist, physische Gewalt auszuüben, ist es in *Hombre* selbstverständlich zu zeigen, wie schwer genau diese Art zu handeln fällt, welche Überwindung sie kostet, welche Angst und inneren Konflikte sie verursacht. Mendez (Martin Balsam), jener Mexikaner, der im Saloon mit Hombre gesprochen hat, fährt später die Kutsche, in deren Enge und Isolation die Filmerzählung weiterentwickelt wird. Die Kutsche wird von Banditen überfallen, die Reisenden werden ausgeraubt und ohne Pferde und Wasser zurückgelassen. Hombre legt sich mit Mendez in einen Hinterhalt, wo sie den Banditen auflauern, von denen sie fürchten, dass sie zurückkommen und alle töten könnten. Keiner der mitreisenden Frauen war diese Aufgabe angeboten worden. Aber auch Mendez sagt, er lehne es ab, jemanden zu töten. Mehr noch, er zeigt sich aufgrund seiner moralischen Skrupel dazu unfähig. Während des Wartens ist er sichtlich nervös. Selbst das Geräusch seines Gewehrs, das zu hören ist, als er vor Anspannung verfrüht auf einen sich nähernden Banditen schießt, vermittelt seine emotionale Verfassung. Es schießt mit hellem Klang, der gemeinsam mit dem Pfeifen der Querschläger und dem schnellen Schießrhythmus etwas von hysterischer Eile hat. Als Hombre merkt, dass Mendez der Situation nicht gewachsen ist, greift er ein. Hombres Ruhe wird vom tiefen Klang seines Gewehrs unterstrichen, mit dessen Schüssen er den Angreifer verletzt. Im Gegensatz zu Mendez und den anderen (weißen) Mitreisenden ist er durch seinen Lebenslauf zu einer Ökonomie des Tötens entschlossen: Hombre beruft sich darauf, zu tun, was getan werden muss, um zu überleben. Er zeigt hier keinen Ausbruch emotionalisierter Gewalt, die zuvor in der Szene in der Schenke einen ambivalenten Eindruck erzeugt hatte. Er schützt die Mitglieder

Perspektive eines Indianers beschrieben und ihm dabei vollständig die Lösung des Konflikts überlassen wird, ist Liselotte Welskopf-Henrich: *Die Söhne der großen Bärin* [1953]. Berlin: Altberliner 1981.

27 *Stagecoach* (*Ringo*, US 1939, R: John Ford).

28 Siehe u. a. Georg Seeßlen: *Geschichte und Mythologie des Westernfilms.* Marburg: Schüren 1995, S. 143.

einer Gemeinschaft, die diesen Schutz annehmen, mit Mitteln, die sie selbst – trotz Lebensgefahr – nicht anwenden würden. Er führt die Gruppe aus ihrer Bedrängnis, bleibt aber gerade durch seine Fähigkeit zu töten von ihr ausgeschlossen. Dadurch gerät er in eine Position, in der sich sein mögliches Opfer abzeichnet.

Die Korruption der Gruppen

Während nationalstaatliche Gemeinschaften durch überindividuelle politische und juristische Regeln legitimiert sowie durch polizeiliche und militärische Präsenz geordnet werden, gibt es für die hier betrachteten kleinen, relativ instabilen Gruppen andere Regeln des Zusammenseins. Die Dynamik von Exklusion und Inklusion ist hoch. Sie sind für Korruption anfällig, was bedeutet, dass die Gruppen zugunsten eigener Vorteile gebildet und wieder aufgegeben werden, dass sie nicht aufgrund eines einmal anerkannten Regelwerks ihrer Mitglieder fortbestehen, sondern durch das Abwägen von Interessen stets neu formiert werden.

Nach der Szene in der Schenke tritt Hombre ohne seine vorherigen indianischen Begleiter in die Welt der Weißen ein. Sie wird repräsentiert durch eine kleine, staubige Ortschaft, die er aufsucht, um sein Erbe anzutreten, welches aus einer kleinen Pension besteht. Bei seinem ersten Eintreten sieht man, dass er seine Kleidung und seinen Haarschnitt der anderen Umgebung angepasst hat. Eine äußerliche Metamorphose ist also sichtbar. Die folgende Erzählung besteht darin, wie er als weißer Indianer, der er trotz seiner äußeren Wandlung ist, auf seine Identität geprüft wird und dabei von einer neuen Gruppe umgeben ist.

Als erstes Mitglied dieser neuen Gruppe lernt er Jessie (Diane Cilento) kennen. Sie ist die Wirtin der Pension und erwartet ihn bereits. Visuell ist die erste Begegnung der beiden durch vielfältige Grenzen markiert: durch einen Zaun, eine Wäscheleine, eine Tür. Jessie hängt gerade im Hof der Pension Wäsche auf, als sie den Mann auf der anderen Seite des Zauns sieht. Er verweilt hinter dem niedrigen Holzzaun, der zwar ein reales Hindernis ist, vor allem aber eine symbolische Grenze, deren kaputte Tür offensteht. Selbst in diesem offenen Durchgang bleibt Hombre ein weiteres Mal stehen. (Abb. 24) Jessie, die die Kommunikation beginnt, setzt ihrerseits gestisch Grenzen.

Abb. 24: *Hombre* (*Man nannte ihn Hombre*, US 1967, R: Martin Ritt).

Sie spricht hinter der Wäscheleine stehend zu Hombre. Mir ihren Händen zieht sie sogar die Leine nach unten, so dass diese als deutliche Trennlinie zwischen ihr und dem Angekommenen hängt. Die Reihung von Grenzen wird auf dem Weg ins Haus fortgesetzt und hat immer dasselbe Ergebnis. Jessie geht voraus und Hombre folgt ihr, ohne seine abwartende Haltung mit den hinter dem Rücken verschränkten Armen zu ändern. Die Eingangstür zum Haus fällt misstönend hinter Jessie zu. Hombre unternimmt nichts, um sie offenzuhalten. Wiederum bleibt er auf der anderen Seite stehen, wodurch ihr Gespräch durch die halbdurchlässige, mit einer Glasscheibe versehenen Tür fortgeführt wird. Alle Grenzen stehen für Hombre mehr oder weniger offen, werden aber durch sein Verhalten auch als Grenzen markiert. Sie wirken – bedingt durch seine Vorgeschichte – als visuelle Zeichen seiner hybriden Identität. Am Ende der Szene ist klar, dass Hombre trotz der äußerlichen Anpassung seines Aussehens nicht in die ihm offenstehende, vorgefertigte Welt der Weißen eintreten wird, während Jessie ebendiese verlassen muss. Hombre wird die Pension verkaufen. Jessie indessen scheitert mit ihrem Plan, ihn durch Annehmlichkeiten, welche sie ihm als Frau bieten kann, an das Haus zu binden. Während Jessie auf ein geschlechterdefiniertes Konzept baut, präferiert Hombre ein ethnisch-moralisches Konzept, das sich aus seiner Zugehörigkeit zu den Indianern ergibt.

Jessie versucht nun, dem bisherigen vertrauten Leben nah zu bleiben, indem sie den Sheriff, mit dem sie zusammenlebt, bittet, sie zur Ehefrau zu nehmen. Diese Möglichkeit, sich an eine Heimat zu binden, variiert sie, indem sie seinen Antrag nicht abwartet, sondern gegenüber

dem Sheriff pragmatisch vorbringt. Der lehnt jedoch ab und begründet die Ablehnung damit, dass er sein Glück an diesem Ort, an dem Jessie bleiben will, nicht gefunden habe. In seiner Argumentation verweist er auf ein Glücksversprechen, wie es der Westernerzählung als einer Eroberung von Möglichkeiten eingeschrieben ist, ein Versprechen, welches der Sheriff für sich aber nicht einlösen konnte. Jessie, nun zum Aufbruch gezwungen, verkörpert im Gegensatz zu ihm einen optimistischen Geist, wie er im Westerngenre angelegt ist und von dort in die historisch später angesiedelten Road-Movies überführt wurde: Sie ist auf der Suche und bereit, Altes zurückzulassen, in der Gewissheit, einen Ausweg, Verlorenes oder einfach das zum Leben Notwendige zu finden. In einer nüchternen und abgeklärten Variante manifestiert sich hier die Botschaft des Westerns, wie er mit dem Mythos des Landes selbst verbunden ist. Hier kann das Glück immer wieder neu gesucht werden, wobei die Suchbewegung mit dem Verlassen eines alten, untauglich gewordenen Ortes beginnt und zu einer Wanderungsbewegung führt, in der nicht nur die Essenz des amerikanischen Traums, sondern der von ihm inspirierte Traum der westlichen Welt von einer glückhaften Migration aufgehoben ist, durch welche die Wandernden geprüft werden, um am Ende zu sich selbst zu finden.
Jessie will mit der nächsten und letzten Pferdekutsche den Ort verlassen, bevor der Kutschenbetrieb eingestellt wird. Im Warteraum für die Reisenden werden die zufällig aufeinandertreffenden Einzelnen zu einer neuen Gruppe zusammengeführt. Dabei wird jenes Element markiert, das ihnen gemeinsam ist. Sie alle warten auf die vorerst letzte Möglichkeit, den Übertritt in eine andere Lebensphase einzuleiten. Der junge Mann, der am Tresen die Fahrscheine ausgibt und später als Hilfskutscher auftritt, will mit seiner jungen und unzufriedenen Frau, die ihm gegenüber auf einer Bank wartet, den Ort verlassen. Ein Soldat, der bei ihm seine Fahrkarte in Empfang nimmt, hat gerade, wie er allen berichtet, seine Laufbahn bei der Armee beendet und bricht auf, um zu heiraten. Als weiterer Passagier trifft ein Mann ein, der den Soldaten wegen des Mangels an Fahrgelegenheiten zwingt, ihm seine Fahrkarte zu überlassen. Mit ihm tritt die erste Störung und Prüfung für die sich eben formierende Gruppe ein, wobei bereits die gewählte Form der temporären Reisegesellschaft das Motiv instabiler Gruppen unterstützt. Auf einer Bank an der Wand haben

Hombre und Jessie möglichst weit voneinander entfernt Platz genommen. Außerdem reist ein Ehepaar mit, das aus einem alten Mann und einer jungen Frau besteht: Alex Favor (Frederic March) und Audra Favor (Barbara Rush) wollen ebenfalls eilig aufbrechen.
Nach dem kargen Warteraum mit seinen Wandbänken, auf denen die Reisenden distanziert zueinander saßen, sieht man sie wenig später als räumlich zusammengepresste Gemeinschaft, in welcher sich jedoch andere Abstände zwischen den Reisenden offenbaren. Die junge Frau des Hilfskutschers beginnt das Gespräch und fragt, ob etwas zu befürchten sei, jetzt, da sie durch Indianerland fahren. Währenddessen ist von diesem Land nichts zu sehen, denn die Fenster sind verschlossen. Die Reisenden sitzen in einem hermetischen Kasten, in dem sie durch einen Raum bewegt werden, der wegen seiner Unsichtbarkeit vollständig imaginär wirkt und als solcher gar nicht feststellbar ist, zumal die Fahrt nachts begann, als es bis auf einen schmalen hellen Streifen am Himmel völlig dunkel war.
In dieser Situation beginnt die junge Frau, den vermuteten Außenraum mit einer verbal geäußerten Annahme symbolisch zu umreißen und ihre Mitreisenden um deren Einschätzung zu bitten, woraufhin die anderen aus ihrer jeweiligen Weltsicht den imaginären, wenn auch zugleich vorhandenen Außenraum bestimmen. Mr. Grimes (Richard Boone) – der Mann, der dem Soldaten die Fahrkarte abgenommen hatte – beweist wiederholt seine rücksichtslose Art, als er sagt, die Indianer machten mit den weißen Frauen das gleiche wie mit ihren eigenen und keiner der Frauen würde das missfallen. Damit wird das Thema vom Wechsel der Sphären erneuert und es ist dabei deutlich als geschlechtsspezifisch gekennzeichnet. In dieser Form entspricht es ganz dem Westernmythos, der besagt, dass Indianer weiße Frauen verschleppen.[29] Er bezeichnet ein Trauma und bietet zugleich einen Referenzpunkt für die Menschen, die fremdes Land betreten und sich über ihre Verschiedenartigkeit hinweg durch einen deutlich gekennzeichneten, gemeinsamen Feind als Gruppe formieren. Mr. Grimes zeigt, dass er den Mythos kennt, aber nicht bereit ist, daraus eine Zusammengehörigkeit abzuleiten. Abgesehen davon macht er sich,

29 Siehe dazu eine kurze, aber in ihren Stichworten *Sexualität* und *Mythos* bedeutsame Darstellung von Seeßlen: *Geschichte und Mythologie des Westernfilms*, S. 16–17.

wie später bestätigt wird, über den sexuellen Subtext in der Rede der jungen Frau lustig.

Mit seiner Antwort zielt er also auch auf den verschleierten sexuellen Gehalt des Mythos von den gestohlenen Frauen. Denn die Furcht der weißen Männer vor der Verschleppung ihrer Frauen bezeichnet auch ihre Furcht vor einer sexuellen Demütigung, während sie den Frauen die Möglichkeit gibt, ihre Männer mit der Vorstellung eines möglicherweise zu bevorzugenden Sexualpartners zu irritieren. Gerade darauf verweist jener Teil der filmischen Darstellung, Indianer gern mit nacktem Oberkörper auftreten zu lassen. Es geht dabei nicht nur darum, das scheinbar Naturburschenhafte oder das angeblich Wilde und Unzivilisierte in Form einer mangelhaften Kleiderordnung vorzuführen. Die Darstellung verweist auf einen weiteren Bereich, nämlich auf eine unbedeckte (nicht versteckte) Sexualität, die mit der offen präsentierten nackten Haut verbunden wird. (Genau diesen Punkt merkt, filmgeschichtlich Jahrzehnte später, der Vampir Edward mürrisch an.[30] Denn ihm, der sich stets an eine westliche Kleiderordnung hält, ist die Wirkung seines indianischen Konkurrenten in der Liebe um Bella bewusst, als dieser selbst bei kaltem Regen und drohendem Schneesturm mit nacktem, muskulösen Oberkörper auftaucht.)

Die Rede jedoch, die dem Gespräch eine Wendung gibt, kommt von der Frau des alten Mannes, Audra Favor. Sie beginnt von ihren eigenen Erfahrungen mit Indianern zu berichten. Das Gespräch wendet sich also vom Imaginären, Hypothetischen ab und dem Bericht einer Augenzeugin zu, die damit einen Anspruch auf Authentizität erhebt. Zunächst spricht sie von Indianern, die in einem Reservat, also in einem abgeschlossenen Raum, leben und damit gleichsam als gezähmt erscheinen. Die Frau sexualisiert ihre Beobachtung und kehrt dabei die vorher eingeführte Objekt-Subjekt-Beziehung um. Waren es im Gespräch zuvor bei den freien Indianern die Männer, die die Frauen zu Objekten machten, indem sie sie raubten, nimmt nun sie als Frau die Subjekt-Stellung ein und kann dadurch die im Reservat lebenden Männer ihrerseits zu Objekten machen. Sie kann also innerhalb einer ethnischen Hierarchie, in der sie als Weiße die höhere Stellung beansprucht, auch als Frau die geschlechtliche Hierarchie umkehren.

30 *The Twilight Saga: Eclipse* (*Eclipse – Bis(s) zum Abendrot*, US 2010, R: David Slade).

Zuerst spricht sie über das gute Aussehen der indianischen Männer. In einer Variation dieser Aussage wiederholt sie ihre dominante Stellung ihnen gegenüber, doch auf eine Art, mit der sie ihr sexuelles Begehren widerruft, das heißt, es kaschiert. Denn nun spricht sie davon, dass diese Männer ihr nicht mehr gefallen könnten, sobald sie sich als Indianer benähmen und Hunde äßen. Sie unterscheidet also, um ihre dominante Stellung auszugestalten, zwischen Aussehen und Benehmen, wobei sie mit dem Aussehen auf die Männlichkeit anspielt und mit dem Benehmen auf Nicht-Menschliches, gleichsam Tierhaftes, Undiszipliniertes.

An diesem Punkt bringt sich Hombre ein und wirbt um Verständnis für die Indianer, indem er deren Situation im Reservat schildert und dabei ihr Verhalten auf diese Situation und nicht auf ihre ethnische Zugehörigkeit zurückführt. Er antwortet der Frau, dass sie sich in einer solchen Situation ebenso verhalten würde, womit er sich auf ein allgemein menschliches Verhalten beruft und die weiße Frau den Indianern gleichstellt. Die Frau streitet diese Möglichkeit ab, worauf sich ihr Mann beschwichtigend einmischt. Er drückt Verständnis für die Meinung Hombres aus, von dem er bisher nichts weiß. Zugleich beglaubigt er das Urteil seiner Frau über die Indianer, indem er sich als Leiter eines Indianerreservats vorstellt. Hombre offenbart sich nun den anderen, als den Indianern zugehörig. Während sich also das Gespräch über den Außenraum und diejenigen, die ihn möglicherweise bewohnen und beherrschen, langsam vom Imaginären abwandte, bricht in dem Moment, in dem sich Hombre als indianisch zu erkennen gibt, die imaginär beschworene Außenwelt in die Innenwelt der Kutsche ein. Dies hat zur Folge, dass Hombre aus der Gruppe der Reisenden ausgeschlossen wird und auf dem Kutschbock weiterfahren muss. Die Initiative dafür kommt vom Chef des Indianerreservats und dessen Frau. Alle anderen nehmen die Entscheidung schweigend hin. Nach der Szene im Wartesaal – der geraubten Fahrkarte, die zum Ausschluss eines Reisenden führte – ist dies die zweite folgenreiche Störung der Gruppe. Was sich hier wiederholt, dass nämlich die Gruppe in ihrer Definition flexibel ist, tritt wenig später noch klarer hervor. Der rücksichtslose Mr. Grimes erweist sich als Dieb, der mit seinen Kumpanen, die unauffällig der Kutsche vorausgeritten waren, die anderen Reisenden ausraubt.

Diese Diebe finden bei Alex Favor viel Geld, was wiederum ihn selbst als Dieb ausweist. Der Chef des Indianerreservats hatte die Indianer systematisch betrogen und wollte nun mit seiner Frau und dem ergaunerten Geld über die Grenze nach Mexiko fliehen.[31] Die Räuber erbeuten das bereits zuvor Gestohlene, nehmen die Frau des Reservatchefs als Geisel und reiten davon. Hombre gelingt es dennoch, zwei der Diebe zu erschießen. So gelangt die Beute in seine Hände. Daraufhin macht er sich allein und ohne weiteres Wort auf den Weg. Doch die anderen Reisenden folgen ihm, denn sie erwarten, dass er ihnen den Weg zurück zur Stadt zeigt. Dabei berufen sie sich auf ihre Zusammengehörigkeit als Gruppe, obwohl sie diese selbst kurz zuvor verleugnet hatten. Waren die in der Kutsche fahrenden Personen zuerst durch verschiedene Elemente wie ein gemeinsames Ziel (die Reise), einen gemeinsam genutzten Raum (die enge Kutsche) als Gruppe bestimmt worden, so war sie an der Frage nach dem gemeinsamen Feind gescheitert. Da als gemeinsamer Feind die indianischen Männer gelten sollten, wurde Hombre als Mitglied ausgeschlossen. Später ist es die Natur, mit der sich eine neue Feindin konkretisiert. In ihr könnten die meisten Gruppenmitglieder, von den Banditen ausgesetzt, nicht allein überleben, weshalb sie das zuvor ausgeschlossene Mitglied Hombre zurückrufen. Sie erkennen, dass sie hier nur dank der Fähigkeiten Hombres überleben können, also wegen genau jener Facette seines Wesens, wegen der er zuvor aus der Gruppe ausgeschlossen worden war.

Hombres Ausschluss geschah aufgrund seiner ethnischen Zugehörigkeit, die bei ihm eine selbst gewählte ist. Seine Zugehörigkeit zu den Indianern basiert nicht auf einer biologischen Herkunft aus dieser Gruppe. In diesem Sinn ist auch seine Verwandlung in einen Indianer

31 Bis Ende des 19. Jahrhunderts waren fast alle nordamerikanischen Indianerinnen und Indianer in Reservate deportiert worden. Dort nahm das Bureau of Indian Affairs, eine Behörde des Kriegsministeriums, die die Indianerreservate treuhänderisch verwaltete, eine zwiespältige Rolle ein. Es gab viele Fälle von Korruption. Dementsprechend zwielichtig ist der Vertreter dieser Behörde in *Hombre* gestaltet. Zur weißen Indianerpolitik in den USA siehe u. a. Vine Deloria: *American Indian Policy in the Twentieth Century*. Norman: University of Oklahoma 1992, Donald L. Fixico: *The Invasion of Indian Country in the Twentieth Century. American Capitalism and Tribal Natural Resources*. Niwot: UP of Colorado 1998; David Eugene Wilkins / Heidi Kiiwetinepinesiik Stark: *American Indian Politics and the American Political System*. Lanham: Rowman & Littlefield 2007.

am Anfang des Films eine unvollständige. Er kann sein Aussehen bis an eine äußerste Grenze verwandeln und er kann diese Verwandlung wieder rückgängig machen. Weil Hombres biologische Eltern weiß waren, gibt es keine körpereigene Definition seiner hybriden Identität. Allerdings bestanden der Reservatchef und seine Frau darauf, diese soziale ethnische Zugehörigkeit einer biologisch ethnischen gleichzusetzen, denn allein wegen der sozialen Zugehörigkeit Hombres verlangten sie auch eine andere Behandlung seines Körpers. Darum sollte er nicht mehr mit ihnen in der Kutsche, sondern außerhalb, auf dem Kutschbock reisen.

Wurde bei der Konstruktion des Konzepts der ‚Rasse' die biologische Bindung an eine Gruppe – die auf der Abstammung beruht – als das entscheidende Merkmal vor Kultur, Sprache, Religion gesetzt, so ist beim Konzept der Ethnie dieses Element zurückgedrängt. Im Vordergrund steht hier die soziale Bindung und damit prinzipiell auch die erwerbbare Gruppenzugehörigkeit. Der Gedanke an eine biologische Bindung ist jedoch nicht verschwunden, was unter anderem dann deutlich wird, wenn indigene Ethnien betrachtet werden. Zudem bieten Körpermerkmale die Möglichkeit, eine bestimmte Herkunft anzunehmen. Darum spreche ich hier von sozialer ethnischer Zugehörigkeit und biologischer ethnischer Zugehörigkeit, was sich parallel verstehen lässt zur Rede von einem sozialen und einem biologischen Geschlecht. Erst mit einem weiteren Schritt in der Argumentationsstruktur wird darüber entschieden, ob ein Argument zu Recht oder Unrecht vorgetragen wird. Es ist also nicht die Beobachtung an sich, die zu werten ist, sondern es sind die Schlussfolgerungen, die daraus gezogen werden. Die Reaktion der beiden Favors auf Hombre ist entlarvend durch die spezifische Konstellation, in der sie vorgebracht wird. Weil sie bei ihrer ersten Begegnung in ihrem Gegenüber das ethnisch Fremde nicht erkennen, müssen sie es nachträglich als solches markieren, um ihre hierarchische Weltsicht aufrechtzuerhalten. Dabei zeigen sie jene Merkmale, mittels derer Rassismus definierbar ist: Auf psychologischer Ebene ist er eine Spielform des Narzissmus (der in einer Gruppe ausgelebt wird). Auf gesellschaftlicher und politischer Ebene dient er dazu, moralisch inakzeptable Ziele zu formulieren und umzusetzen. Er ist also ein sekundärer Impuls und funktional.

Immer wieder sind es Favor und dessen Frau, die die Gruppe durch ihr Verhalten und ihre Ansichten definieren. Zugleich sind sie es, die deren Integrität am stärksten belasten. Durch ihren Diebstahl haben sie sich zuerst gegenüber den Indianern ins Unrecht gesetzt, sich aber auch außerhalb der Regeln der weißen Gemeinschaft gestellt. Später gefährdet Alex Favor die Gruppe, als er mit vorgehaltener Waffe deren Wasservorrat für sich einfordert. Favor selbst, obwohl vordergründig sehr daran interessiert, diese Gruppe zu definieren und ihre konstante Struktur zu behaupten, stellt genau dieses Konzept infrage. Nachdem er sich als gefährlich für die eigene, weiße Gemeinschaft erwiesen hat, schließt ihn Hombre aus der Gruppe aus. Damit zeigt sich, dass Favor von jemandem ausgeschlossen werden kann, den er selbst kurz zuvor als nicht zugehörig markiert hatte. In diesem Moment begreift nicht nur er, dass es offenbar keine stabilen Merkmale für eine immerwährende Gruppenzugehörigkeit gibt. Wenn es prinzipiell möglich ist, sich nur jeweils einer Gruppe zuzurechnen, mehreren zugleich, keiner oder das Konzept der Gruppenzugehörigkeit insgesamt infrage zu stellen, so wird hier vor allem die Fluidität solcher Zuschreibungen deutlich.

Favor, der nun allein den Weg durch die wüstenartige Ebene finden muss, kommt nach seinem einsamen Weg halb verdurstet an einem alten Bergwerk an. Die anderen aus seiner ehemaligen Gruppe sind bereits dort und halten sich in einer hochgelegenen Hütte versteckt. Jessie hat Mitleid mit Favor, ruft ihn und hilft ihm die steile Holztreppe zum Versteck in der Hütte hinauf. Dass sie dadurch auch die Banditen auf ihren Aufenthaltsort aufmerksam macht und insofern alle gefährdet, nutzt Favor nur als zusätzliche Gelegenheit, um gegenüber Hombre seine Definition einer weißen Gemeinschaft zu wiederholen. Er charakterisiert sie als fähig zum Mitleid, was nun bewiesen sei. Damit will er nicht nur die weiße Gemeinschaft über die indianische stellen. Er gibt auch zu bedenken – und die Reaktionen der anderen in der Gruppe scheinen ihm Recht zu geben –, dass der eigene kulturelle Hintergrund, ähnliche Erlebnisse und Erfahrungen, das Verbindende also, schwerer wiegt als die tatsächliche Todesgefahr, in die Favor die anderen bringt. Führt man sein Argument zu Ende, wäre die tatsächliche Bedrohung durch einen ‚ähnlichen' Menschen geringer zu bewerten als die potenzielle, geargwöhnte Bedrohung durch einen kulturell Fremden wie Hombre. Zugleich aber zeigt Favor selbst kein Mitleid gegenüber den Mitgliedern der weißen und von ihm als solcher immer wieder angerufenen Gruppe. Er ist auch

nicht willens, das seiner Definition inhärente Versprechen – die Weißen würden sich in der Not immer helfen – einzulösen und seine Frau zu retten, die als Geisel von den Banditen gefoltert wird, um die Herausgabe des Geldes erpressen.
Die wiederholt angesprochene Fähigkeit zum Mitleid spielt für Hombres weiteres Schicksal eine entscheidende Rolle. Allerdings muss die Forderung nach Mitleid erst von den falschen, eigennützigen Aspekten, die Favor ihr gegeben hatte, gereinigt werden. Dies geschieht in einem Gespräch zwischen Jessie und Hombre, in dem Jessie ihr Mitleid gegenüber Favor begründet. Hombre argumentiert, dass jemand, der kein Mitleid zeigt, es nicht wert sei, selbst Mitleid zu erfahren. Dabei beruft er sich auf das tragische Schicksal der Indianer, das Favor zu verantworten hat. Also begründet Hombre, aus seiner Lebenserfahrung heraus, eine moralische Ökonomie, in der Handlungen mit gleichwertigen Reaktionen beantwortet werden. Jessie hingegen begründet eine andere Ökonomie. In dieser bedeuten Handlungen und Reaktionen keinen gleichwertigen Tausch. Sie verlangt stattdessen, etwas im Voraus zu geben, so dass eine Reaktion nicht auf vergangenes Reales, sondern auf zukünftiges Imaginäres zielt. Jessie hat Mitleid, weil sie damit zukünftiges Gutes initiieren will. Wegen dieser Haltung wurde in der Forschungsliteratur überlegt, ob das nun folgende Opfer Hombres auf die christliche Kultur und den Opfertod Christi verweise.[32] Diese Deutung erscheint möglich und doch ist sie problematisch, insofern Hombre eine Figur ist, die das Andere gegenüber der weißen Gemeinschaft der Reisenden verkörpert. Mit einem Rückgriff auf den christlichen Mythos wird Hombres Figur in die Deutungshoheit der weißen und damit christlichen Gemeinschaft eingepasst. Das Andere wird also nicht als das Andere belassen, sondern in das eigene Zeichenrepertoire eingefügt. Wenn dadurch das Indianersein zum nur leicht kaschierten Ausdruck eines „reinen, ursprünglichen Christentums“[33] erhöht wird, wäre dies nur eine Spielart, das Fremde unter die Autorität einer christlich formulierten Mythologie und Ikonografie zu stellen.

32 Siehe Armando José Prats: *Invisible Natives. Myth and Identity in the American Western*. Ithaca / London: Cornell UP 2002, S. 207–220.
33 Ebd., S. 207.

Hombres möglicher Tod zeichnet sich ab, als die Banditen ihre Geisel, Audra Favor, an eine alte Eisenbahnschiene fesseln. Diejenigen Reisenden, welche sich in der hochgelegenen Hütte versteckt halten, können sehen, wie die Gefesselte in der Sonne leidet. Auch wenn sie den Blick abwenden, sind Audras Hilferufe zu hören. Ihr Leiden kann deshalb niemanden unbeteiligt lassen. Trotzdem lehnen es die Männer der Gruppe ab, sie zu retten und dabei ihr eigenes Leben zu riskieren. Schließlich fragt Hombre Jessie, ob sie bereit sei zu gehen, was innerhalb der geschlechtsspezifischen Konstellation dieses wie anderer Western ungewöhnlich ist. Er fordert sie heraus, ihren eigenen moralischen Anspruch zu erfüllen und zwar ungeachtet ihres Geschlechts. Für diese Probe behandelt er sie als eine Frau, die die gleichen Pflichten wie ein Mann zu übernehmen bereit sein muss, womit er sie zugleich auf das Versagen der anderen Mitglieder ihrer Gruppe hinweist. Durch deren Verhalten ist bereits bewiesen, wie wenig ihr Mitleid wert ist, wenn es eine für das eigene Schicksal möglicherweise verhängnisvolle Bereitschaft zum Handeln erfordert. Damit erweist sich insbesondere die von Favor beschworene Definition einer weißen Gemeinschaft – die sich durch die Fähigkeit zum Mitleid auszeichne und damit besser als die indianische Gemeinschaft sei – als ungültig.

Jessie jedoch zeigt sich bereit zu gehen, wodurch sie die Gültigkeit ihrer eigenen Vorstellungen von Menschlichkeit bestätigt. Sie schultert die Satteltasche mit dem Geld und bittet Hombre um dessen Messer, mit dem sie die Gefangene losschneiden könnte. Hombre antwortet ihr, sie verlange noch viel mehr von ihm als das Messer. Denn mit ihrer Bitte verweist Jessie auch auf die Waffenlosigkeit der Frauen, welche hier wie in vielen Western den Rahmen weiblicher Handlungsfähigkeit bildet und den Frauen nicht nur die Fähigkeit, sondern auch die Pflicht zur Selbstverteidigung nimmt. Am Ende eines Blickwechsels zwischen den beiden steht fest, dass Hombre gehen wird, um die Gefangene zu befreien, doch nicht, weil er die Regeln der weißen Gemeinschaft nun anerkennt.

Weder er noch eine andere der Figuren hat im Film eine Entwicklung durchgemacht, auch wenn sie alle unterwegs und dadurch verschiedenen Optionen ausgesetzt waren, die eigenen Gewissheiten zu prüfen und zu ändern. Stattdessen dienten die jeweiligen Identitäten als Rahmen, um die Konsequenzen, die sich aus ihrem Zusammentreffen ergeben, auszuloten. Die Mitglieder der weißen Gemeinschaft zeigten sich unfähig, ihre eigenen Regeln zu befolgen, so dass sie sich zu Unrecht auf eine moralische Überlegenheit berufen. Jessie ist die einzige, die bereit wäre, den Anspruch, den jene vorgeben, zu erfüllen. Damit steht sie gleichwertig neben Hombre, der selbst konsequent seinen Ansprüchen folgt und so ist sie letztlich die einzige, die ihn bewegen kann, die bedrohte Frau zu retten.

Dieser Frau begegnet er wieder, als sie nun ganz und gar Körper ist, ein Körper, der bald sterben würde und zwar außerhalb jeder ethnischen Kategorie. (Abb. 25) Ähnlich wie Alex Favor triumphierte, als er aus Mitleid wieder in die weiße Gemeinschaft aufgenommen wurde, könnte nun Hombre die Situation als Beweis der eigenen These nehmen, die er Audra Favor gegenüber in der Kutsche formuliert hatte, nämlich dass die Frau sich nicht von einem Indianer unterscheiden würde, sobald sie, gleich diesem, in ihrer körperlichen Existenz bedroht sei. Hombre zeigt sich bereit, ihren Körper zu retten, indem er seinen eigenen Körper einsetzt. Er und die Frau wechseln einen wortlosen Blick, dessen Folgen in ihrem Bewusstsein und späterem Handeln offenbleiben.

Hombre hilft ihr, indem er die Banditen tötet, doch wird er im Schusswechsel selbst tödlich getroffen. Mit seinem von ihm einkalkulierten Opfer erzwingt er von den anderen, das gestohlene Geld zu den Indianern zurückzubringen. Er initiiert also einen über seine eigene Gegenwart hinausreichenden Moment der möglichen Annäherung. Zugleich stirbt mit ihm eine Lebensweise, welche die Mitglieder der weißen Gemeinschaft aus sich verbannt haben, weil sie die ‚Wildnis' aus sich und ihrem Leben verbannt haben, so dass sie unfähig waren, die Banditen zu töten, selbst als ihr eigenes Leben durch sie bedroht wurde. Hombres Tod besiegelt diesen Ausschluss dauerhaft.

Hombre, Little Big Man und Iron Eyes Cody zeigen die Tragik, aber auch die möglichen positiven Effekte des Überwechselns in eine andere Gemeinschaft. Am Ende führen ihre jeweiligen Modelle nicht zu einem Leben, in dem eine selbst gewählte ethnische Identität unhinterfragt bliebe oder eine multi-ethnische Identität möglich gewesen wäre. Immer wieder verlangte die eine Identität den Ausschluss der anderen. Doch eröffnen sie die Möglichkeit, von einer

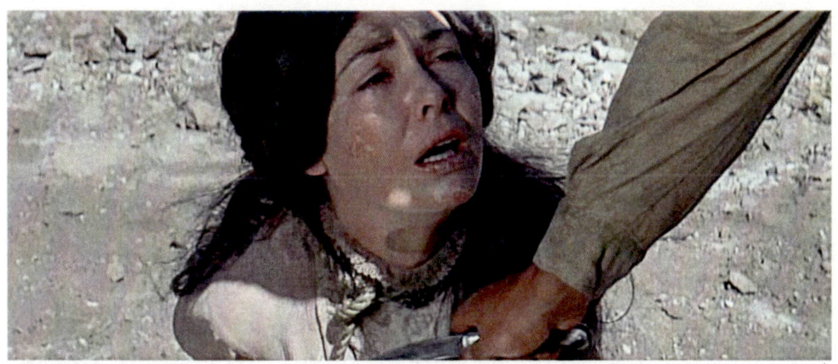

Abb. 25: *Hombre* (*Man nannte ihn Hombre*, US 1967, R: Martin Ritt).

empathischen Leistung zu profitieren und eigene Strategien des Überwechselns oder Beharrens zu entwickeln.

Julia Kristeva schrieb einen einflussreichen Text über das Fremde und trug darin vor, dass das Fremde in jedem und jeder bereits angelegt sei.[34] Dieser Gedanke ist eine Art Bodensatz in ihrem Werk, der dann seine akute Bedeutung entfaltet, wenn das Eigene mit dem Fremden in Kontakt tritt, es erkennt und dabei deutlich wird, dass es selbst Anteile dieses Fremden besitzt, die bis dahin im nicht genutzten Unterbewussten zwar beherbergt, aber zugleich verborgen waren. Sie gebraucht ihren Ansatz, um die Grenzen zwischen Fremdem und Eigenem zunächst zu beschreiben, aber letztlich zu überwinden, im Sinn einer zukunftsgerichteten Harmonisierung, in der das Fremde nicht als Argument dienen soll, einander zu bekämpfen. Wenn man stets damit rechnen darf, in sich selbst Fremdes vorzufinden, wäre es unberechtigt, anderen etwas zu vorzuwerfen, was man selbst besitzt, auch wenn es möglicherweise noch nicht offen zu Tage getreten ist. Doch problematisch scheint, dass damit alles, was bisher unbewusst war, als fremd markiert werden kann. Warum aber sollte das, was unbekanntermaßen in einer Person existiert, fremd sein? Das eigene Unbekannte mag *befremdlich* scheinen, so dass es, in einer nachträglichen Abspaltung, die im Moment seiner Benennung geschieht,

34 Julia Kristeva: *Fremde sind wir uns selbst*, aus d. Franz. v. Xenia Rajewsky. Frankfurt am Main: Suhrkamp 1990.

als ‚fremd' bezeichnet werden kann. Dennoch ist es im Selbst vorhandenes Eigenes.
Stattdessen lässt sich formulieren, dass jeder und jede ganz und gar aus Eigenem besteht, auch dann, wenn manche der eigenen Seiten noch nicht zum Vorschein gekommen und insofern unbekannt sind. Das hieße auch, das Anderes und Fremdes tatsächlich fremd sind. Es so zu benennen bedeutet, eine Art von Grenze zu bemerken. Diese Grenze jedoch lässt sich verschieben und verändern. Zugleich existiert – zeitweise oder gelegentlich – eine Parallelität zwischen Eigenem und Fremden, eine Ähnlichkeit, die, wird sie festgestellt, zu Annäherung, Verständnis und Identifikation führen kann. Dabei verstehe ich Annäherung sowohl in dem Sinn, sich auf Fremdes zuzubewegen, als auch in dem Sinn, keine vollkommene Übereinstimmung zum Eigenen erreichen zu können. Sie ist notwendig, um das Verstehen und das Identifizieren mit Anderem, bisher Fremdem zu bewerkstelligen. Denn auch das Verstehen kann nur ein annäherndes sein. Es wäre unsinnig, von einem Verständnis auszugehen, wenn damit unausgesprochen gemeint ist, andere genau auf die Weise zu verstehen wie sie sich selbst. Dafür müsste einerseits auf eigene Erfahrungswerte verzichtet werden und es andererseits möglich sein, auf die des Gegenübers vollständig zurückzugreifen. Identifikation wiederum bedeutet ein Sich-Gleichsetzen, wobei ein vollständiges, störungsfreies Sich-Gleichsetzen unmöglich erscheint. Viel eher handelt es sich um ein partielles Sich-Gleichsetzen durch das Erkennen von Ähnlichkeiten, die auch als solche bewusst bleiben, und das bedeutet, dass das Abweichende vom Ähnlichen, das Nicht-Gleiche also, bewusst bleibt.
In der Historisierung, und dazu gehört der Western, wird das Verstehen einer fremden Erfahrung zurückgeführt auf das Verstehen eigener Erfahrungen, so dass eine Annäherung durch bemerkte Ähnlichkeiten möglich scheint. Wenn sich die einen, fest Beheimateten, an eigene Erfahrungen und Traditionen von Wanderungsbewegungen erinnern – und sei es auch eine Erinnerung, die nicht aus dem persönlichen Fundus stammt, sondern aus dem einer kollektiven Erinnerung –, so ist es möglich, ein Gespür für jene anderen Menschen zu entwickeln, zu deren Zielort die Heimat der bereits Ansässigen wurde. Umgekehrt können so auch die neu Angekommenen ein Gespür für die bereits hier Lebenden aufbringen.

Bibliografie

Alexander, Michael: *Jazz Age Jews*. Princeton: Princeton UP 2001.

Anderson, Chuck: The Old Corral. Victor Daniels / Chief Thunder Cloud. www.b-westerns.com/chief1.htm (Zugriff am 21.09.2017).

Appadurai, Arjun: Globale ethnische Räume. Bemerkungen und Fragen zur Entwicklung einer transnationalen Anthropologie. In: Ulrich Beck (Hrsg.): *Perspektiven der Weltgesellschaft*. Frankfurt am Main: Suhrkamp 1998, S. 11–40.

Arend, Stefanie: Jüngers Frühwerk im Fluchtpunkt von Barrès' Konzeption des Nationalismus. In: Lutz Hagestedt (Hrsg.): *Ernst Jünger. Politik – Mythos – Kunst*. Berlin / New York: de Gruyter 2004, S. 25–34.

Asper, Helmut G.: *Filmexil in Hollywood. „Etwas Besseres als den Tod". Porträts, Filme, Dokumente*. Marburg: Schüren 2002.

// *Filmexilanten im Universal Studio 1933–1960*. Berlin: Bertz + Fischer 2005.

Assmann, Jan: Kollektives Gedächtnis und kulturelle Identität. In: Ders. / Tonio Hölscher (Hrsg.): *Kultur und Gedächtnis*. Frankfurt am Main: Suhrkamp 1988, S. 9–19.

Augé, Marc: *Orte und Nicht-Orte. Vorüberlegungen zu einer Ethnologie der Einsamkeit*. Frankfurt am Main: Fischer 1994.

Babka, Anna / Gerald Posselt: *Gender und Dekonstruktion. Begriffe und kommentierte Grundlagentexte der Gender- und Queer-Theorie*. Wien: Facultas 2016.

Bataille, Gretchen M. (Hrsg.): *Native American Representations. First Encounters, Distorted Images, and Literary Appropriations*. Lincoln / London: University of Nebraska Press 2001.

Bataille, Gretchen M. / Charles L. P. Silet: *Images of American Indians on Film. An Annotated Bibliography*. New York: Garland 1985.

Bauer, Jo-Hannes: Der ‚Wilde Westen' von nebenan. Pathos und Melodram in Phil Jutzis ‚Feuerteufel'. In: Johannes Roschlau (Hrsg.): *Europa im Sattel. Western zwischen Sibirien und Atlantik*. München: Edition Text + Kritik 2012, S. 21–32.

Bayertz, Kurt / Margit Fröhlich / Kurt W. Schmidt (Hrsg.): *I'm the Law! Recht, Ethik und Ästhetik des Western*. Frankfurt am Main: Haag + Herchen 2004.

Bazin, André: Der Western oder: Das amerikanische Kino par excellence [1953]. In: Bert Rebhandl (Hrsg.): *Western. Genre und Geschichte*. Wien: Zsolnay 2007, S. 40–50.

Beauvoir, Simone de: *Das andere Geschlecht. Sitte und Sexus der Frau* [1949], aus d. Franz. v. Eva Rechel-Mertens / Fritz Montfort. Hamburg: Rowohlt 1951.

Becker, Frank / Elke Reinhardt-Becker: *Mythos USA. „Amerikanisierung" in Deutschland seit 1900*. Frankfurt am Main: Campus 2006.

Becker, Judith: Die Heimat oder Europa. Perspektiven englisch- und deutschsprachiger Missionare aus den 1830er Jahren. In: Rebekka Habermas / Richard Hölzl (Hrsg.): *Mission global. Eine Verflechtungsgeschichte seit dem 19. Jahrhundert.* Köln / Weimar / Wien: Böhlau 2014, S. 215–240.

Beier, Lars-Olav / Robert Müller (Hrsg.): *Arthur Penn.* Berlin: Bertz 1998.

Berg, Gretchen: The Viennese Night. A Fritz Lang Confession. Parts Two and One [1965]. In: Barry Keith Grant (Hrsg.): *Fritz Lang. Interviews.* Jackson: UP of Mississippi 2003, S. 50–76.

Berlin-Brandenburgische Akademie der Wissenschaften (Hrsg.): *Digitales Wörterbuch der deutschen Sprache* (DWDS), http://www.dwds.de/ (Zugriff am 15.04.2016).

Bertelsen, Martin: *Roadmovies und Westerns. Ein Vergleich zur Genre-Bestimmung des Roadmovies.* Ammersbek: an der Lotterbek 1991.

Bhabha, Homi K.: *Die Verortung der Kultur,* aus d. Engl. v. Michael Schiffmann / Jürgen Freudl. Tübingen: Stauffenburg 2000.

Binter, Julia: Rez. zu: Bettina Dennerlein / Elke Frietsch (Hrsg.): *Identitäten in Bewegung. Migration im Film.* http://rezenstfm.univie.ac.at/rezens.php?action=rezension&rez_id=269 (Zugriff am 17.07.2013).

Bird, Elisabeth S. (Hrsg.): *Dressing in Feathers. The Construction of the Indian in American Popular Culture.* Boulder: Westview 1996.

Bocquet, Denis: Henri Lefebvre und der Begriff der Urbanisierung ohne Urbanität. Deutung eines missverstandenen Begriffs aus heutiger Sicht. In: *Informationen zur modernen Stadtgeschichte* 2 (2012): Urbanisierung im 20. Jahrhundert, S. 41–47.

Bormann, Regina: *Raum, Zeit, Identität. Sozialtheoretische Verortungen kultureller Prozesse.* Opladen: Leske + Buderich 2001.

Bourdieu, Pierre: Physischer, sozialer und angeeigneter physischer Raum. In: Martin Wentz (Hrsg.): *Stadt-Räume.* Frankfurt am Main / New York: Campus 1991, S. 25–34.

Brandlmeier, Thomas: Isar-Western. Sehr konkrete Utopien. In: Johannes Roschlau (Hrsg.): *Europa im Sattel. Western zwischen Sibirien und Atlantik.* München: Edition Text + Kritik 2012, S. 33–43.

Bremer, Fabian: Frauen mit Flügeln. In: *Frankfurter Allgemeine Zeitung,* 10.05.2006. http://www.faz.net/aktuell/feuilleton/buehne-und-konzert/konzertsaal-frauen-mit-fluegeln-1328812.html (Zugriff am 29.04.2015).

Brittnacher, Hans-Richard / Magnus Klaue (Hrsg.): *Unterwegs. Zur Poetik des Vagabundentums.* Köln / Weimar / Wien: Böhlau 2008.

Bronfen, Elisabeth: *Heimweh. Illusionsspiele in Hollywood.* Berlin: Volk & Welt 1999.

Bronfen, Elisabeth / Benjamin Marius / Therese Steffen (Hrsg.): *Hybride Kulturen. Beiträge zur anglo-amerikanischen Multikulturalismusdebatte.* Tübingen: Stauffenberg 1997.

Buscombe, Edward: *"Injuns". Native Americans in the Movies*. London: Reaktion 2006.

Butler, Judith: *Körper von Gewicht. Die diskursiven Grenzen des Geschlechts*. Frankfurt am Main: Suhrkamp 1997.

Cardozo, Christopher (Hrsg.): *Sacred Legacy. Edward S. Curtis and the North American Indian*. New York: Simon & Schuster 2000.

Caspers, Eva: *Paul Cassirer und die Pan-Presse. Ein Beitrag zur deutschen Buchillustration und Graphik im 20. Jahrhundert*. Frankfurt am Main: Buchhändlervereinigung / de Gruyter 1989.

Ciment, Michel / Goffredo Fofi / Louis Seguin / Roger Tailleur: Fritz Lang in Venice [1967]. In: Barry Keith Grant (Hrsg.): *Fritz Lang. Interviews*. Jackson: UP of Mississippi 2003, S. 91–100.

Cody, Iron Eyes / Collin Perry: *My Life as a Hollywood Indian*. London: Muller 1982.

Daffner, Carola: 30 August 1936: Luis Trenker Tries but Fails to Sidestep Nazi *Filmpolitik*. In: Jennifer M. Kapczynski / Michael D. Richardson (Hrsg.): *A New History of German Cinema*. Rochester / New York: Camden House 2012, S. 268–274.

Daviau, Donald G.: ‚Der Kaiser von Kalifornien'. Luis Trenkers filmische Interpretation des bemerkenswerten Lebens von Johann Augustus Sutter. In: Friedbert Aspetsberger (Hrsg.): *Der BergFilm 1920–1940*. Innsbruck / Wien / München / Bozen: StudienVerlag 2002, S. 143–161.

Deleuze, Gilles: *Das Bewegungs-Bild. Kino I* [1983], aus d. Franz. v. Ulrich Christians / Ulrike Bokelmann. Frankfurt am Main: Suhrkamp 1997.

Deloria, Vine: *American Indian Policy in the Twentieth Century*. Norman: University of Oklahoma Press 1992.

Dennerlein, Bettina / Elke Frietsch (Hrsg.): *Identitäten in Bewegung. Migration im Film*. Bielefeld: Transcript 2011.

Department of Economic and Social Affairs, Statistics Division: *Recommendations on Statistics of International Migration* (= Statistical Papers Series M, No. 58, Rev. 1). New York: United Nations 1998.

Der Kaiser von Kalifornien. In: *Variety Film Review*, 12.05.1937, S. 13.

Die Ausländerbeauftragte der Freien und Hansestadt Hamburg / Hamburgische Anstalt für neue Medien (Hrsg.): *Medien – Migration – Integration. Elektronische Massenmedien und die Grenzen kultureller Identität*. Berlin: Vistas 2001.

Dünne, Jörg / Stephan Günzel (Hrsg.): *Raumtheorie. Grundlagentexte aus Philosophie und Kulturwissenschaften*. Frankfurt am Main: Suhrkamp 2006.

Durrant, Sam / Catherine M. Lord (Hrsg.): *Essays in Migratory Aesthetics. Cultural Practices between Migration and Art-Making*. Amsterdam / New York: Rodopi 2007.

Dyer, Richard / Ginette Vincendeau (Hrsg.): *Popular European Cinema*. London / New York: Routledge 1992.

Eco, Umberto: *Im Labyrinth der Vernunft. Texte über Kunst und Zeichen*. Leipzig: Reclam 1989.

Eisel, Ulrich: *Die Entwicklung der Anthropogeographie von einer „Raumwissenschaft" zu einer Gesellschaftswissenschaft*. Kassel: GHK Kassel 1980.

Elsaesser, Thomas: *European Cinema. Face to Face with Hollywood*. Amsterdam: Amsterdam UP 2005.

Endter, Heike: Eine unvollendete Reise. In: Dies. / Eckhard Hollmann / Christoph Tannert: *Koen Vermeule*. Berlin: Jovis 2012, S. 50–57.

// Die Rückkehr des Westernfilms. In: *Neue Gesellschaft/Frankfurter Hefte* 1,2 (2017): Ein anderes Amerika?, S. 99–102.

Esders-Angermund, Karin: *Weiblichkeit und sexuelle Differenz im amerikanischen Genrekino. Funktionen der Frau im frühen Westernfilm*. Trier: Wissenschaftlicher Verlag Trier 1997.

Fixico, Donald L.: *The Invasion of Indian Country in the Twentieth Century. American Capitalism and Tribal Natural Resources*. Niwot: UP of Colorado 1998.

Frayling, Christopher: *Spaghetti Western. Cowboys and Europeans from Karl May to Sergio Leone*. London / Boston: Routledge / Kegan Paul 1981.

Friehs, Julia Teresa / Daniel Winkler / Marie-Noëlle Yazdanpanah: Alpine Medienavantgarde? Luis Trenker, der John Wayne der Dolomiten. In: *sinnhaft. Zeitschrift für Kulturstudien* 22 (2008), S. 80–91.

Fritz Lang Speaks [1962]. In: Barry Keith Grant (Hrsg.): *Fritz Lang. Interviews*. Jackson: UP of Mississippi 2003, S. 28–32.

Früchtl, Josef: *Das unverschämte Ich. Eine Heldengeschichte der Moderne*. Frankfurt am Main: Suhrkamp 2004.

Geertz, Clifford: The Integrative Revolution. Primordial Sentiments and Civil Politics in the New States. In: Ders. (Hrsg.): *Old Societies and New States. The Quest for Modernity in Asia and Africa*. New York: Free Press 1963, S. 105–157.

Gehler, Fred / Ullrich Kasten: *Fritz Lang. Die Stimme von Metropolis*. Berlin: Henschel1990.

Gernig, Kerstin (Hrsg.): *Fremde Körper. Zur Konstruktion des Anderen in europäischen Diskursen*. Berlin: Dahlem UP 2001.

Göktürk, Deniz: *Künstler, Cowboys, Ingenieure. Kultur- und mediengeschichtliche Studien zu deutschen Amerika-Texten 1912–1920*. München: Fink 1998.

Gramsci, Antonio: *Gefängnishefte* [1929–1935], hrsg. v. Klaus Bochmann / Wolfgang Fritz Haug. Hamburg: Argument 1991–2002.

Grant, Barry Keith (Hrsg.): *Fritz Lang. Interviews*. Jackson: UP of Mississippi 2003.

Grey, Zane: *Western Union* [1939]. New York: HarperCollins 1994.

Großes Fremdwörterbuch. Leipzig: VEB Bibliographisches Institut 1985.

Guldin, Rainer: *Politische Landschaften. Zum Verhältnis von Raum und nationaler Identität*. Wien: Transcript 2014.

Ha, Kien Nghi: *Hype um Hybridität. Kultureller Differenzkonsum und postmoderne Verwertungstechniken im Spätkapitalismus.* Bielefeld: Transcript 2005.

Habermas, Jürgen: *Die postnationale Konstellation. Politische Essays* [1998]. Frankfurt am Main: Suhrkamp 2013.

Habermas, Rebekka / Rebekka von Mallinckrodt (Hrsg.): *Interkultureller Transfer und nationaler Eigensinn. Europäische und anglo-amerikanische Positionen der Kulturwissenschaften.* Göttingen: Wallstein 2004.

Habermas, Rebekka / Richard Hölzl: Mission global – Religiöse Akteure und globale Verflechtung seit dem 19. Jahrhundert. In: Dies. (Hrsg.): *Mission global. Eine Verflechtungsgeschichte seit dem 19. Jahrhundert.* Köln / Weimar / Wien: Böhlau 2014, S. 9–28.

Habermas, Tilmann: *Geliebte Objekte. Symbole und Instrumente der Identitätsbildung.* Frankfurt am Main: Suhrkamp 1999.

Hahn, Henning (Hrsg.): *Selbstachtung und Anerkennung. Beiträge zur Begründung von Menschenwürde und Gerechtigkeit.* Weimar: Bauhaus-Universität 2007.

Harvey, David: *Justice, Natur & the Geography of Difference.* Cambridge / Oxford: Blackwell 1994.

Harzig, Christiane (Hrsg.): *Migration und Erinnerung.* Göttingen: V&R unipress 2006.

Harzig, Christiane / Dirk Hoerder (Hrsg.): *What Is Migration History?* Cambridge / Oxford / Boston: Polity 2009.

Hauser, Susanne / Christa Kamleithner: *Ästhetik der Agglomeration.* Wuppertal: Müller + Busmann 2006.

Hecken, Thomas: *Theorien der Populärkultur. Dreißig Positionen von Schiller bis zu den Cultural Studies.* Bielefeld: Transcript 2007.

Heidemann, Frank / Alfonse de Toro (Hrsg.): *New Hybridities. Societies and Cultures in Transition.* Hildesheim: Olms 2006.

Hembus, Joe: *Der Stoff, aus dem die Western sind. Die Geschichte des Wilden Westens. 1540–1894. Chronologie, Mythologie, Filmographie.* München: Heyne 1997.

Hénaff, Marcel: Rätsel der Grausamkeit. Ungeheure Unmenschlichkeit als Kernbestand der Menschlichkeit. In: *Lettre International* 109 (2015), S. 12–20.

Hitzer, Hans: *Die Straße. Vom Trampelpfad zur Autobahn. Lebensadern von der Urzeit bis heute.* München: Callwey 1971.

Höbusch, Harald: Rescuing German Alpine Tradition. Nanga Parbat and Its Visual Afterlife. In: *Journal of Sport History* 19,1 (2002), S. 49–76.

Hoerder, Dirk (Hrsg.): *Cultures in Contact. World Migrations in the Second Millenium.* Durham: Duke UP 2002.

Hoerder, Dirk / Nora Faires: *Migrants and Migration in Modern North America. Cross-Border Lives, Labor Markets, and Politics.* Durham: Duke UP 2011.

Honneth, Axel: *Kampf um Anerkennung. Zur moralischen Grammatik sozialer Konflikte*. Frankfurt am Main: Suhrkamp 2010.

Honneth, Axel / Ophelia Lindemann / Stephan Voswinkel (Hrsg.): *Strukturwandel der Anerkennung. Paradoxien sozialer Integration in der Gegenwart*. Frankfurt am Main / New York: Campus 2013.

Höpp, Gerhard / Gerdien Jonker (Hrsg.): *In fremder Erde. Zur Geschichte und Gegenwart der islamischen Bestattung in Deutschland*. Berlin: Das Arabische Buch 1996.

Horak, Jan-Christopher: Luis Trenker's The Kaiser of California. How the West Was Won, Nazi Style. In: *Historical Journal of Film, Radio and Television* 6,2 (1986), S. 181–188.

Jäger, Armin: Indianer im Stummfilm. In: Thomas Koebner (Hrsg.): *Indianer vor der Kamera*. München: Text + Kritik 2011, S. 107–121.

Johansen, Bruce E. / Donald A. Grinde Jr.: *The Encyclopedia of Native American Biography. Six Hundred Life Stories of Important People, from Powhatan to Wilma Mankiller*. New York: Da Capo 1998.

Kalat, David: *The Strange Case of Dr. Mabuse. A Study of the Twelve Films and Five Novels*. Jefferson: McFarland 2005.

Karagiannis, Evangelos / Shalini Randeria: Zwischen Begeisterung und Unbehagen. Ein anthropologischer Blick auf den Begriff der Kultur. In: Sybille de la Rosa / Sophia Schubert / Holger Zapf (Hrsg.): *Transkulturelle Politische Theorie. Eine Einführung*. Wiesbaden: Springer 2016, S. 63–86.

Kaschuba, Wolfgang (Hrsg.): *Der deutsche Heimatfilm. Bildwelten und Weltbilder. Bilder, Texte, Analysen zu 70 Jahren deutscher Filmgeschichte*. Tübingen: Ludwig-Uhland-Institut für Empirische Kulturwissenschaft der Universität Tübingen 1989.

Kasdan, Margo / Susan Tavernetti: The Hollywood Indian In Little Big Man. A Revisionist View. In: *Film & History* 23,1–4 (1993), S. 70–80.

Kiefer, Bernd / Norbert Grob (Hrsg.): *Filmgenres. Western*. Stuttgart: Reclam 2003.

Kiening, Christian: *Das wilde Subjekt. Eine kleine Poetik der Neuen Welt*. Göttingen: Vandenhoeck & Ruprecht 2006.

Kitses, Jim: *Horizons West. Anthony Mann, Budd Boetticher, Sam Peckinpah. Studies of Authorship within the Western*. London: Thames & Hudson 1969.

Klein, Thomas: Where the Wild West Can Be Staged. Western Landscapes in International Cinema. In: Ders. / Ivo Ritzer / Peter Schulze (Hrsg.): *Crossing Frontiers. Intercultural Perspectives on the Western*. Marburg: Schüren 2012, S. 121–133.

// Gibt es einen ‚Euro-Western'. In: Johannes Roschlau (Hrsg.): *Europa im Sattel*. München: Text + Kritik 2012, S. 9–20.

Klein, Thomas / Ivo Ritzer / Peter Schulze (Hrsg.): *Crossing Frontiers. Intercultural Perspectives on the Western*. Marburg: Schüren 2012.

Kluge, Friedrich: *Etymologisches Wörterbuch der deutschen Sprache*, überarb. v. Elmar Seebold. Berlin / New York: de Gruyter 1999.

Knaller, Susanne / Harro Müller (Hrsg.): *Authentizität. Diskussion eines ästhetischen Begriffs*. München: Fink 2006.

Koebner, Thomas (Hrsg.): *Indianer vor der Kamera*. München: Text + Kritik 2011.

Koepnick, Lutz: *The Dark Mirror. German Cinema between Hitler and Hollywood*. Berkeley: University of California Press 2002.

Kolker, Robert: *Allein im Licht. Arthur Penn, Oliver Stone, Stanley Kubrick, Martin Scorsese, Steven Spielberg, Robert Altman*, aus d. Engl. v. Bodo Fründt / Rolf Thissen. München / Zürich: Diana 2001.

König, Hans-Dieter: Von Buffalo Bill zu Ronald Reagan. Zur Geschichte und Massenpsychologie amerikanischer Cowboy-Inszenierungen. In: Alfred Lorenzer (Hrsg.): *Kultur-Analysen*. Frankfurt am Main: Fischer 1986, S. 289–346.

König, Stefan / Florian Trenker: *Bera Luis. Das Phänomen Luis Trenker*. München: Berg & Tal 2006.

Kracauer, Siegfried: *From Caligari to Hitler. A Psychological History of German Film*. Princeton: Princeton UP 1947.

Krauskopf, Peter: Deutsche Zeichen, deutsche Helden. Einige Bemerkungen über Karl May und den deutschen Film, Fritz Lang und Thea von Harbou. In: *Jahrbuch der Karl-May-Gesellschaft* 26 (1996), S. 365–393.

Kristeva, Julia: *Fremde sind wir uns selbst*, aus d. Franz. v. Xenia Rajewsky. Frankfurt am Main: Suhrkamp 1990.

Kruse, Katrin: The Future Laboratory. In: *Spex* 338 (2012), S. 120–129.

Leimgruber, Florian (Hrsg.): *Luis Trenker. Regisseur und Schriftsteller. Die Personalakte Trenker im Berlin Document Center*. Bozen: Frasnelli-Keitsch 1994.

Lipsyte, Robert: *Jim Thorpe. 20th-Century Jock*. New York: Harper Collins 2011.

Löw, Martina: *Raumsoziologie*. Frankfurt am Main: Suhrkamp 2001.

Loy, Philip R.: *Westerns and American Culture. 1930–1955*. Jefferson / London: McFarland 2001.

// *Westerns in a Changing America. 1955–2000*. Jefferson / London: McFarland 2004.

Luhmann, Niklas: *Gesellschaftsstruktur und Semantik. Studien zur Wissenssoziologie der modernen Gesellschaft*. Frankfurt am Main: Suhrkamp 1995.

Mahrenholz, Simone: Zur Physiognomie von Grenzen. Symbol- und subjekttheoretische Überlegungen, ausgehend vom Medium Film. In: Ludwig Nagl (Hrsg.): *Filmästhetik*. Wien: Oldenbourg 1999, S. 61–83.

May, Karl: Winnetou II [1893]. In: Ders.: *Werke in 74 Bänden*, hrsg. v. Manfred Pawlak, Bd. 2. Herrsching: Pawlak 1983.

McBride, Joseph / Michael Wilmington: *John Ford*. London: Secker & Warburg 1974.

McGarry, Orla / Agnieszka Stasiewicz-Bieńkowska (Hrsg.): *Landscapes of (Un)Belonging*. Oxford: Inter-Disciplinary 2012.

Mecherill, Paul / Oscar Thomas-Olalde / Claus Melter / Susanne Arens / Elisabeth Romaner (Hrsg.): *Migrationsforschung als Kritik. Konturen einer Forschungsperspektive.* Wiesbaden: Springer 2013.

Miller, Cynthia / Bowdoin van Riper: *International Westerns. Re-Locating the Frontier.* Lanham: Scarecrow 2014.

Miller, Gabriel (Hrsg.): *The Films of Martin Ritt. Fanfare for the Common Man.* Jackson: UP of Mississippi 2000.

// (Hrsg.): *Martin Ritt. Interviews.* Jackson: UP of Mississippi 2002.

Morris, Mary: The Monster of Hollywood [1945]. In: Barry Keith Grant (Hrsg.): *Fritz Lang. Interviews.* Jackson: UP of Mississippi 2003, S. 3–12.

Mosyakin, Sergei L.: Salsola tragus. In: Flora of North America Editorial Committee (Hrsg.): *Flora of North America, North of Mexico,* Bd. 4: Magnoliophyta: Caryophyllidae, Tl. 1. New York / Oxford: Oxford UP 2003.

Nicholson, Heather Norris (Hrsg.): *Screening Culture. Constructing Image and Identity.* Lanham: Lexington 2003.

Nietzsche, Friedrich: *Zur Genealogie der Moral* [1887]. *Kritische Studienausgabe.* Stuttgart: Reclam 2015.

Oberheiden-Brent, Andrea: *Der Spielfilm des Nationalsozialismus. Abgrenzung von der Fremde und Kampf für die Heimat.* Hamburg: Diplomica 2014.

// Al Jolson und der ‚jüdische Jazz'. In: Willem Strank / Claus Trieber (Hrsg.): *Jazz im Film. Beiträge zu Geschichte und Theorie eines intermedialen Phänomens.* Wien: Lit 2014, S. 39–58.

O'Daniel, Benjamin / Bernd Arnold: Die zweite Welle. In: *journalist* 9 (2012), S. 58–63.

Owens, Luis: *Mixedblood Messages. Literature, Film, Family, Place.* Norman: University of Oklahoma Press 1998.

Patalas, Enno: Kommentierte Filmografie. In: Peter W. Jansen / Wolfram Schütte (Hrsg.): *Fritz Lang.* München: Hanser 1987, S. 83–142.

Paul, Heike: *The Myths that Made America. An Introduction to American Studies.* Bielefeld: Transcript 2011.

Peipp, Matthias: *Edle Wilde, rote Teufel. Indianer im Film.* München: Heyne 1997.

Porsche, Michael: *Der Meta-Western. Studien zu E. L. Doctorow, Thomas Berger und Larry McMurty.* Essen: Die Blaue Eule 1991.

Powers, James / Rochelle Reed / Donald Chase: Dialogue on Film: Fritz Lang [1974]. In: Barry Keith Grant (Hrsg.): *Fritz Lang. Interviews.* Jackson: UP of Mississippi 2003, S. 158–174.

Prats, Armando José: *Invisible Natives. Myth and Identity in the American Western.* Ithaca / London: Cornell UP 2002.

Rapp, Christian: *Höhenrausch. Der deutsche Bergfilm.* Wien: Sonderzahl 1997.

Rebhandl, Bert (Hrsg.): *Western. Genre und Geschichte.* Wien: Zsolnay 2007.

Reuter, Julia: *Ordnungen des Anderen. Zum Problem des Eigenen in der Soziologie des Fremden*. Bielefeld: Transcript 2002.

Ritzer, Ivo / Marcus Stiglegger (Hrsg.): *Global Bodies. Mediale Repräsentationen des Körpers*. Berlin: Bertz + Fischer 2012.

Rollins, Peter C. / John E. O'Connor (Hrsg.): *Hollywood's Indian. The Portrayal of the Native American in Film*. Lexington: UP of Kentucky 2003.

Rongstock, Richard: *Film als mentalitätsgeschichtliche Quelle*. Berlin: wvb 2011.

Saunders, Thomas J.: *Hollywood in Berlin. American Cinema and Weimar Germany*. Berkeley: University of California Press 1994.

// Die Universal in der Weimarer Republik. Firmenpolitik und Firmenbild. In: Erika Wottrich (Hrsg.): *Deutsche Universal. Transatlantische Verleih- und Produktionsstrategien eines Hollywood-Studios in den 20er und 30er Jahren*. München: Text + Kritik 2001.

Schilling, Heinz / Beatrice Ploch: *Region. Heimaten der individualisierten Gesellschaft*. Frankfurt am Main: Institut für Kulturanthropologie und Europäische Ethnologie der Goethe-Universität Frankfurt am Main 1995.

Schivelbusch, Wolfgang: *Geschichte der Eisenbahnreise. Zur Industrialisierung von Raum und Zeit im 19. Jahrhundert*. Frankfurt am Main / Berlin / Wien: Ullstein 1981.

Schweinitz, Jörg: *Film und Stereotyp. Eine Herausforderung für das Kino und die Filmtheorie*. Berlin: Akademie 2006.

Seeßlen, Georg: *Geschichte und Mythologie des Westernfilms*. Marburg: Schüren 1995.

// Filmwissen: Western. *Grundlagen des populären Films*. Marburg: Schüren 2010.

Sherman, Eric / Martin Rubin: *The Director's Event. Interviews with Five American Film-Makers*. New York: Atheneum 1970.

Sloterdijk, Peter: *Sphären III. Schäume*. Frankfurt am Main: Suhrkamp 2004.

Slotkin, Richard: *Gunfighter Nation. The Myth of the Frontier in Twentieth Century America*. New York: University of Oklahoma Press 1998.

// *Regeneration Through Violence. The Mythology of the American Frontier 1600–1860*. Norman: University of Oklahoma Press 2000.

Smith, Andrew Brodie: *Shooting Cowboys and Indians. Silent Western Films, American Culture, and the Birth of Hollywood*. Boulder: UP of Colorado 2003.

Spengler, Oswald: *Der Untergang des Abendlandes. Umrisse einer Morphologie der Weltgeschichte* [1923]. München: Beck 1990.

Spiegler, Susanne: *Women in the American Western Film from 1930–1980. Historical Reality and Filmic Representation*. Aachen: Shaker 2002.

Souriau, Etienne: Die Struktur des filmischen Universums und das Vokabular der Filmologie [1951], aus d. Franz. v. Frank Kessler. In: *montage/AV* 6,2 (1997), S. 140–157.

Stasiewicz-Bieńkowska, Agnieszka: Ours Is America. Self and Other Interwoven within the Immigrant Homemaking Myths. In: Dies. / Orla McGarry (Hrsg.): *Landscapes of (Un)belonging. Reflections on Strangeness and Self.* Oxford: Interdisciplinary 2012, S. 85–96.

Steiner Daviau, Getraud: Arnold Fanck und Luis Trenker. ‚Regisseure für Hollywood'. In: Friedbert Aspetsberger (Hrsg.): *Der BergFilm 1920–1940.* Innsbruck / Wien / München / Bozen: StudienVerlag 2002, S. 125–141.

Strack, Thomas: Fritz Lang und das Exil. Rekonstruktion einer Erfahrung mit dem amerikanischen Film. In *Exilforschung. Ein internationales Jahrbuch* 13 (1995): Kulturtransfer im Exil, S. 184–203.

Sturm, Georges: *Die Circe, der Pfau und das Halbblut. Die Filme von Fritz Lang 1916–1921.* Trier: Wissenschaftlicher Verlag 2001.

Telotte, J. P.: A Fate Worse than Death. Racism, Transgression and Westerns. In: *Journal of Popular Film and Television* 26,3 (1998), S. 120–127.

Tharp, Julie: 'Fine Ponies'. Cars in American Indian Film and Literature. In: *American Indian Culture and Research Journal* 24,3 (2000), S. 77–91.

Thoreau, Henry David: *Walden oder Leben in den Wäldern* [1854], aus d. Amerik. v. Anneliese Dangel. Köln: Anaconda 2009.

Trenk, Marin: *Weiße Indianer. Grenzgänger zwischen den Kulturen in Nordamerika.* Wismar: Persimplex Storykeeper 2009.

Trenker, Luis: *Alles gut gegangen. Geschichten aus meinem Leben.* München: Bertelsmann 1972.

Trimborn, Jürgen: *Der deutsche Heimatfilm der fünfziger Jahre. Motive, Symbole, Handlungsmuster.* Köln: Teiresias 1998.

Turner, Frederick Jackson: *The Frontier in American History* [1893]. New York: Holt 1953.

Utley, Robert M.: *Cavalier in Buckskin. George Armstrong Custer and the Western Military Frontier.* Norman: University of Oklahoma Press 1991.

Vickers, Scott B.: *Native American Identities. From Stereotype to Archetype in Art and Literature.* Albuquerque: University of New Mexico Press 1998.

Wagner, Richard: *Habsburg. Bibliothek einer verlorenen Welt.* Hamburg: Hoffmann & Campe 2014.

Waldenfels, Bernhard: *Der Stachel des Fremden.* Frankfurt am Main: Suhrkamp, 1990

// *Topographie des Fremden.* Frankfurt am Main: Suhrkamp 1997.

// *Das leibliche Selbst. Vorlesungen zur Phänomenologie des Leibes.* Frankfurt am Main: Suhrkamp 2000.

// *Grundmotive einer Phänomenologie des Fremden.* Frankfurt am Main: Suhrkamp 2006.

Walker. Janet (Hrsg.): *Western. Films through History.* London / New York: Routledge 2001.

Weidinger, Martin: *Nationale Mythen – männliche Helden. Politik und Geschlecht im amerikanischen Western.* Frankfurt am Main: Campus 2006.

Welch, David: *Propaganda and the German Cinema 1933–1945.* London / New York: Tauris 2001.

Welskopf-Henrich, Liselotte: *Die Söhne der großen Bärin* [1953]. Berlin: Altberliner 1981.

Wilkins, David Eugene / Heidi Kiiwetinepinesiik Stark: *American Indian Politics and the American Political System.* Lanham: Rowman & Littlefield 2007.

Wilmsen, Carl: Cinematic Conquest. Breaking the Mexican American Connection to the Land in the Movies. In: Deborah A. Carmichael (Hrsg.): *The Landscape of Hollywood Westerns. Ecocriticism in an American Film Genre.* Salt Lake City: University of Utah Press 2006, S. 182–211.

Winkler, Daniel: Futurismus & Alpinismus. Szenarien der Intensität bei F. T. Marinetti, Angelo Mosso und Luis Trenker. In: Marijana Erstić / Walburga Hülk / Gregor Schuhen (Hrsg.): *Körper in Bewegung. Modelle und Impulse der Italienischen Avantgarde.* Bielefeld: Transcript 2009, S. 311–332.

Wleach, Stephen: Review – Man Hunt (1941). http://stephenleach.tumblr.com/post/7719541846/review-man-hunt-1941 (Zugriff am 25.02.2013).

Wottrich, Erika (Hrsg.): *Deutsche Universal. Transatlantische Verleih- und Produktionsstrategien eines Hollywood-Studios in den 20er und 30er Jahren.* München: Text + Kritik 2001.

Wright, Will: *Sixguns and Society. A Structural Study of the Western.* Berkeley / Los Angeles / London: University of California Press 1977.

Wundt, Max: *Was heißt völkisch?* Langensalza: Beyer & Söhne 1924.

Ziegler-Schwaab, Judith: *Wildwest am Rhein. Erinnerungen an das Pfälzer Hollywood.* O. O.: typo print Lameli 1995.

Filmografie

Western

A Distant Trumpet (*Die blaue Eskadron*, US 1964, R: Raoul Walsh).

A Man Called Horse (*Ein Mann, den sie Pferd nannten*, US 1970, R: Elliot Silverstein).

Apache (*Massai, der große Apache*, US 1954, R: Robert Aldrich).

Bull Arizona – Der Wüstenadler (D 1919, R: Piel Jutzi / Hort Krahé).

Bull Arizona – Das Vermächtnis der Prärie (D 1920, R: Piel Jutzi).

Chato's Land (Chatos Land, GB 1972, R: Michael Winner).

Cheyenne Autumn (Cheyenne, US 1964, R: John Ford).

Dances with Wolves (*Der mit dem Wolf tanzt*, US 1990, R: Kevin Costner).

Deadwood (US 2004–2006, HBO), S01.

Der Kaiser von Kalifornien (D 1936, R: Luis Trenker).

Destry Rides Again (*Der große Bluff*, US 1939, R: George Marshall).

Die Geier der Goldgruben (D 1920, R: Otto Lins-Morstadt).

Die Piraten des Rio Negro (D 1921, R: Piel Jutzi).

Django Unchained (US 2012, R: Quentin Tarantino).

Dodge City (*Herr des wilden Westens*, US 1939, R: Michael Curtiz).

Duel in the Sun (*Duell in der Sonne*, US 1946, R: King Vidor / Otto Brower / William Dieterle / Sidney Franklin et al.).

Grayeagle (*Grauadler*, US 1977, R: Charles B. Pierce).

Heaven's Gate (*Heaven's Gate – Das Tor zum Himmel*, US 1980, R: Michael Cimino).

High Noon (Zwölf Uhr mittags, US 1952, R: Fred Zinnemann).

Hombre (*Man nannte ihn Hombre*, US 1967, R: Martin Ritt).

Jeremiah Johnson (US 1972, R: Sydney Pollack).

Johnny Guitar (*Wenn Frauen hassen*, US 1954, R: Nicholas Ray).

Last Train from Gun Hill (*Der letzte Zug von Gun Hill*, US 1958, R: John Sturges).

Little Big Man (US 1970, R: Arthur Penn).

Nevada Smith (US 1966, R: Henry Hathaway).

Powwow Highway (*Zwei Cheyenne auf dem Highway*, GB 1989, R: Jonathan Wacks).

Red Bull, der letzte Apache (D 1920, R: Piel Jutzi).

Red River (*Panik am roten Fluss*, US 1948, R: Howard Hawks).

Rio Grande (US 1950, R: John Ford).

Romance Road (US 1938, R: Bobby Connolly).

Rote Rache (D 1921, R: Piel Jutzi).

Shane (*Mein großer Freund Shane*, US 1953, R: George Stevens).

Smoke Signals (US 1998, R: Chris Eyre).

Soldier Blue (*Das Wiegenlied vom Totschlag*, US 1970, R: Ralph Nelson).

Stagecoach (*Ringo*, US 1939, R: John Ford).

Sutter's Gold (US 1936, R: James Cruze).

The Big Country (*Weites Land*, US 1958, R: William Wyler).

The Big Trail (*Der große Treck*, US 1930, R: Raoul Walsh).

The Far Country (*Über den Todespass*, US 1954, R: Anthony Mann).

The Goldrush (*Goldrausch*, US 1925, R: Charles Chaplin).

The Lone Ranger (*Lone Ranger*, US 2013, R: Gore Verbinski).

The Magnificent Seven (*Die glorreichen Sieben*, US 1960, R: John Sturges).

The Outlaw Josey Wales (*Der Texaner*, US 1976, R: Clint Eastwood).

The Searchers (*Der schwarze Falke*, US 1956, R: John Ford).

The Shootist (*Der letzte Scharfschütze*, US 1976, R: Don Siegel).

The Three Burials of Melquiades Estrada (*Three Burials – Die drei Begräbnisse des Melquiades Estrada*, US/F 2005, R: Tommy Lee Jones).

The Trap (*Wie ein Schrei im Wind*, US/CDN 1966, R: Sidney Hayers).

The Unforgiven (*Denen man nicht vergibt*, US 1960, R: John Huston).

The Wild Bunch (*The Wild Bunch – Sie kannten kein Gesetz*, US 1969, R: Sam Peckinpah).

Tumbleweed (*Drei waren Verräter*, US 1953, R: Nathan Juran).

Tumbleweeds (US 1925, R: King Baggot / William S. Hart).

Ulzana's Raid (*Keine Gnade für Ulzana*, US 1972, R: Robert Aldrich).

Union Pacific (*Die Frau gehört mir*, US 1939, R: Cecil B. DeMille).

Valdez Is Coming (*Valdez*, US 1971, R: Edwin Sherin).

Western Union (*Überfall der Ogalalla*, US 1941, R: Fritz Lang).

Will Penny (*Der Verwegene*, US 1968, R: Tom Gries).

Winchester '73 (US 1950, R: Anthony Mann).

Weitere Filme

Avatar (*Avatar – Aufbruch nach Pandora*, US 2009, R: James Cameron).

Begrabt mein Herz in Dresden (D 2012, R: Bettina Renner).

Berge in Flammen (D 1931, R: Karl Hartl / Luis Trenker).

Carl Peters (D 1941, R: Herbert Selpin).

Der Verlorene Sohn (D 1933/34, R: Luis Trenker).

Hangmen Also Die! (*Auch Henker sterben*, US 1943, R: Fritz Lang).

Jim Thorpe – All-American (US 1951, R: Michael Curtiz).

Joan of Arc (*Johanna von Orleans*, US 1948, R: Victor Fleming).

Killshot (*Killshot – Gnadenlose Jagd*, US 2008, R: John Madden).

Man Hunt (*Menschenjagd*, US 1941, R: Fritz Lang).

Ničija zemlja (*No Man's Land*, BIH/SLO/GB/I/B/F 2001, R: Danis Tanović).

Numb3rs (*Numb3rs – Die Logik des Verbrechens*, US 2005, CBS, R: Jeannot Szwarc), S02/E10: Bones of Contention (Knochen des Anstoßes).

Ohm Krüger (D 1941, R: Hans Steinhoff, Karl Anton, Herbert Maisch).

Reel Injun (*Hollywood Indianer*, CDN 2010, R: Neil Diamond / Catherine Bainbridge / Jermiah Hayes).

Swiss Miss (*Dick und Doof als Salontiroler*, US 1938, R: John G. Blystone).

The Twilight Saga: Eclipse (*Eclipse – Bis(s) zum Abendrot*, US 2010, R: David Slade).

The Twilight Saga: New Moon (*New Moon – Bis(s) zur Mittagsstunde*, US 2009, R: Chris Weitz).

The Vagabond (*Der Vagabund*, US 1916, R: Charles Chaplin).

Triumph des Willens (D 1935, R: Leni Riefenstahl).

Twilight (*Twilight – Bis(s) zum Morgengrauen*, US 2008, R: Catherine Hardwicke).

Abbildungsverzeichnis

Bibliografische Information der Deutschen Nationalbibliothek
Die Deutsche Nationalbibliothek verzeichnet diese Publikation in der Deutschen Nationalbibliografie; detaillierte bibliografische Daten sind im Internet über http://dnb.d-nb.de abrufbar.

Umschlaggestaltung: Marija Skara
Lektorat & Satz: Neofelis Verlag (fs / ae)
Druck: PRESSEL Digitaler Produktionsdruck, Remshalden
Gedruckt auf FSC-zertifiziertem Papier.
ISBN (Print): 978-3-95808-135-2
ISBN (PDF): 978-3-95808-185-7